山东社会科学院出版资助项目

国家社科基金青年项目“产品质量视角下的中国出口企业加成定价研究”（17CJL034）

中国博士后科学基金面上资助（2020M670568）

山东省泰山学者工程专项资助

# 中国出口企业行为特征、产品质量与加成定价研究

刘晓宁　著

中国社会科学出版社

**图书在版编目（CIP）数据**

中国出口企业行为特征、产品质量与加成定价研究/刘晓宁著.
—北京：中国社会科学出版社，2023.5
ISBN 978-7-5227-1925-2

Ⅰ.①中…　Ⅱ.①刘…　Ⅲ.①外向型企业—研究—中国
Ⅳ.①F279.24

中国国家版本馆 CIP 数据核字(2023)第 091350 号

出 版 人　赵剑英
责任编辑　李庆红
责任校对　王　龙
责任印制　王　超

出　　版　中国社会科学出版社
社　　址　北京鼓楼西大街甲 158 号
邮　　编　100720
网　　址　http://www.csspw.cn
发 行 部　010-84083685
门 市 部　010-84029450
经　　销　新华书店及其他书店

印　　刷　北京君升印刷有限公司
装　　订　廊坊市广阳区广增装订厂
版　　次　2023 年 5 月第 1 版
印　　次　2023 年 5 月第 1 次印刷

开　　本　710×1000　1/16
印　　张　15
插　　页　2
字　　数　245 千字
定　　价　79.00 元

# 前　言

改革开放以来，中国对外贸易取得了举世瞩目的巨大成就。特别是加入 WTO 以后，中国外贸规模连续多年高速增长，快速发展成为世界第一大货物贸易国和第一大出口国。在贸易总量扩张的同时，作为微观主体的外贸企业也从最初的 10 多家国营外贸公司发展到 2020 年的超过 50 万家。与直接考察宏观经济运行相比，关注微观企业行为同样具有重要意义，而在对微观出口企业行为的考察中，出口产品质量和企业加成定价是两个非常重要的主题。一方面，出口产品质量是企业出口竞争力的重要决定因素。在中国成为全球第一制造业大国的同时，“中国制造”的美誉度却没有实现同步提升，中国已成为贸易大国但还没有成为贸易强国，而通过不断提高产品质量和附加值来实现全球价值链攀升，是中国对外贸易下一阶段实现跨越发展的核心问题。另一方面，加成定价决定着企业在国际贸易中的市场势力和贸易利得。随着经济全球化的发展，发达国家凭借先发优势在国际分工体系中占据着产业链的高端环节并主导了产品定价权，形成了较强的国际市场势力；而中国企业由于缺乏核心技术和产品定价权，被“锁定”在产业链的中低端环节。因此，增强企业出口市场势力，进而提高加成定价，促进技术创新，是提升中国出口贸易整体竞争力、实现全球价值链攀升的关键所在。

本书以企业异质性贸易理论为基础，借鉴和吸收已有相关研究的最新成果和方法，首先对中国出口企业特征与出口动态进行全方位分析，特别是对多产品多市场企业的动态调整和中国出口增长源泉的多维度分解进行了重点分析，然后对中国出口产品质量和出口企业加成定价进行全面测算和多视角考察，力图对中国出口产品质量和企业加成定价的特征事实及演变趋势进行准确判断和全景把握；在此基础上，对出口产品质量影响加成定价的机制和效应进行理论分析和实证检验。通过规范与实证分析、微观与宏观层面分析、对比分析，以及多种计量方法的综合运用，本书得出四个方面的主要结论。

第一，关于中国出口企业的行为特征和出口增长的二元边际。2000—2013年，多产品、多市场出口企业在中国出口企业中占据绝对主导地位，且其数量比重和出口金额比重在样本期内基本保持稳定。多产品、多市场出口企业会通过调整出口产品和市场来重新配置资源，即进行产品和市场转换，样本期内出口企业的产品和市场转换行为非常普遍和频繁，而持续出口企业内的产品和市场转换是出口产品和出口市场变化的主要推动力量。中国出口的二元边际波动较大，且集约边际和扩展边际的相对贡献程度会随着分析层次的深化而变化，随着分析层次的加深，集约边际的贡献度逐渐降低，且不再占据主导地位，这表明出口产品种类的变化和出口市场的变化很大一部分是发生在企业内，而非企业间。之前许多基于企业层次或者企业—产品层次的出口二元边际研究，可能低估了扩展边际的贡献度。

第二，关于中国出口产品质量的变化趋势及其动态分解。由需求信息反推法（KSW）和供需信息加总法（FR）得到的产品质量指标存在正向的相关性，但在使用KSW变换方程法，以及使用FR方法考察2011年前后的整体出口产品质量变化时应较为谨慎。2000—2013年，中国出口产品质量实现了一定程度的提升，但提升幅度较为有限。其中，私营企业出口产品质量水平均显著低于国有企业和外资企业，但其提升速度较快，处于稳定的追赶态势；加工贸易出口产品的整体质量水平显著高于一般贸易，但一般贸易出口产品质量更快的提升速度使两者的差距逐渐消失。企业出口深度与其产品质量提升表现出显著的正相关关系，而企业出口广度与其产品质量在出口产品种类领域表现出负相关性。中国整体产品质量的提升更多地来自存续出口企业的正向贡献，而企业的进入和退出拉低了整体的质量水平。其中，存续企业自身产品质量的提升以及存续企业间的市场份额再分配均是中国出口产品质量水平提升的重要推动力。

第三，关于中国企业（产品）成本加成的差异化特征事实。2000—2013年，中国企业（产品）成本加成实现了显著提升，其中，私营企业（及出口产品）的成本加成明显低于国有企业和外资企业（及出口产品）。已有研究中发现的“中国企业低价出口之谜”早期的确存在，但是2011年之后出口企业的平均成本加成反超了非出口企业。加工贸易产品的成本加成高于一般贸易，但一般贸易产品的成本加成表现出更快的增速。具有较高成本加成的行业多为资本密集型行业，而成本加成较低的行业多为劳动密集型行业；行业的市场集中程度越高（垄断程度越高），则平均加成率也越高。中国大陆对周边地区市场出口产品的加成率最高；欧美发达市场处于中间水平，距离相对较远的发展中市场最低。多产品出口企业的平均加成率明显高于单产品出口企业，且核心产品加成率低于非核心产品；单市场出口企业平均加成率高于多市场出口企业，且核心市场加成率高于外围市场，表明出口企业在核心市场中具有更强的议价能力。

第四，关于产品质量对企业（产品）成本加成的影响效应。在企业层面，产品质量对企业成本加成的影响整体呈现倒 U 形态势，但私营企业出口产品质量对其成本加成始终具有正向影响，而外资企业始终具有负向影响。随着产品质量的提升，企业出口产品价格也随之提升，而企业生产的边际成本随之增加，成本加成的最终变化方向取决于“价格提升效应”和“成本增加效应”的相对大小；对于产品质量水平较低的企业，主要是价格提升效应发挥作用，因此质量升级会带来成本加成提升，而对于产品质量水平较高的企业，成本增加效应大于价格提升效应，因此质量升级会导致成本加成降低。在企业—产品层面，产品质量对产品成本加成表现出持续的正向影响，但加工贸易由于“两头在外”的特征，掌握的定价权较弱，因而通过质量提升渠道实现加成率提高的能力有限。相比于高收入国家，低收入国家民众对产品质量的敏感度较低，而对产品价格的敏感度较高，因此通过提升产品质量无法显著提高其成本加成。产品价格中介效应在总效应中占比仅为 4.7%，而边际成本中介效应在总效应中的占比为-13.1%。

结合理论和实证分析得到的相关结论，本书分别从企业和政府两个层面提出对策建议。其中，企业层面的建议包括：新进出口企业应专注于某一领域和产品的深耕细作，加工贸易企业应积极转型升级并着力提高产品附加值，出口企业应结合自身情况和目的市场特征进行产品定价，民营出口企业应积极进行质量升级进而获得加成率提升等；政府层面的建议包括：加大对出口企业创新提质和品牌培育的支持力度，进一步优化出口商品结构提高外贸发展质量，综合施策，保障出口企业队伍的稳定和持续发展，充分发挥市场在资源配置中的决定性作用，统筹推动出口行业关键共性技术的研发和应用，加快构建覆盖全球的高标准自由贸易区网络等。

本书可能的创新点有如下三个方面：

第一，对中国出口产品质量的更准确测算和更全面认识。尽管已经有许多学者使用微观数据对中国的出口产品质量进行了测度，并在此基础上加总得出中国出口产品质量的整体发展趋势，但研究结论不尽相同。究其原因，与学者们使用不同样本、采用不同测算方法以及相同方法的不同处理方式有关。本书将需求信息反推法和供需信息加总法两种估算方法统一到同一模型框架内，并运用相同的样本分别进行估算，同时将两种方法的估算结果进行比较对照，以在一定程度上降低仅使用一种方法就得出某种趋势性判断的可能性偏误。同时，本书还运用 Melitz 和 Polance（2015）提出的动态 Olley-Pakes（OP）分解方法对质量变动的四种效应进行分解，以更好地探究绝对质量变化、市场份额变动、企业更替等不同因素对质量变动的差异化贡献，力图对 21 世纪以来中国出口产品质量的发展演变有一个整体判断和把握。

第二，对出口企业“低加成率陷阱”命题的全新解读。本书分别运用 De Loecker 和 Warzynski（2012）方法和 De Loecker 等（2016）方法，从企业层面和企业—产品层面对中国工业企业和中国出口企业—产品的加成率进行测算，两种方法的测算结果得出了一致的趋势性特征，即 2000—2013 年中国企业的成本加成实现了显著提升；特别是从出口企业与非出口企业成本加成的比较来看，已有研究中发现的“中国企业低价出口之谜”问题在样本期前段确实存在，且在整个样本期内出口企业的平均成本加成也低于非出口企业，但是得益于样本期的延长，我们发现 2011 年之后出口企业的平均成本加成已经反超了非出口企业，这表明随着中国外贸的转型升级，出口企业的定价能力也实现了显著提升，出口企业“低加成率陷阱”逐渐消失。

第三，对产品质量升级是否能够促进成本加成提升的科学判断。已有的少量考察中国出口产品质量与出口企业成本加成关系的文献中，得出了差异化甚至完全相反的结论。本书通过企业层面和企业—产品层面的分析得出判断：在不同维度，产品质量对成本加成的影响效应并不相同。在企业维度，产品质量对企业成本加成的影响呈现倒 U 形态势，企业成本加成的最终变化方向取决于“价格提升效应”和“成本增加效应”

的相对大小；但是分所有制来看，私营企业出口产品质量对其成本加成始终具有正向影响，而外资企业出口产品质量对其成本加成始终具有负向影响，因此私营企业完全可以通过提升其产品质量来实现加成率提升。在企业—产品维度，产品质量对产品成本加成表现出显著的正向影响，其中产品价格中介效应在总效应中占比较低，而边际成本中介效应在总效应中的占比相对较高。

当然，本书仍存在有待拓展的空间，值得今后进一步进行持续的深入研究。在理论模型方面，本书借鉴了以 MO 模型为基础的 Bertoletti 和 Etro（2017）理论模型，引入间接可加性效用函数，将出口产品质量这一核心变量以及出口市场收入水平、汇率等影响成本加成的其他变量纳入同一个框架内进行分析。但是，该模型假设每家企业只生产一种产品，即企业和产品一一对应，因此实际上得出的理论推论是基于企业—产品层面的。而对于多产品出口企业，即企业层面产品质量对成本加成的影响机理，本书仅采用定性的理论分析，没有构建理论模型，这是未来可以进一步深化和拓展之处。在经验研究方面，本书使用工业企业数据库和海关数据库的匹配样本进行实证检验，虽然匹配成功率较高，但仍存在相当数量的样本损失，而这种损失可能导致研究结论产生偏差；另外，由于中国工业企业数据库和海关数据库的年份限制，本书的实证分析样本限定在 2000—2013 年，这其中虽然涵盖了中国加入 WTO、国际金融危机等重要事件节点，但最近几年中国的外贸发展形势出现新的变化，特别是中美贸易摩擦等事件的不断发酵给中国出口贸易带来了严峻挑战，而现有数据样本无法对这些新情况进行考察，有待未来实现突破。

本书是国家社科基金项目“产品质量视角下的中国出口企业加成定价研究”（17CJL034）的最终成果，也是中国博士后科学基金面上资助（2020M670568）、山东省泰山学者工程专项经费资助、山东社会科学院出版资助项目的相关成果，笔者感谢上述基金、经费的资助。同时，本书的相关内容也已发表在《数量经济技术经济研究》《国际贸易问题》《世界经济研究》《世界经济文汇》《南方经济》《国际贸易》《科研管理》等期刊，也感谢审稿人和编辑老师提出的建设性意见。当然，受水平所限，书中疏漏与不当之处难免，敬请指正。

# 目　录

# 第一章 导论

## 第一节 选题背景

改革开放以来，中国对外贸易取得了举世瞩目的巨大成就。1978 年，中国的进出口贸易总额仅为 206 亿美元，2020 年达到 4.65 万亿美元，40 余年间增长了二百多倍，年均增速达到 13.1%，远超同期世界贸易的平均增速，成为世界第一大货物贸易国和第一大出口国，是全球 120 多个国家和地区的最大贸易伙伴，也是拉动世界贸易增长的最重要力量之一。特别是加入 WTO 以后，中国外贸连续多年高速增长，并且贸易结构不断优化。在贸易总量快速增长的同时，作为微观主体的外贸企业也从最初的 10 多家国营外贸公司发展到 2020 年的超过 50 万家包括各种所有制的企业。企业作为经济活动的微观主体，是一国对外贸易的直接参与者，与直接考察宏观经济运行相比，关注微观企业行为同样具有重要意义。而在对微观出口企业行为的考察中，出口产品质量和企业加成定价是两个非常重要的主题。

出口产品质量是企业出口竞争力的重要决定因素，而宏观层面的中国出口产品质量水平也代表了中国的产业和企业在国际市场上的竞争力。长期以来，中国出口贸易受益于人口红利、土地红利、资源红利等生产要素成本优势，但是随着原材料、劳动力、土地等生产要素成本的快速上升，中国的贸易优势受到了严重削弱，传统的粗放型贸易增长方式已难以为继。实际上，在中国外贸的高速发展进程中，“质”的提升始终落后于“量”的增长。在中国一举成为全球第一制造业大国的同时，“中国制造”的美誉度却没有实现同步提升。虽然近些年已经有所改善，但中国制造在全球价值链当中仍处于较低的位置，中国的出口产品质量和附加值与领先国家还有较大差距。可以说，中国是贸易大国但还没有成为贸易强国。因此，通过不断提高产品质量和附加值来实现全球价值链攀升，是中国对外贸易下一阶段实现跨越发展的核心问题。

企业加成定价（也可称为成本加成、加成率等）是指企业产品价格对其边际成本的偏离，出口企业的加成定价高低决定着企业在国际贸易中的市场势力和贸易利得。成本加成作为打开出口企业生产率“黑匣子”的一把钥匙，对于解释企业出口行为及出口利得意义显著。在国际市场上，拥有较强国际市场势力的企业能够获得超额利润即较高的成本加成，进而有能力开展技术创新和工艺改进，从而进一步巩固和加强其在国际市场上的产品定价能力和优势地位，这也就是有效竞争理论的主要观点，即适度的市场势力能够有效促进创新。然而，随着经济全球化和全球经济一体化的深入发展，发达国家凭借先发优势在国际分工体系中占据着产业链的高端环节并主导了产品定价权，形成了较强的国际市场势力；而中国企业由于缺乏核心技术和产品定价权，被“锁定”在产业链的中低端环节。因此，增强企业出口市场势力，进而提高成本加成，促进技术创新，是提升中国出口整体竞争力、实现全球价值链攀升的关键所在。

理论方面的新进展也为本书提供了基础条件。早期对企业成本加成的研究主要是从产业组织理论角度展开，并且假设成本加成是外生不变的。随着以 Melitz（2003）为代表的异质性企业贸易理论的兴起，学者们开始放松企业成本加成外生不变的假定，通过设立需求函数和市场结构模型来研究内生可变的成本加成，从微观角度深入探讨贸易企业的成本加成定价问题。Melitz 和 Ottaviano（2008）创造性地将成本加成纳入 Melitz（2003）模型当中，并且推导得出：出口企业相比非出口企业具有更高的生产率，进而也应该具有更高的成本加成。随后，一些基于国外样本数据的经验研究也证实了该理论推论。但是，在对中国情况进行检验时，却发现了与之相反的结论，被学者们称为“中国企业低价出口之谜”、出口企业“低加成率陷阱”，并且引发了学者们对这一悖论进行探讨和解释的热潮。与此同时，在对 Melitz（2003）模型的拓展深化过程中，许多学者在生产率单一异质性的基础上加入产品质量的异质性，探讨产品质量在企业贸易活动中扮演的角色。由此，出口企业加成定价与产品质量成为国际贸易研究特别是异质性企业贸易理论相关研究的前沿问题。

## 第二节 研究意义

理论方面。出口产品质量与企业加成定价均是目前国际贸易领域特别是异质性企业贸易理论领域的前沿和热点研究问题，本书在对相关理论和实证文献进行系统梳理的基础上，结合 Melitz 和 Ottaviano（2008）、Bertoletti 和 Etro（2017）的理论模型，引入间接可加性效用函数，将出口产品质量这一核心变量以及影响成本加成的其他变量纳入同一个框架内进行分析，将产品质量对企业加成定价的影响效应分解为价格提升效应和成本增加效应两个渠道，并采用中国工业企业和海关进出口数据进行实证检验，从产品质量的视角丰富和拓展了现有关于中国企业成本加成的相关研究，进而开辟了从产品质量—企业成本加成角度理解中国贸易发展和贸易利得的新途径。

实践方面。首先，准确测算 21 世纪以来中国出口产品质量水平的发展变化趋势，并从多个角度对其进行全方位分析和考察，进而对中国出口贸易相关问题做出清晰判断和有效应对，对中国贸易强国建设意义重大；其次，对出口企业成本加成进行准确测算和全面考察，特别是考察出口企业“低加成率陷阱”是否持续存在，有助于更好地了解中国出口企业的定价能力及其变化趋势，以及其背后隐含的中国出口产品竞争力；最后，出口企业的价格加成率高低决定了一国在国际贸易中的福利大小以及在全球价值链中的利益分配，考察出口产品质量对成本加成率的微观影响和作用机制，并分别从企业和政府层面提出针对性对策建议，对于增强我国出口企业国际竞争力、促进我国贸易利得的整体提升和出口贸易的可持续发展，具有重要的应用价值。

## 第三节 研究思路与主要内容

本书以企业异质性贸易理论为基础，借鉴和吸收已有相关研究的最新成果和方法，首先对中国出口企业特征与出口动态进行全方位分析，然后重点对中国出口产品质量和出口企业加成定价进行全面测算和多视角考察；在此基础上，对出口产品质量影响加成定价的机制和效应进行理论分析和实证检验；最后根据理论和实证分析的结论，形成本书的核心观点，并据以提出相关政策建议。本书的技术路线如图 1-1 所示。本书共分为七个章节，各章主要内容如下：

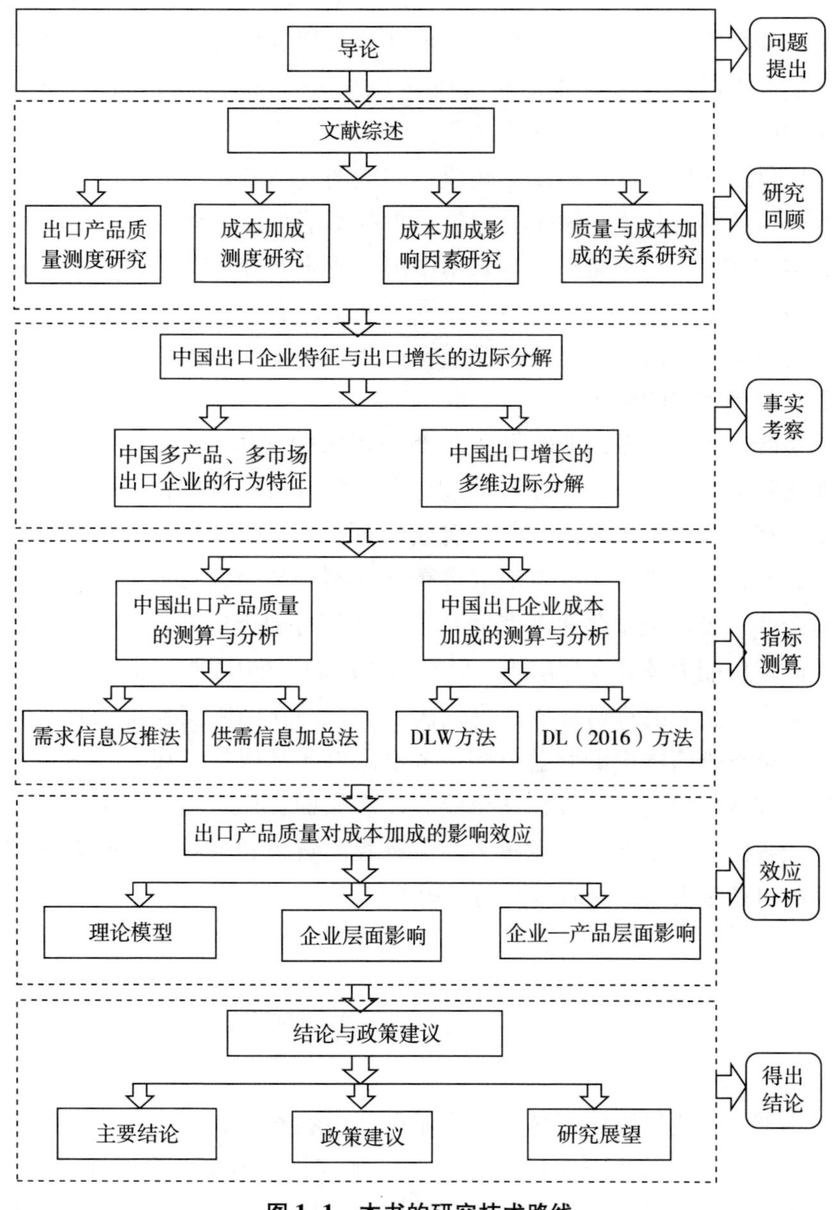


**图 1-1　本书的研究技术路线**

第一章是导论。主要介绍理论和现实背景、研究意义、研究思路与主要内容、研究方法，以及研究的主要创新点。

第二章是有关出口产品质量与企业加成定价的文献综述。本章主要围绕四个方面展开：一是出口产品质量测度的相关研究，二是成本加成测度的相关研究，三是成本加成的影响因素研究，四是出口产品质量与成本加成关系的相关研究，最后对现有相关文献进行简要评述。

第三章是中国出口企业特征与出口增长的边际分解。本章基于中国企业—产品—进口国—年份四个维度高度细化的微观数据，重点从进入和退出视角，研究中国出口企业的行为特征，全面分析多产品多市场企业对产品和市场的动态调整，并测算微观层面多维度的出口二元边际，力图揭示中国出口企业的产品—市场组合选择策略，以及中国出口增长的贡献来源。

第四章是中国出口产品质量的测算与分析。本章分别采用需求信息反推法和供需信息加总法两种方法对2000—2013年中国出口产品质量进行综合测算和全方位分析，并进行比较对照，还重点考察了企业出口行为，即出口深度与出口广度与其产品质量的关系，并采用Melitz和Polance（2015）提出的动态OP方法对出口产品的质量变化进行分解，以更科学地评估中国出口产品质量的发展变化趋势及典型化特征。

第五章是中国出口企业成本加成的测算与分析。本章分别在企业层面和企业—产品层面，运用De Loecker和Warzynski（2012）方法和De Loecker等（2016）方法，对中国工业企业和出口产品的成本加成进行微观测算及多角度分析，同时还重点考察了进入退出市场企业、多产品多市场企业等表现出的差异化加成率特征，以及行业层面、企业层面、产品层面的成本加成分布情况，力图对中国出口企业成本加成的特征事实及演变趋势实现全景把握。

第六章是出口产品质量对成本加成的影响效应。本章分别从企业层面和产品层面考察质量水平对成本加成的影响，还同时考察了其他企业层面变量和行业层面变量对成本加成的影响，并进一步展开了多重异质性分析、影响机制分析，重点关注了多产品、多市场企业及其核心产品、核心市场的差异化表现，并对产品质量影响成本加成分布的效应进行了考察。

第七章是结论与政策建议。本章对全书进行总结，归纳全书理论和经验研究的主要结论，分别从企业和政府层面给出具有针对性的对策建议，指出研究存在的不足，并对未来研究方向进行了展望。

## 第四节　研究方法

为更好地实现研究目标，增强研究结论的可靠性和说服力，本书将规范分析与实证分析相结合、微观层面与宏观层面分析相结合，并综合运用对比分析和多种计量方法展开研究，具体如下：

（1）规范分析与实证分析相结合

本书在系统回顾相关研究成果的基础上，在异质性企业贸易理论的框架下，结合 Melitz 和 Ottaviano（2008）、Bertoletti 和 Etro（2017）的理论模型，引入间接可加性效用函数，对出口产品质量影响成本加成的作用机制进行规范分析；在规范分析的基础上，采用中国工业企业和海关进出口微观样本数据，运用多种检验方法进行实证分析，以验证规范分析结论的可靠性，使规范分析与实证分析有效结合。

（2）微观与宏观层面分析相结合

本书主要探讨中国异质性企业的出口产品质量和成本加成问题，因此研究的出发点即是微观视角。相应地，本书的理论分析模型和实证检验均在微观层面进行，全面考察中国企业—产品—进口国—年份四维层面的出口产品质量、企业以及企业—产品层面的成本加成，并进一步对二者的关系进行检验；同时，在微观层面指标测算的基础上，本书还通过不同方法将微观指标汇总到行业、地区、国家等宏观层面，以考察中国整体出口质量水平和成本加成的变化趋势和差异化特征。在最后的对策建议部分，也是分别从企业微观层面和政府宏观层面提出对策，实现了微观视角与宏观视角的结合。

（3）对比分析方法

本书充分运用了对比分析法，除了对出口企业特征与出口动态分析中的各种对比以外，还集中表现在同一指标不同测算方法的结果对比，以及实证检验中的分组检验之中。例如，本书分别使用 KSW 和 FR 两种方法对产品质量指标进行了测算，分别对成本加成进行了企业层面和企业—产品层面的测算，并对测算结果进行了多角度的横向比较；本书根据企业所有权属性将总体样本区分为国有企业与非国有企业子样本，根据贸易方式将其区分为一般贸易和加工贸易子样本等，通过不同子样本间的对比分析来考察差异化特征，并对这种差异进行理论和现实解释，有效拓展了研究的宽度。

（4）多种计量方法的综合应用

为了使实证检验的结论更加可靠和具有说服力，本书根据不同的理论模型和样本数据综合运用了 POLS、固定效应模型、工具变量 2SLS、系统 GMM、结构方程模型、分位数回归、中介效应模型等多种计量方法。例如，本书使用 DLW 方法测算企业层面成本加成，该方法通过成本最小化条件将企业成本加成测算纳入结构方程模型加以推导；为了解决反向因果关系可能导致的内生性问题，本书分别采用工具变量和系统 GMM 方法对模型进行检验估计；为了考察出口产品质量影响成本加成的机制，本书使用中介效应模型，从价格和成本两个渠道进行分析检验。

## 第五节　研究创新点

本书尝试在异质性企业贸易理论的微观框架下探讨出口产品质量、企业成本加成以及二者的关系问题，可能产生的创新点有如下三个方面。

（1）对中国出口产品质量的更准确测算和更全面认识

尽管已经有许多学者使用微观数据对中国的出口产品质量进行了测度，并在此基础上加总得出中国出口产品质量的整体发展趋势，但研究结论不尽相同。究其原因，与学者们使用不同样本、采用不同测算方法以及相同方法的不同处理方式有关。本书将需求信息反推法和供需信息加总法两种估算方法统一到同一模型框架内，并运用相同的样本分别进行估算，同时将两种方法的估算结果进行比较对照，以在一定程度上降低仅使用单独一种方法就得出某种趋势性判断的可能性偏误。同时，本书还运用 Melitz 和 Polance（2015）提出的动态 Olley-Pakes（OP）分解方法对质量变动的四种效应进行分解，以更好探究绝对质量变化、市场份额变动、企业更替等不同因素对质量变动的差异化贡献，力图对 21 世纪以来中国出口产品质量的发展演变有一个整体判断和把握。

（2）对出口企业“低加成率陷阱”命题的全新解读

本书分别运用 De Loecker 和 Warzynski（2012）方法和 De Loecker 等（2016）方法，从企业层面和企业—产品层面对中国工业企业和中国出口企业—产品的加成率进行测算，两种方法的测算结果得出了一致的趋势性特征，即 2000—2013 年中国企业的成本加成实现了显著提升；特别是从出口企业与非出口企业成本加成的比较来看，已有研究中发现的“中国企业低价出口之谜”问题在样本期前段确实存在，且在整个样本期内出口企业的平均成本加成也低于非出口企业，但是得益于样本期的延长，我们发现 2011 年之后出口企业的平均成本加成已经反超了非出口企业，这表明随着中国外贸的转型升级，出口企业的定价能力也实现了显著提升，出口企业“低加成率陷阱”逐渐消失。

（3）对产品质量升级是否能够促进成本加成提升的科学判断

已有的少量考察中国出口产品质量与出口企业成本加成关系的研究中，得出了差异化甚至完全相反的结论。本书通过企业层面和企业—产品层面的分析得出判断：在不同维度，产品质量对成本加成的影响效应并不相同。在企业维度，产品质量对企业成本加成的影响呈现倒 U 形态势，企业成本加成的最终变化方向取决于“价格提升效应”和“成本增加效应”的相对大小；但是分所有制来看，私营企业出口产品质量对其成本加成始终具有正向影响，而外资企业出口产品质量对其成本加成始终具有负向影响，因此私营企业完全可以通过提升其产品质量来实现加成率提升。在企业—产品维度，产品质量对产品成本加成表现出显著的正向影响，其中产品价格中介效应在总效应中占比较低，而边际成本中介效应在总效应中的占比相对较高。

# 第二章　文献综述：出口产品质量与企业加成定价

企业的加成定价（Markups）是指企业产品价格对其边际成本的偏离，出口企业的加成定价高低决定着企业在国际贸易中的市场势力和贸易利得。随着以 Melitz（2003）为代表的异质性企业贸易理论的兴起，学者们开始从微观角度深入探讨贸易企业的成本加成定价问题。与此同时，在对 Melitz（2003）模型的拓展深化过程中，许多学者在生产率单一异质性的基础上加入产品质量的异质性，探讨产品质量在企业贸易活动中扮演的角色。由此，出口企业加成定价与产品质量成为国际贸易研究特别是异质性企业贸易理论相关研究的前沿问题。结合本书的研究内容和目标，下面主要对四个方面的相关文献进行梳理和评述。需要说明的是，本章只对与研究主题直接相关且时间相对较近的最新研究成果进行综述，而对于离题较远、时间相对较早的研究成果不再赘述。

## 第一节　出口产品质量的测度研究

近年来，学者们开始尝试将微观层面的产品质量引入理论模型，力图将质量这一不可观测变量转化成其他可观测变量的函数（Hallak & Sivadasan，2009；Khandelwal，2010；Bladwin & Harrigan，2011；Feenstra & Romalis，2014）。在此基础上，学者们开展了关于产品质量的一系列实证研究，而其中的首要任务，就是准确测算产品质量。

### 一　出口产品质量测度方法

总体来看，学者们使用过的对微观层面产品质量的测度方法主要包括单位价值法、产品特征法、需求信息反推法、供需信息加总法等几类。

（一）单位价值法

将产品的单位价格作为质量的衡量指标，其内在思想就是较高质量的产品一般对应着较高的价格。Hummels 和 Klenow（2005）、Hallak（2006）、Auer 和 Chaney（2009）、Bastos 和 Silva（2010）、李坤望等（2014）均采用该种方法衡量产品质量。单位价值法简单方便，但是由于产品价格不仅受到质量影响，还有许多其他影响因素，因此并不一定完全与产品质量保持对应关系，而且对于不同类型的产品，价格与质量的关系也可能有所不同。

（二）产品特征法

该方法是根据不同产品设计具有针对性的指标来度量其质量。例如，Crozet 等（2012）将各种红酒的评级作为其质量指标，Auer 等（2014）将汽车的各种性能参数汇总得到综合指数来衡量汽车质量。这种方法的缺点是必须特殊产品特殊对待，无法推广和横向比较。

（三）需求信息反推法

该方法是在需求角度将产品质量纳入消费者偏好模型，在消费者最优选择条件下推导出包含质量的需求函数，然后利用产品销量和价格数据反推产品质量，其原理是：两种价格相等的产品，销量更大的产品质量也更高。但是该方法同样存在一定缺陷，即仅从需求角度考察质量问题，且在实际操作中直接将出口离岸价格作为进口国消费者实际面对的价格，存在一定偏差。尽管如此，由于原理明确、操作相对简单且对数据要求不高，该方法仍然是出口产品质量及其相关研究中学者们普遍使用的方法（Manova & Zhang，2012；Khandelwal et al.，2013；施炳展，2014；张杰等，2014；Fan et al.，2015）。

（四）供需信息加总法

在需求信息反推法的基础上，Feenstra 和 Romalis（2014）提出了供需信息加总法，即同时考虑供给端和需求端因素，通过理论模型推导出产品质量的测算公式，然后通过企业加总进行宏观层面的产品质量测算。余淼杰和张睿（2017）进一步对该方法进行了改进以测算微观层面的产品质量。该方法的优点是全面考虑了需求和供给对于质量的影响，缺点是需要中间投入等更多企业层面的指标信息，以及不同国家和产品类别的替代弹性等多个参数值，操作性受到一定限制。

## 二 中国出口产品质量测度

自国内微观层面数据可获取以来，国内许多学者使用微观数据对中国的出口产品质量进行了测度，并在此基础上加总得出中国出口产品质量的整体发展趋势，但研究结论不尽相同。

李坤望等（2014）的研究发现中国出口产品质量在1995—2010年出现了一定下滑，而施炳展（2014）、余淼杰和张睿（2017）却发现2000—2006年中国出口产品质量呈上升趋势；张杰等（2014）则发现2000—2006年中国出口产品质量呈现先降后升的U形走势；王雅琦等（2015）发现中国出口产品质量在2005—2010年呈现先升后降的倒U形走势（见表2-1）。

究其原因，与学者们使用不同样本、采用不同测算方法有关。有些学者采用单位价值法、使用中国海关数据库数据测算出口产品质量（李坤望等，2014）；有些学者采用需求信息反推法和海关数据进行测算，但在具体处理方式上有所区别，例如为了解决产品价格与产品质量间的内生性问题，施炳展和邵文波（2014）、王永进和施炳展（2014）、许家云等（2017）采用企业在其他市场出口产品的平均价格作为产品价格的工具变量，张杰等（2014）采用企业中间产品来源国的实际汇率作为产品价格的工具变量，还有学者借鉴Khandelwal等（2013）的思路将回归方程变换，从而避开价格与质量间的内生性问题（樊海潮和郭光远，2015；祝树金等，2019；刘啟仁和铁瑛，2020）；余淼杰和张睿（2017）则采用供需信息加总法、使用海关数据与工业企业数据的合并数据进行了测算。

表2-1 测度中国出口产品质量的相关文献

| 作者 | 测算方法 | 样本数据 | 研究结论 |
|---|---|---|---|
| Li & Song（2011） | 单位价值法 | 2001—2007年 CEPII世界贸易数据库BACI | 出口产品质量升级在中国并不存在，而且技术密集度越高的产品，其质量低端化现象越显著 |
| 陈勇兵等（2012） | Alvarez & Claro（2006）方法 | 1995—2004年欧盟15国进口贸易数据 | 中国对欧盟出口产品的相对质量并没有得到改善 |
| 施炳展（2014） | 需求信息反推法 | 2000—2006年中国海关数据 | 中国出口产品质量整体呈上升趋势，但内资企业呈下降趋势、外资企业呈上升趋势，一般贸易低于加工贸易 |

续表

| 作者 | 测算方法 | 样本数据 | 研究结论 |
|---|---|---|---|
| 李坤望等（2014） | 单位价值法 | 1995—2010 年 CEPII 世界贸易数据库 BACI | 中国出口产品质量提升的势头在入世后发生改变，入世后高质量产品比重急剧下降，低质量产品比重又重新上升 |
| 张杰等（2014） | 需求信息反推法 | 2000—2006 年中国海关数据 | 中国出口产品质量呈现先降后升的 U 形走势，但总体表现出轻微下降 |
| 黄先海等（2015） | 需求信息反推法 | 2000—2011 年中国海关数据 | 金融危机之前中国出口产品质量呈上升态势，之后呈现 S 形下降趋势 |
| 余淼杰和张睿（2017） | 供需信息加总法 | 2000—2006 年中国海关数据和工业企业数据 | 中国制造业出口产品质量水平总体上升了 15%，出口到高收入国家的产品质量水平更高 |
| 王雅琦等（2015） | 需求信息反推法 | 2005—2010 年中国海关数据 | 出口产品质量在金融危机前表现出上升趋势，而在金融危机后出现了较大幅度的下降 |
| 谢申祥和冯玉静（2019） | 需求信息反推法 | 2000—2013 年中国海关数据 | 中国制造业出口产品质量整体呈提升态势，但呈现出前期提升较快、后期提升较慢的特征 |

资料来源：作者整理。

在质量测算的基础上，一些学者对出口产品质量的差异化特征进行考察。其中，部分学者对不同出口行为企业的质量差异进行分析，例如施炳展（2014）考察了企业出口持续时间、出口广度与产品质量的关系，李坤望等（2014）考察了新进入出口关系对产品质量的影响，张杰等（2014）考察了企业进入退出对出口产品质量的影响；还有学者使用生产率分解方式对质量指标进行分解，来考察中国出口产品质量变化的原因，例如施炳展（2014）使用 GR 方法（Griliches & Regev，1995）进行了分解，张杰等（2014）使用了 BHC（Baily et al.，1992）分解方法，余淼杰和张睿（2017）采用了 MP（Melitz & Polance，2015）分解方法等。

### 三　出口产品质量影响因素

在质量测算和差异化特征考察的基础上，学者们开始进一步研究产品质量的影响因素（Amiti & Khandelwal，2013；Martin & Mejean，2014；施炳展和邵文波，2014；许家云等，2017；张杰，2015）。这些文献多以贸易自由化、进口竞争、汇率变化等准自然实验作为识别策略，考察不同因素对于产品质量的影响。综合来看，目前的多数经验文献将产品质量的变化看作是结果而非原因，主要将其作为因变量来考察。但是，产品质量的变化显然也会对其他变量产生影响，这种影响可能通过产品价格、边际成本、成本加成等形式表现在企业的经济活动上，而本书的重点正是探讨产品质量对出口企业成本加成定价的影响。

## 第二节　企业成本加成的测度研究

企业加成定价最直接的解释是边际成本以上的价格，即企业在不完全竞争的市场中可以获得的利润。近年来，异质性企业贸易模型对企业成本加成（也可称为加成定价、加成率等）问题展开了深入探讨，许多学者放松了企业成本加成外生不变的假定，通过设立需求函数和市场结构来研究内生可变的成本加成问题（Bernard 等，2003；Melitz & Ottaviano，2008；Edmond et al.，2015）。

### 一　企业成本加成测度方法

根据研究对象层次的不同，成本加成的测度方法也可分为宏观层面测算方法和微观层面测算方法。宏观层面测算方法又可以分为针对整个经济体的测算和针对产业的测算，前者的理论基础是动态随机一般均衡模型（DSGE），后者的理论基础是产业组织理论。宏观层面测算不在本书的研究范围，所以不再展开。微观层面测算方法主要是指针对企业的成本加成测算，近年来进一步拓展到企业—产品层面的测算。从原理上来划分，目前较为流行的微观层面成本加成的测算方法主要有两类，一是会计法，二是生产函数法。

#### （一）会计法

主要运用企业的增加值、工资支出和中间投入成本计算加成率。Domowitz 等（1988）、Martin 和 Rodriguez（2010）、盛丹和王永进（2012）等均使用会计法计算加成率。会计法计算简便，而且测算结果能够规避经济波动、周期变化等外部因素的影响。而且，由于中国工业企业数据库的统计指标基本上都是会计指标，因此使用会计法测算成本加成具有直接可操作性。但是，由于在会计制度中存在对固定成本不同的处理方式，会导致利润和成本加成之间没有稳定经济意义上的时间序列关系。

（二）生产函数法

包括双索洛余值法、De Loecker 和 Warzynski（2012）方法，以及拓展到企业—产品层面测算的 De Loecker 等（2016）方法等。双索洛余值法由 Hall（1986）首先提出，并由 Domowitz 等（1988）和 Roeger（1995）进行了拓展，Konings 等（2001）、Konings 和 Vandebussche（2005）等学者采用这种方法估算了出口企业的成本加成。这种方法可以直接使用名义的营业收入和投入支出数据，但是它假设要素市场是完全竞争的，企业生产的规模报酬不变以及行业内的企业成本加成完全相等，这些假设过于严格，与现实情况差异较大。De Loecker 和 Warzynski（2012）方法则是在不假设需求结构或者市场结构的条件下，使用企业层面的产出数据直接推导出成本加成，而且它利用直接的产出量数据而不是营业收入来估计生产函数，有利于避免价格或市场需求变动对生产函数估计的干扰。在此基础上，De Loecker 等（2016）进一步通过构建结构方程模型，将微观层面成本加成测算方法拓展到企业—产品维度。

## 二　中国出口企业成本加成测度

随着成本加成测度方法的不断更新和进步，学者们对于中国企业成本加成的测算研究也逐渐增多，其中特别重点关注了中国出口企业的成本加成问题，并提出了“中国企业低价出口之谜”、出口企业“低加成率陷阱”等学术命题。但整体来看，由于对成本加成的测算方法仍未形成普遍认可的观点，因此专注于考察中国企业成本加成趋势和特征的文献数量并不算多（见表 2-2）。

**表 2-2　测度中国企业成本加成的相关文献**

| 作者 | 测算方法 | 样本数据 | 研究结论 |
|---|---|---|---|
| Lu 和 Yu（2015） | DLW 方法 | 1998—2005 年中国工业企业数据 | 烟草制品业、医药制造业和石油加工业等垄断性行业平均成本加成最高，而皮革制品业、纺织业等进入壁垒较低且小企业众多的行业的平均成本加成最低 |
| 盛丹和王永进（2012） | 会计法 | 1999—2007 年中国工业企业数据 | 中国出口企业成本加成低于非出口企业的现象广泛存在，而出口退税、补贴政策等是导致中国出口企业成本加成过低的重要原因 |

续表

| 作者 | 测算方法 | 样本数据 | 研究结论 |
| --- | --- | --- | --- |
| 祝树金和张鹏辉（2015） | DLW 方法 | 1998—2007 年中国工业企业数据 | 中国企业在进入出口市场后整体并未获得更高的成本加成，只有资本密集型出口企业相比非出口企业能实现更高的成本加成 |
| 刘啟仁和黄建忠（2015） | Martin（2010）方法 | 1998—2007 年中国工业企业数据 | 中国出口密度越高的企业成本加成越低，且出口企业由低加成向高加成攀升的概率不高，存在出口“低加成率陷阱”的特征事实 |
| 黄先海等（2016） | DLW 方法 | 1998—2006 年中国工业企业数据 | “中国企业低价出口之谜”的特殊性在于伴随着生产率的提高，出口企业成本加成却不断下降 |
| 钱学峰等（2016） | 会计法<br>Edmond et al.（2012）方法 | 1999—2007 年中国工业企业数据 | 中国制造业企业的成本加成整体呈上升趋势，资源密集型和垄断性行业的成本加成均较高，而劳动密集型行业的成本加成相对较低 |
| Brandt et al.（2017） | DLW 方法 | 1998—2007 年中国工业企业数据 | 中国制造业企业整体成本加成呈下降趋势，产出品关税下降会导致成本加成下降，而投入品关税下降提升了成本加成 |
| Fan et al.（2018） | De Loecker et al.（2016）方法 | 2000—2006 年中国海关数据和工业企业数据 | 所有行业的平均成本加成均大于 1；在一般贸易中，企业—产品层面平均成本加成最高的行业为通信设备、计算机及电子设备制造业 |
| 祝树金等（2018） | De Loecker et al.（2016）方法 | 2000—2006 年中国海关数据和工业企业数据 | 中国出口企业产品成本加成总体呈上升趋势，其中多产品企业核心产品成本加成的上升幅度大于非核心产品 |
| 尹恒和张子尧（2019） | 考虑需求异质性的结构估计方法 | 1998—2013 年中国工业企业数据 | 估计出的行业平均成本加成比 DLW 方法低很多，且所有制造业行业的成本加成均出现了显著下降 |

资料来源：作者整理。

盛丹和王永进（2012）较早使用会计法测度了中国制造业企业的成本加成，发现在国内不同地区、不同行业、不同所有制企业中，出口企业成本加成均显著低于非出口企业，并由此提出了“中国企业低价出口之谜”这一与传统国际贸易理论判断相悖的现象。钱学峰等（2016）也使用会计法对中国制造业成本加成进行了测算，并同时使用 Edmond 等（2015）方法进行对照，结果发现：1999—2007 年中国制造业企业的成本加成总体呈上升趋势，且在 2002—2004 年经历了一个下降的过程；本土企业的成本加成明显高于外资企业，而资源密集型行业和垄断性行业的成本加成明显高于劳动密集型行业。

De Loecker 和 Warzynski（2012）方法（简称 DLW 方法）提出以后，学者们开始广泛使用该方法研究中国企业的成本加成问题，研究样本大多为 1998—2007 年的中国制造业企业，得到的结论也大体相似。Lu 和 Yu（2015）测算发现烟草制品业等垄断性行业的平均成本加成最高，而纺织业等进入壁垒较低且小企业数量众多的行业的平均成本加成最低。祝树金和张鹏辉（2015）、黄先海等（2016）的研究证实了出口企业“低加成率陷阱”的存在。Brandt 等（2017）的研究发现样本期内中国制造业企业整体成本加成呈下降趋势。De Loecker 等（2016）提出企业—产品层面的成本加成测算方法之后，一些学者根据中国的现实情况调整后进行了测算，得到了与 DLW 方法不尽相同的结论。Fan 等（2018）发现企业—产品层面平均成本加成最高的行业为通信设备、计算机及电子设备制造业，祝树金等（2018）发现中国出口企业产品成本加成总体呈上升趋势。需要指出的是，由于企业层面测算方法针对的是中国全部制造业企业，而企业—产品层面测算方法针对的是中国制造业出口企业的产品，因此两种方法得出差异化的结论是可以理解的。

还有学者在现有方法基础上进行了修正和创新，并对中国出口企业的成本加成进行了测算。例如，刘啟仁和黄建忠（2015）采用修正的 Martin 等（2010）方法证实了出口“低加成率陷阱”的存在，且发现出口企业由低加成向高加成攀升的概率较低；尹恒和张子尧（2019）采用考虑需求异质性的结构估计方法发现制造业行业的成本加成均出现了显著下降，但估计出的行业平均成本加成比 DLW 方法低很多。

整体来看，学者们对中国制造业企业特别是出口企业（产品）成本加成的测度日趋成熟，得到的结论也越加丰富。但是，目前的研究样本仍主要集中在 2007 年之前，仅有少数研究将时间范围拓展到 2013 年（尹恒和张子尧，2019；诸竹君和黄先海，2020）。实际上，2007 年之后的情况恰恰是我们更希望了解的，即在经历了入世后最初几年的疯狂增长和全球范围的金融危机之后，中国出口企业的加成定价表现出怎样的趋势特征？出口企业“低加成率陷阱”是否仍然存在？本书的研究将对这一问题做出解答。

## 第三节　企业成本加成的影响因素研究

市场不完全竞争是成本加成产生的前提，因此企业外部市场环境的变化会影响其成本加成；而根据异质性企业贸易理论，企业的自身特征也会直接影响其成本加成。总体来看，目前国际贸易领域的成本加成影响因素研究重点从四个方面展开。

（一）市场竞争

市场竞争程度会影响企业成本加成，而市场规模、企业数量、行业集中度及市场进入门槛等因素又会影响市场竞争程度，进而对成本加成产生影响。Tybout（2003）对墨西哥、哥伦比亚、智利和摩洛哥，Gorg 和 Warzynski（2003）对英国、Altomonte 和 Barattieri（2008）对意大利分别进行了市场竞争影响的研究并得出差异化的结论。钱学锋等（2016）对中国的研究发现，进口竞争对中国制造业企业的成本加成有显著负向影响，但长期内这种负向影响将逐渐消失；余淼杰和袁东（2016）基于加工贸易的研究得到了类似结论；而祝树金等（2019）的研究结论恰好相反，他们发现进口竞争显著提升了企业出口产品的成本加成，特别是对非同质性产品成本加成的促进效应尤为明显。

（二）贸易政策

关税减免、出口退税、补贴等贸易政策显然会对出口企业的成本加成产生直接或间接的影响。Konings 和 Vandenbussche（2005）考察了欧盟反倾销裁定对企业成本加成的影响，De Loecker 等（2012）研究了印度的贸易自由化改革对成本加成的影响。国内方面，盛丹和王永进（2012）研究发现出口退税、补贴政策是导致出口企业“低加成率陷阱”的重要原因；任曙明和张静（2013）对中国装备制造业的研究发现：受补贴企业的加成率明显低于无补贴企业；钱学锋等（2015）研究了出口退税的影响并发现：政府实施出口退税政策降低了企业的成本加成；戴小勇和成力为（2019）研究发现除税收减免外，政府补贴与低利率贷款总体上均降低了受扶持企业的成本加成。Lu 和 Yu（2015）发现中国加入 WTO 削减关税使得企业成本加成分布的离散程度下降；Brandt 等（2017）发现中国加入 WTO 后的产出品关税下降会降低企业成本加成，而投入品关税下降会提高企业成本加成。

（三）贸易成本

运输成本、信息成本、履约成本、汇率成本、融资成本以及关税和非关税壁垒等贸易成本均是影响成本加成的重要因素，很多国外经验研究均发现了二者的正相关关系（Bellone et al.，2014；Gorg et al.，2010；Cook，2011；Martin，2012）。国内方面，许家云和田朔（2016）、刘竹青和盛丹（2017）考察了人民币汇率与中国制造业企业成本加成的关系，结果发现人民币升值对中国出口企业成本加成具有负面影响，但也会显著降低成本加成分布的离散程度，进而提高资源配置效率。李宏亮和谢建国（2018）考察了融资成本与企业成本加成的关系，结果发现融资约束显著抑制了企业成本加成，而且对出口企业成本加成的抑制效应大于非出口企业。

（四）企业行为

国外的多数理论和实证研究认为成本加成与企业出口正相关（Bernard 等，2003；Hanson & Feenstra，2004；Moreno & Rodriguez，2010；De Loecker & Wasrzynski，2012）。但众多中国学者通过对中国制造业出口企业的研究发现了“低加成率陷阱”这一悖论，并对其原因展开了探讨。除了是否选择出口这一行为，还有学者对企业的对外投资行为、创新行为等与其成本加成的关系进行了多维度考察。毛其淋和许家云（2016）研究发现对外直接投资能够显著提高企业的成本加成，且投资到高收入国家的提升效应更加明显，邱立成等（2016）也得出了类似的结论。诸竹君等（2017）、黄先海等（2018）从理论上提出创新是出口影响企业加成率的重要渠道，并实证检验发现该推论仅对资本密集型出口企业成立。

## 第四节　出口产品质量与成本加成关系的研究

尽管产品质量被认为是出口企业加成定价的重要影响因素之一，学者们也尝试将其纳入到 Melitz 和 Ottaviano（2008）模型（简称 M-O 模型）进行理论分析（Antoniades，2015），但专门研究二者关系的文献数量并不多，仅有少量文献专门考察了产品质量对企业成本加成的影响（许明和邓敏，2016；高运胜等，2017）。更多学者是将产品质量作为贸易自由化、产业政策、汇率变化、企业创新等因素影响企业成本加成的中介变量开展研究。

Kugler 和 Verhoogen（2008）认为高生产率的企业更有能力生产高质量的产品，出口产品的成本加成也相对较高。出口企业生产高质量产品的同时，可以在不同市场上采用价格歧视策略以保持竞争优势，进而能够获得更高的成本加成（Hallak & Sivadasan，2009；Crozet et al.，2012）。但是，只有当产品质量差异化程度较大时，其质量升级带来的“价格提升效应”才会高于“竞争加剧效应”，进而实现成本加成的提升（Bellone et al.，2014）。Kugler 和 Verhoogen（2008）利用哥伦比亚制造业企业的数据进行实证检验，证实了以上结论。Antoniades（2015）进一步将出口企业产品质量纳入 M-O 模型，通过内生质量选择与线性效用的结合得出理论结论：生产率高的企业质量选择更高，其成本加成也更高。

一些学者重点对中国出口产品质量在影响出口企业成本加成机制中的角色进行了研究。Manova 和 Zhang（2012）考察了中国企业的出口价格变化，发现成本加成价格随出口目的地和产品质量而变化。黄先海等（2016）研究指出破解中国出口企业阶段性“低加成率陷阱”的有效路径是：技术创新→生产率提升→质量改进→加成率提高。诸竹君等（2017）研究揭示了出口企业产品创新对成本加成影响的内在机制，即产品创新带来的出口产品质量升级。祝树金等（2019）研究发现进口竞争能够通过提高异质性产品质量来影响出口加成率。樊海潮等（2020）研究发现：当产品质量差异幅度较大时，进口中间产品种类会对最终产品质量和加成定价产生正向影响。

仅有少量文献专门对中国出口产品质量与出口企业成本加成的关系进行了研究，但得出了差异化的结论。许明和邓敏（2016）从企业层面实证检验了产品质量对出口企业加成率的影响，结果发现产品质量升级显著提升了出口企业成本加成；而高运胜等（2017）基于行业层面的实证研究得出了完全相反的结论，即整体来看出口加成率并没有随着产品质量的升级而提升。

## 第五节　简要述评

综合来看，目前国内外对出口产品质量、出口企业成本加成的研究数量较多、研究内容丰富，对二者的测算方法也不断升级和创新。特别是许多学者采用中国工业企业数据开展的实证研究，发现并多角度揭示了出口企业“低加成率陷阱”的存在及成因，为中国贸易政策制定和出口企业决策提供了有价值的参考。但是从研究结论来看，无论是对产品质量和成本加成整体发展演变趋势的分析，还是对二者影响因素的分析，现有文献都不尽相同。这些差异化结论的得出与学者们使用不同测算方法、不同样本数据，甚至许多细节的不同处理紧密相关。例如，是否使用标准化的质量指标、采用何种方式对微观指标进行加权汇总、采用何种生产函数形式进行参数估计、部分缺失指标的估算方法等。因此，总体来讲，目前关于出口产品质量和出口企业成本加成的研究，可能还存在以下几个方面的可拓展之处。

首先，产品质量影响企业成本加成的理论模型构建。已有学者将产品质量纳入 M-O 模型，将质量选择作为生产率影响成本加成的中介要素。但是，产品质量具体通过何种途径影响成本加成，目前还没有成熟的理论模型能清晰地刻画。因此，需要学者们在 M-O 模型的基础上进行进一步拓展，清晰刻画出产品质量影响企业成本加成的理论机制。

其次，对更长样本期限和最新发展趋势的考察。尽管已有少量文献将中国工业企业数据的样本考察期拓展到 2013 年，但目前绝大多数的权威文献仍将样本范围限定在 2000—2006 年。不可否认，2000—2006 年这一时间段具有很强的代表性，特别是在此期间中国加入了 WTO，能够考察这一重大历史事件带来的影响。但是，在渡过了加入 WTO 最初几年的高速增长和“野蛮生长”后，以及经历了全球范围的金融危机后，中国的出口企业、出口产品质量、企业成本加成又表现出怎样的特征？“低加成率陷阱”等悖论是否仍然存在？对这些问题的解答需要尽可能地拓展样本期，在一个更长的时间范围内进行考察。

再次，不同测算方法的横向对比和综合评估。正如前文所言，现有文献对于出口产品质量、出口企业成本加成的测算结论不尽相同，在这种差异化结论基础上的影响因素研究、作用机制研究等自然分歧更大。因此，有必要基于统一样本数据采用不同测算方法进行测算和对照，并综合评估不同方法的优劣势，在此基础上找出共性的结论，进而对中国出口产品质量、出口企业成本加成的发展变化趋势做出更准确和更有说服力的判断。

最后，产品层面上质量与成本加成关系的考察。目前已有少量文献关注了产品质量与成本加成的关系问题，但这些文献要么基于行业层面（高运胜等，2017），要么基于企业层面（许明和邓敏，2016），还没有基于更微观的企业—产品层面的考察。而在企业—产品层面成本加成的测算方法出现后，分析出口产品质量对产品成本加成的研究成为可能。而且，基于产品层面的分析能够挖掘出更加丰富的研究内涵，例如对同一出口企业中核心产品、核心市场的差异化分析等。

# 第三章　中国出口企业特征与出口增长的边际分解

改革开放以来，中国对外贸易取得了举世瞩目的巨大成就，40 余年间外贸进出口总额增长了二百多倍，成为世界第一大货物贸易国和第一大出口国，是拉动世界贸易增长的最重要力量之一。特别是加入 WTO 以后，中国外贸连续多年高速增长（见图 3-1），贸易结构不断优化，在全球分工体系中的地位明显上升。在贸易总量快速增长的同时，作为微观主体的外贸企业也从最初的 10 多家国营外贸专业总公司发展到 2020 年的超过 50 万家包括各种所有制的企业。企业作为经济活动的微观主体，是一国对外贸易的直接参与者，与直接考察宏观经济运行相比，关注微观企业行为同样具有重要意义。随着外贸企业的发展，多产品、多市场出口企业所占比重越来越高，企业通过企业内产品（市场）转换进行资源优化配置、适应国际市场需求进而提升效益，该主题也逐渐成为国际贸易领域研究的重要内容（Feenstra & Ma，2007；Eckel & Neary，2010；Bernard

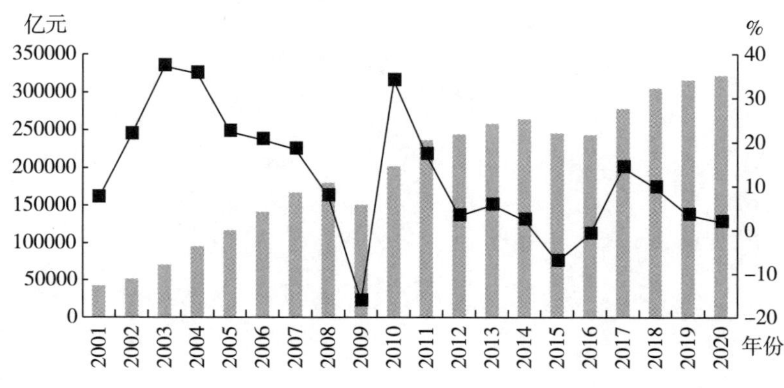


**图 3-1　2001—2020 年中国外贸进出口总额及增速**

注：根据国家统计局数据绘制。

et al.，2011；Mayer et al.，2014）。本章基于2000—2013年中国企业—产品—进口国—年份四个维度高度细化的微观数据，重点从进入和退出视角，研究中国出口企业的行为特征，全面分析多产品多市场企业对产品和市场的动态调整，并测算微观层面多维度的出口二元边际，力图揭示中国出口企业的产品—市场组合选择策略，以及中国出口增长的贡献来源，为全书研究提供事实基础。

## 第一节　中国多产品、多市场出口企业的行为特征

多产品、多市场出口企业在中国出口企业中占据主导地位，本节重点对单产品与多产品、单市场与多市场企业特征进行比较，对出口企业产品转换和市场转换行为进行全面分析，以考察出口企业在国际市场配置资源的行为模式，并从宏观上揭示中国出口产品种类和出口市场不断变化的源泉。

### 一　数据来源与样本选择

本章采用2000—2013年中国海关进出口数据库的微观贸易数据。海关数据库记录着中国进出口企业的月度交易数据，每条数据样本都包含企业信息和交易信息两类信息，其中企业层面信息包括企业名称、地址、电话、邮编、联系人、企业性质等；交易层面信息包括HS进出口产品编码、进出口数量、金额、数量单位，以及进口国（地区）、贸易方式、运输方式、中转国（地区）等。在分析之前，需要对数据库进行整理和处理。第一步，剔除信息损失的样本，包括缺少企业名称、进口地名称、出口产品编码、出口数量、出口金额的数据样本。第二步，剔除出口数量、出口金额为0的样本，并对这两个变量在1%和99%分位进行Winsor处理。第三步，剔除以中国为出口目的地的样本。第四步，剔除贸易中间商样本。借鉴Tang和Zhang（2012）和Fan等（2014）的做法，剔除企业名称含有"外贸""科贸""经贸""工贸""进出口""贸易""进口""出口"字眼的样本。第五步，仅保留制造业数据样本。海关数据库中的产品HS编码涉及1996年、2002年、2007年和2012年四个版本，根

据联合国统计司提供的编码转换表①，将不同年份数据样本的产品编码由各自版本的HS8位码整合至HS 1996版本6位码，然后将HS 1996编码与SITC Rev3编码对应，保留SITC Rev3中5—8大类的制造业产品样本。第六步，考虑到加工贸易无法真实反映企业主动选择产品和市场的策略，因此本章分析只保留一般贸易样本。最终，我们得到2000—2013年339158家企业对280个国家和地区出口4063种产品的数据，企业—产品—进口国—年份四个维度的数据样本总数为25905709个。

表3-1列出了数据库样本与宏观统计数据的对比情况，可以看出，不管是出口总额还是一般贸易出口额，原始未经处理的海关数据库都与国家统计局公布的宏观数据表现出较高的一致性，特别是2010年之前的数据库精度相当高，2012年和2013年数据的精度也相对较高，只有2011年的样本出口总额与国家统计局公布的出口总额有20%左右的差距，是样本数据中偏差最大的一年。整体来看，本章使用的海关数据库具有较高的可信度。

**表3-1　2000—2013年样本数据与宏观数据对比**　单位：亿美元

| 年份 | 国家统计局出口总额 | 未处理海关库出口总额 | 国家统计局一般贸易出口额 | 未处理海关库一般贸易出口额 |
|---|---|---|---|---|
| 2000 | 2492.0 | 2492.4 | 1051.8 | 1051.9 |
| 2001 | 2661.0 | 2906.1 | 1118.8 | 1222.1 |
| 2002 | 3256.0 | 3256.3 | 1361.9 | 1362.3 |
| 2003 | 4382.3 | 4384.7 | 1820.3 | 1821.3 |
| 2004 | 5933.3 | 5936.5 | 2436.1 | 2436.8 |
| 2005 | 7619.5 | 7616.2 | 3150.6 | 3147.7 |
| 2006 | 9689.8 | 9685.1 | 4162.3 | 4163.2 |
| 2007 | 12200.6 | 12200.6 | 5384.6 | 5397.8 |
| 2008 | 14306.9 | 14306.9 | 6628.6 | 6628.6 |
| 2009 | 12016.1 | 12015.9 | 5298.1 | 5298.1 |
| 2010 | 15777.5 | 15773.7 | 7206.1 | 7206.1 |
| 2011 | 18983.8 | 14975.3 | 9170.3 | 8865.0 |

① https://unstats.un.org/unsd/trade/classifications/tables/HS2002%20to%20HS1996%20-%20Correlation%20and%20conversion%20tables.xls.

续表

| 年份 | 国家统计局出口总额 | 未处理海关库出口总额 | 国家统计局一般贸易出口额 | 未处理海关库一般贸易出口额 |
|---|---|---|---|---|
| 2012 | 20487.1 | 22791.6 | 9879.0 | 10410.3 |
| 2013 | 22090.0 | 23043.4 | 10873.3 | 11531.2 |

资料来源：作者整理。

## 二　多产品出口企业特征与出口产品转换

整体来看，中国多产品出口企业在所有出口企业中占据统治地位。特别是在出口额方面，各年度多产品出口企业出口额占出口总额的比重基本维持在90%以上（全部样本下比重达到97.3%），而各年度单产品出口企业出口额比重只占10%（全部样本下比重仅有2.7%）；从企业数量看，各年度多产品出口企业数量占全部出口企业数量的比重在70%左右，单产品出口企业数量占比只有30%（见表3-2）。从单笔业务的出口额来看，由于标的更加集中，所以单产品企业的单笔平均出口额明显高于多出口企业（见表3-2）；但若从企业层面的平均出口额来看，由于多产品企业的业务数量更多，所以多产品企业的整体平均出口额更高（没有在表中汇报）。更细致地来看，样本中出口产品种类最多的企业达到2544种，出口产品超过2000种的企业共4家，超过1000种的企业共86家。进一步分析可以看出，出口产品种类较多的企业大致可以分为两类，一类是未被筛除的大型贸易中间商企业和物流企业，另一类是生产领域较广的大型企业。从出口不同产品种类数的企业比重来看，样本中多产品出口企业中出口2种产品的企业占比最高，达到12.89%，70%以上的企业出口产品种类在10种以内，只有极少数企业出口产品种类超过100种（见图3-2）。

**表3-2　　2000—2013年单产品与多产品出口企业特征比较**

| 年份 | 单产品企业数量占比（%） | 多产品企业数量占比（%） | 单产品企业出口额占比（%） | 多产品企业出口额占比（%） | 单产品企业平均单笔出口额（美元） | 多产品企业平均单笔出口额（美元） |
|---|---|---|---|---|---|---|
| 2000 | 32.6 | 67.4 | 9.1 | 90.9 | 175862.3 | 76545.3 |
| 2001 | 31.7 | 68.3 | 10.8 | 89.2 | 221474.7 | 78568.6 |
| 2002 | 29.1 | 70.9 | 9.1 | 90.9 | 184455.9 | 73405.9 |

续表

| 年份 | 单产品企业数量占比（%） | 多产品企业数量占比（%） | 单产品企业出口额占比（%） | 多产品企业出口额占比（%） | 单产品企业平均单笔出口额（美元） | 多产品企业平均单笔出口额（美元） |
|---|---|---|---|---|---|---|
| 2003 | 28.0 | 72.0 | 9.1 | 90.9 | 211388.3 | 83623.2 |
| 2004 | 27.5 | 72.5 | 8.9 | 91.1 | 230770.6 | 92680.32 |
| 2005 | 26.7 | 73.3 | 8.7 | 91.3 | 255967.2 | 102604.6 |
| 2006 | 26.9 | 73.1 | 9.0 | 91.0 | 281107.9 | 116815.9 |
| 2007 | 26.9 | 73.1 | 8.1 | 91.9 | 363864.4 | 152206.0 |
| 2008 | 28.0 | 72.0 | 9.4 | 90.6 | 495294.0 | 199482.5 |
| 2009 | 27.8 | 72.2 | 8.9 | 91.1 | 365402.7 | 159205.7 |
| 2010 | 27.6 | 72.4 | 9.2 | 90.8 | 466819.8 | 189628.7 |
| 2011 | 28.2 | 71.8 | 9.6 | 90.4 | 378671.2 | 168780.2 |
| 2012 | 31.4 | 68.6 | 8.1 | 91.9 | 725978.1 | 382726.0 |
| 2013 | 30.8 | 69.2 | 7.0 | 93.0 | 634485.4 | 337826.9 |
| 全部 | 20.7 | 79.3 | 2.7 | 97.3 | 487269.3 | 204810.8 |

资料来源：作者整理。

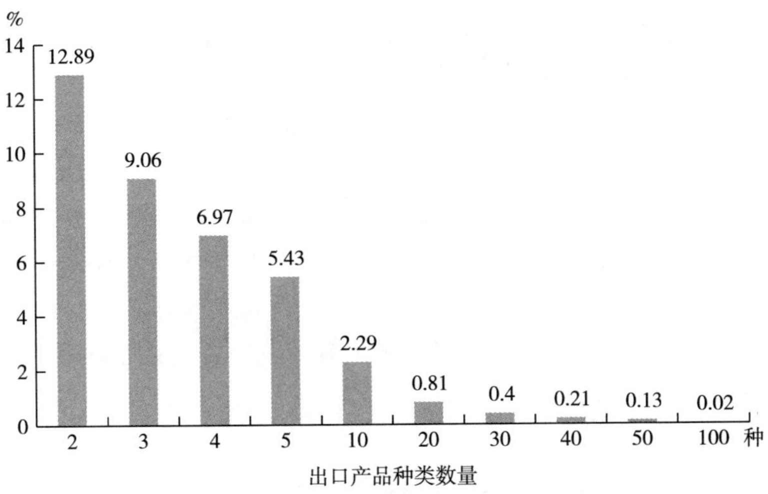


**图 3-2　不同出口产品种类数的企业数量占比情况**

对于多产品出口企业来说，他们可能会通过调整出口产品的种类来重新配置资源，即通过出口产品转换实现成本降低、效率提升、效益增加等目标。下面将对企业的该种行为特征进行考察。以每两个连续年度为考察单元，考察在两个年度均存在的持续企业的出口产品转换情况，可以分为四种情况：不改变出口产品组合、只新增产品、只减少产品、同时增加和减少产品。① 其中，最后一种情况又可以分为三种类型，即出口产品种类净增加、净减少和净不变。表 3-3 和表 3-4 分别汇报了不同产品转换行为的出口企业数量分布和出口金额分布情况。可以看出，持续企业中同时存在增加和减少产品种类行为的企业数量占比最高，各连续年度的占比均在 50%左右，这其中又以产品种类净增加的企业占比最高，大部分连续年度内都超过 20%；而在不改变、只新增、只减少三种情况中，企业数量占比相当。这种结果表明，中国出口企业的产品转换行为非常普遍，许多企业不断根据国际市场的变化来调整其出口产品组合，但由于净增加类型的占比最高，推动中国企业出口产品种类整体上呈现不断增加的态势。表 3-4 的出口金额分布情况进一步强化了这种态势，占比最高的净增加类型达到 35.5%。对比表 3-3 和表 3-4 可以发现，没有发生出口转换行为（不改变类型）的企业数量占比为 18.2%，但其出口金额占比仅为 9.0%；而发生了出口转换行为（只新增产品、只减少产品、同时增加和减少产品三种类型）的企业数量占比为 81.8%，但其出口金额占比达到 91.0%。这说明，与规模较小的企业相比，规模较大的企业在面对外部环境变化时更有条件进行产品调整，实现出口产品转换。

**表 3-3　　按产品转换行为分类的出口企业分布情况　　单位：家，%**

| 年份 | 不改变 | 只新增产品 | 只减少产品 | 同时增加和减少产品 | | |
|---|---|---|---|---|---|---|
| | | | | 净增加 | 净减少 | 净不变 |
| 2000—2001 | 4231<br>16.0 | 4277<br>16.2 | 3873<br>14.7 | 5938<br>22.5 | 5215<br>19.8 | 2828<br>10.7 |
| 2001—2002 | 5043<br>16.5 | 5428<br>17.8 | 3995<br>13.1 | 7501<br>24.6 | 5348<br>17.6 | 3148<br>10.3 |
| 2002—2003 | 6275<br>17.1 | 6484<br>17.6 | 4849<br>13.2 | 8963<br>24.4 | 6540<br>17.8 | 3619<br>9.9 |

① 需要说明的是，为了全面考察出口企业的产品种类变动情况，本部分考察包含了单产品出口企业样本。实际上，相当一部分不改变出口产品种类的样本是单产品出口企业。

续表

| 年份 | 不改变 | 只新增产品 | 只减少产品 | 同时增加和减少产品 | | |
|---|---|---|---|---|---|---|
| | | | | 净增加 | 净减少 | 净不变 |
| 2003—2004 | 7227<br>17.4 | 7017<br>16.9 | 5565<br>13.4 | 9790<br>23.6 | 7662<br>18.5 | 4157<br>10.0 |
| 2004—2005 | 9446<br>16.9 | 9452<br>17.0 | 7470<br>13.4 | 13926<br>25.0 | 9927<br>17.8 | 5504<br>9.9 |
| 2005—2006 | 9614<br>16.4 | 9777<br>16.7 | 8484<br>14.4 | 13498<br>23.0 | 11726<br>20.0 | 5618<br>9.6 |
| 2006—2007 | 9891<br>15.4 | 11339<br>17.7 | 8292<br>12.9 | 16025<br>25.0 | 12059<br>18.8 | 6535<br>10.2 |
| 2007—2008 | 17738<br>18.8 | 15373<br>16.3 | 15007<br>15.9 | 19097<br>20.2 | 18460<br>19.5 | 8872<br>9.4 |
| 2008—2009 | 19917<br>19.3 | 16914<br>16.4 | 16338<br>15.8 | 20564<br>19.9 | 19513<br>18.9 | 9862<br>9.6 |
| 2009—2010 | 24234<br>21.1 | 20557<br>17.9 | 16766<br>14.6 | 23901<br>20.8 | 18711<br>16.2 | 10934<br>9.5 |
| 2010—2011 | 27494<br>21.7 | 20496<br>16.2 | 20694<br>16.3 | 23030<br>18.1 | 23372<br>18.4 | 11820<br>9.3 |
| 2011—2012 | 25197<br>19.6 | 14447<br>11.3 | 27939<br>21.8 | 17055<br>13.3 | 31473<br>24.5 | 12188<br>9.5 |
| 2012—2013 | 28703<br>20.4 | 21879<br>15.5 | 20251<br>14.4 | 28144<br>20.0 | 25731<br>18.2 | 16295<br>11.6 |
| 平均（占比） | 18.2 | 16.4 | 14.9 | 21.6 | 18.9 | 10.0 |

注：每一格上方数字为企业绝对数量，下方数字为企业数量占比。

资料来源：作者整理。

**表 3-4　　按产品转换行为分类的出口金额分布情况**　　单位：%

| 年份 | 不改变 | 只新增产品 | 只减少产品 | 同时增加和减少产品 | | |
|---|---|---|---|---|---|---|
| | | | | 净增加 | 净减少 | 净不变 |
| 2000—2001 | 6.7 | 10.5 | 9.6 | 35.8 | 28.7 | 8.6 |
| 2001—2002 | 7.8 | 11.1 | 8.5 | 42.5 | 21.8 | 8.3 |
| 2002—2003 | 8.3 | 11.2 | 8.4 | 40.2 | 24.9 | 7.1 |
| 2003—2004 | 8.4 | 12.0 | 8.3 | 37.3 | 26.4 | 7.6 |

续表

| 年份 | 不改变 | 只新增产品 | 只减少产品 | 同时增加和减少产品 | | |
| --- | --- | --- | --- | --- | --- | --- |
| | | | | 净增加 | 净减少 | 净不变 |
| 2004—2005 | 8.5 | 11.8 | 8.5 | 36.7 | 26.7 | 7.8 |
| 2005—2006 | 8.3 | 12.0 | 9.1 | 34.6 | 28.2 | 7.9 |
| 2006—2007 | 7.6 | 12.8 | 8.6 | 35.4 | 27.6 | 8.0 |
| 2007—2008 | 9.9 | 10.4 | 11.3 | 31.2 | 29.6 | 7.7 |
| 2008—2009 | 10.6 | 11.3 | 10.9 | 33.1 | 27.2 | 6.9 |
| 2009—2010 | 11.6 | 12.3 | 9.6 | 36.7 | 22.0 | 7.8 |
| 2010—2011 | 12.2 | 11.4 | 11.4 | 28.4 | 28.8 | 7.7 |
| 2011—2012 | 9.1 | 9.2 | 11.6 | 26.4 | 37.1 | 6.7 |
| 2012—2013 | 7.9 | 9.5 | 7.1 | 42.5 | 26.4 | 6.6 |
| 平均 | 9.0 | 11.2 | 9.5 | 35.5 | 27.3 | 7.6 |

资料来源：作者整理。

上文考察了持续出口企业的产品转换情况。实际上，每年度出口产品种类的变化可能来自两个方面：一是持续企业出口产品种类的增加（减少），即上文所分析的，反映了企业内产品种类的变化；二是新进入企业和退出企业带来的产品种类的增加（减少），反映了企业间产品种类的变化。为了全面考察出口产品种类的变化情况，我们分别定义“出口种类新增率”和“出口种类缩减率”两个指标进行分析。其中，出口种类新增率等于 $t$ 年新增的企业—产品组合数量与 $t-1$ 年全部的企业—产品组合数量之比，出口种类减少率等于 $t$ 年消失的企业—产品组合数量与 $t-1$ 年全部的企业—产品组合数量之比。表 3-5 列出了每两个连续年度的出口种类新增率和出口种类减少率指标情况。可以看出，企业—产品组合的更替非常频繁，在每年出口的所有企业—产品组合中，平均 67.0%为新增组合，其中 23.7%来自新增出口企业，43.3%来自持续出口企业的新增产品；平均 53.0%的企业—产品组合下一年将不再继续出口，其中 11.4%来自企业退出出口市场，41.6%来自持续出口企业淘汰现有出口产品。也就是说，每年出口产品种类的一半以上为新增种类，而这些种类的一半以上又在下一年停止出口；而且，企业—产品组合的更替更多来自企业内扩展边际上的变化，即持续出口企业内的出口产品转换是出口产品种类变化的主要推动力量。总体上来看，绝大多数年份的新增率大于缩减率，推动中国出口产品种类（组合）不断增加。

**表 3-5　　出口种类新增率和出口种类缩减率**　　单位：种、%

| 年份 | 出口种类新增率 | | | 出口种类缩减率 | | |
|---|---|---|---|---|---|---|
| | 企业间 | 企业内 | 总体 | 企业间 | 企业内 | 总体 |
| 2000—2001 | 62089<br>24. 4 | 130253<br>51. 3 | 192342<br>75. 7 | 26739<br>10. 5 | 120501<br>47. 4 | 147240<br>58. 0 |
| 2001—2002 | 80654<br>27. 0 | 169119<br>56. 5 | 249773<br>83. 5 | 26868<br>9. 0 | 136287<br>45. 6 | 163155<br>54. 5 |
| 2002—2003 | 112383<br>29. 1 | 188133<br>48. 8 | 300516<br>77. 9 | 28600<br>7. 4 | 174814<br>45. 3 | 203414<br>52. 7 |
| 2003—2004 | 185345<br>38. 4 | 202909<br>42. 0 | 388254<br>80. 4 | 76286<br>15. 8 | 197852<br>41. 0 | 274138<br>56. 8 |
| 2004—2005 | 60254<br>8. 7 | 297994<br>42. 8 | 358248<br>51. 5 | 51302<br>7. 4 | 260702<br>37. 5 | 312004<br>44. 9 |
| 2005—2006 | 309738<br>48. 2 | 252046<br>39. 2 | 561784<br>87. 4 | 75674<br>11. 8 | 285805<br>44. 4 | 361479<br>56. 2 |
| 2006—2007 | 277257<br>32. 9 | 370321<br>43. 9 | 647578<br>76. 8 | 247854<br>29. 4 | 286824<br>34. 0 | 534678<br>63. 4 |
| 2007—2008 | 97977<br>10. 2 | 378685<br>39. 6 | 476662<br>49. 8 | 91283<br>9. 5 | 412930<br>43. 2 | 504213<br>52. 7 |
| 2008—2009 | 125863<br>13. 6 | 386765<br>41. 6 | 512628<br>55. 2 | 78759<br>8. 5 | 382202<br>41. 1 | 460961<br>49. 6 |
| 2009—2010 | 129881<br>13. 2 | 428741<br>43. 7 | 558622<br>57. 0 | 88294<br>9. 0 | 347712<br>35. 5 | 436006<br>44. 5 |
| 2010—2011 | 118690<br>10. 8 | 439152<br>39. 8 | 557842<br>50. 6 | 64683<br>5. 9 | 428398<br>38. 8 | 493081<br>44. 7 |
| 2011—2012 | 340717<br>29. 2 | 379771<br>32. 5 | 720488<br>61. 7 | 114045<br>9. 8 | 541537<br>46. 4 | 655582<br>56. 1 |
| 2012—2013 | 278899<br>22. 6 | 508321<br>41. 2 | 787220<br>63. 9 | 171516<br>13. 9 | 506229<br>41. 1 | 677745<br>55. 0 |
| 平均 | 23. 7 | 43. 3 | 67. 0 | 11. 4 | 41. 6 | 53. 0 |

注：每一格上方数字为企业—产品种类数量，下方数字为比重。

资料来源：作者整理。

## 三　多市场出口企业特征与出口市场转换

同多产品出口企业类似，多市场出口企业在中国出口企业中也占据主导地位。表 3-6 列出了各年度以及全部样本中单市场与多市场出口企业的主要特征比较。可以看出，多市场出口企业数量占比大多在 70%左右（全部样本下该比重达到 81.7%），而多市场出口企业出口额占比基本都在 90%以上（全部样本下出口额比重达到了 98.3%），表明中国出口企业大多采取多元化市场策略，仅有少数企业出口目的地集中在 1 个国家。从单笔业务的出口额来看，由于目标市场更加集中，所以单市场企业的单笔平均出口额明显高于多市场企业，当然企业整体层面的出口额仍然是多市场出口企业更高。进一步来看，样本企业中出口市场数量最多的达到 228 个，是华为技术有限公司，出口市场超过 200 个的企业共有 5 家，分别是华为、一达通、美的、格力、中基宁波。从不同出口市场数量的企业比重来看，样本中多市场出口企业中出口 2 个市场的企业占比最高，达到 9.64%，60%的企业出口市场在 10 个以内，只有极少数企业出口市场超过 100 个（见图 3-3）。

**表 3-6　　2000—2013 年单市场与多市场出口企业特征比较**

| 年份 | 单市场企业数量占比（%） | 多市场企业数量占比（%） | 单市场企业出口额占比（%） | 多市场企业出口额占比（%） | 单市场企业平均单笔出口额（美元） | 多市场企业平均单笔出口额（美元） |
|---|---|---|---|---|---|---|
| 2000 | 39.2 | 60.8 | 9.8 | 90.2 | 126775.7 | 77612.8 |
| 2001 | 37.2 | 62.8 | 11.1 | 88.9 | 170169.0 | 79458.9 |
| 2002 | 32.7 | 67.3 | 8.3 | 91.7 | 143163.6 | 74545.1 |
| 2003 | 31.0 | 69 | 7.4 | 92.6 | 151844.3 | 85658.5 |
| 2004 | 29.7 | 70.3 | 6.6 | 93.4 | 152117.2 | 95484.6 |
| 2005 | 27.9 | 72.1 | 6.1 | 93.9 | 177022.3 | 105573.7 |
| 2006 | 27.9 | 72.1 | 5.7 | 94.3 | 172987.0 | 121213.7 |
| 2007 | 17.5 | 82.5 | 2.0 | 98 | 296650.3 | 158188.7 |
| 2008 | 20.5 | 79.5 | 3.3 | 96.7 | 391358.7 | 208149.1 |
| 2009 | 20.7 | 79.3 | 3.1 | 96.9 | 279108.5 | 165557.0 |
| 2010 | 20.9 | 79.1 | 3.6 | 96.4 | 351493.7 | 197448.5 |
| 2011 | 27.1 | 72.9 | 5.5 | 94.5 | 246617.7 | 175473.1 |
| 2012 | 30.1 | 69.9 | 7.1 | 92.9 | 661365.2 | 386247.7 |

续表

| 年份 | 单市场企业数量占比（%） | 多市场企业数量占比（%） | 单市场企业出口额占比（%） | 多市场企业出口额占比（%） | 单市场企业平均单笔出口额（美元） | 多市场企业平均单笔出口额（美元） |
|---|---|---|---|---|---|---|
| 2013 | 29.9 | 70.1 | 5.9 | 94.1 | 544118.5 | 341534.0 |
| 全部 | 18.3 | 81.7 | 1.7 | 98.3 | 477198.4 | 206047.5 |

资料来源：作者整理。

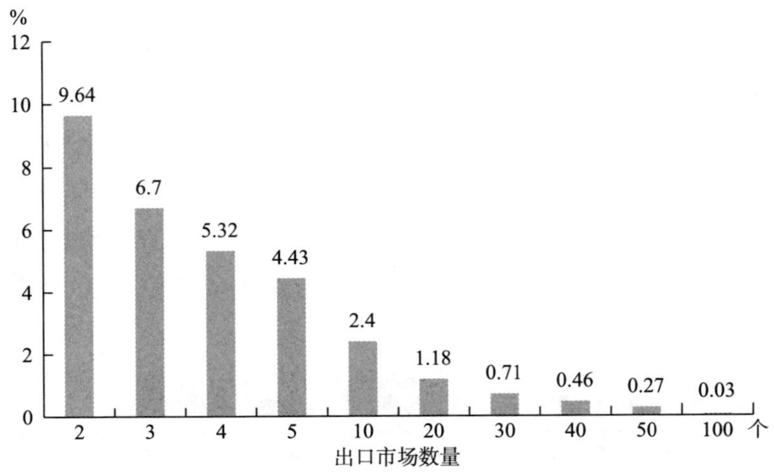


**图 3-3 不同出口市场数的企业数量占比情况**

与多产品出口企业情况类似，多市场出口企业同样会通过调整目标市场来提高效益、降低风险，即进行出口市场转换。表 3-7 和表 3-8 分别汇报了不同市场转换行为的出口企业数量分布和出口金额分布情况。可以看出，持续企业中同时存在进入新市场和退出旧市场行为的企业数量占比最高，各连续年度占比的平均值达到 68.2%，这其中又以市场净增加的企业占比最高，占比平均值达到 30.8%。整体来看，中国出口企业的市场转换行为非常普遍，只进入新市场企业的比重高于只退出旧市场企业的比重，净增加市场企业的比重高于净退出市场企业的比重，推动中国企业出口市场整体上呈现不断增加的态势。值得注意的是，2006—2007 年、2007—2008 年、2008—2009 年、2009—2010 年、2010—2011 年这五个连续年度与其他连续年度表现出较大的差异化特征，这五个连续年度中不改变市场组合的企业占比非常小，均未达到1%，只进入和只退出市场的企业占比也相对较小，90%以上的企业同时存在进入新市场和退出旧市场行为，市场转换非常频繁。表3-8的出口金额分布情况进一步验证且强化了上述特征，占比最高的净增加类型达到44.5%。对比表3-7和表3-8可以发现，没有发生市场转换行为的企业数量占比为12.2%，但其出口金额占比仅为3.8%；而发生了市场转换行为的企业数量占比为68.2%，但其出口金额占比达到84.4%。这说明发生市场转换行为的更多是出口规模较大的企业。

**表3-7　　按市场转换行为分类的出口企业分布情况　　单位：家、%**

| 年份 | 不改变 | 只进入新市场 | 只退出旧市场 | 同时进入和退出市场 | | |
|---|---|---|---|---|---|---|
| | | | | 净增加 | 净退出 | 净不变 |
| 2000—2001 | 5866<br>22.3 | 4618<br>17.5 | 3329<br>12.6 | 5912<br>22.4 | 3961<br>15.0 | 2676<br>10.2 |
| 2001—2002 | 6451<br>21.2 | 5739<br>18.9 | 3281<br>10.8 | 7555<br>24.8 | 4476<br>14.7 | 2961<br>9.7 |
| 2002—2003 | 7369<br>17.6 | 6587<br>15.6 | 4094<br>8.9 | 9622<br>20.6 | 5456<br>12.2 | 3602<br>8.1 |
| 2003—2004 | 7991<br>19.3 | 7238<br>17.5 | 4653<br>11.2 | 11200<br>27.0 | 6537<br>15.8 | 3979<br>9.6 |
| 2004—2005 | 9720<br>17.4 | 9811<br>17.6 | 6025<br>10.8 | 15504<br>27.8 | 9274<br>16.6 | 5391<br>9.7 |
| 2005—2006 | 9982<br>17.0 | 9381<br>16.0 | 7060<br>12.0 | 15676<br>26.7 | 10797<br>18.4 | 5821<br>9.9 |
| 2006—2007 | 369<br>0.6 | 4532<br>7.1 | 489<br>0.8 | 32918<br>51.3 | 17026<br>26.5 | 8807<br>13.7 |
| 2007—2008 | 509<br>0.5 | 2095<br>2.2 | 3235<br>3.4 | 32947<br>34.8 | 40899<br>43.3 | 14862<br>15.7 |
| 2008—2009 | 559<br>0.5 | 3253<br>3.2 | 2885<br>2.8 | 42077<br>40.8 | 38039<br>36.9 | 16295<br>15.8 |
| 2009—2010 | 608<br>0.5 | 3355<br>2.9 | 3354<br>2.9 | 48267<br>41.9 | 40907<br>35.5 | 18612<br>16.2 |
| 2010—2011 | 747<br>0.6 | 1854<br>1.5 | 4430<br>3.5 | 52326<br>41.2 | 47506<br>37.4 | 20043<br>15.8 |

续表

| 年份 | 不改变 | 只进入新市场 | 只退出旧市场 | 同时进入和退出市场 | | |
|---|---|---|---|---|---|---|
| | | | | 净增加 | 净退出 | 净不变 |
| 2011—2012 | 17781<br>13.9 | 10825<br>8.4 | 20263<br>15.8 | 19704<br>15.3 | 45859<br>35.7 | 13867<br>10.8 |
| 2012—2013 | 22264<br>15.8 | 15507<br>11.0 | 15277<br>10.8 | 36350<br>25.8 | 33453<br>23.7 | 18152<br>12.9 |
| 平均（占比） | 12.2 | 10.7 | 8.2 | 30.8 | 25.2 | 12.2 |

注：每一格上方数字为企业绝对数量，下方数字为企业数量占比。

资料来源：作者整理。

**表 3-8　　按市场转换行为分类的出口金额分布情况**

| 年份 | 不改变 | 只进入新市场 | 只退出旧市场 | 同时进入和退出市场 | | |
|---|---|---|---|---|---|---|
| | | | | 净增加 | 净退出 | 净不变 |
| 2000—2001 | 9.0 | 11.2 | 7.9 | 41.2 | 23.4 | 7.2 |
| 2001—2002 | 7.3 | 13.0 | 6.9 | 44.1 | 21.8 | 6.8 |
| 2002—2003 | 6.8 | 11.4 | 6.2 | 46.5 | 21.9 | 7.1 |
| 2003—2004 | 6.3 | 11.2 | 6.3 | 45.5 | 23.5 | 7.2 |
| 2004—2005 | 5.3 | 12.3 | 6.0 | 43.4 | 25.2 | 8.0 |
| 2005—2006 | 5.0 | 10.3 | 7.2 | 43.7 | 25.1 | 8.7 |
| 2006—2007 | 0.1 | 4.4 | 0.4 | 49.1 | 40.7 | 5.3 |
| 2007—2008 | 0.1 | 1.2 | 1.6 | 41.1 | 49.6 | 6.4 |
| 2008—2009 | 0.1 | 1.6 | 1.4 | 46.8 | 44.0 | 6.2 |
| 2009—2010 | 0.1 | 1.5 | 1.7 | 49.5 | 41.1 | 6.1 |
| 2010—2011 | 0.1 | 1.0 | 1.7 | 58.2 | 33.4 | 5.6 |
| 2011—2012 | 4.1 | 10.7 | 6.6 | 30.8 | 42.0 | 5.8 |
| 2012—2013 | 5.2 | 5.5 | 4.4 | 39.1 | 37.3 | 8.6 |
| 平均 | 3.8 | 7.3 | 4.5 | 44.5 | 33.0 | 6.9% |

资料来源：作者整理。

以企业—市场组合为基本单元，进一步考察“出口市场新增率”和“出口市场退出率”两个指标，以全景了解中国出口企业的市场转换行为。同样，每年度出口市场的变化可能来自两个方面：一是持续出口企业市场的增加（减少），反映了企业内出口市场的变化；二是新进入企业和退出企业带来的企业—市场组合的增加（减少），反映了企业间出口市场的变化。表3-9列出了每两个连续年度的出口市场新增率和出口市场退出率指标情况。可以看出，企业—市场组合的更替同样非常频繁，在每年出口的所有企业—市场组合中，平均70.2%为新增组合，其中19.8%来自新增出口企业，50.4%来自持续出口企业的新增市场；平均53.9%的企业—市场组合下一年将不再继续，其中10.1%来自企业退出出口市场，43.8%来自持续出口企业退出原有市场。分企业间和企业内来看，企业—市场组合的更替更多来自企业内扩展边际上的变化，即持续出口企业内的出口市场转换是出口市场变化的主要推动力量。总体上来看，绝大多数年份的新增率大于退出率，推动中国出口企业—市场组合不断增加。

**表3-9　　出口市场新增率和出口市场退出率**

| 年份 | 出口市场新增率 | | | 出口市场退出率 | | |
|---|---|---|---|---|---|---|
| | 企业间 | 企业内 | 总体 | 企业间 | 企业内 | 总体 |
| 2000—2001 | 36273<br>21.2 | 73956<br>43.3 | 110229<br>64.5 | 17188<br>10.1 | 56520<br>33.1 | 73708<br>43.2 |
| 2001—2002 | 47441<br>22.9 | 95920<br>46.3 | 143361<br>69.2 | 26847<br>13.0 | 66267<br>32.0 | 93114<br>45.0 |
| 2002—2003 | 64427<br>24.1 | 115088<br>43.0 | 179515<br>67.1 | 17453<br>6.5 | 82761<br>30.9 | 100214<br>37.4 |
| 2003—2004 | 115100<br>33.2 | 135118<br>39.0 | 250218<br>72.1 | 53223<br>15.3 | 97029<br>28.0 | 150252<br>43.3 |
| 2004—2005 | 50300<br>11.3 | 193784<br>43.4 | 244084<br>54.6 | 28394<br>6.4 | 138433<br>31.0 | 166827<br>37.3 |
| 2005—2006 | 203434<br>38.8 | 193264<br>36.9 | 396698<br>75.7 | 52728<br>10.1 | 163172<br>31.1 | 215900<br>41.2 |
| 2006—2007 | 257507<br>36.5 | 462723<br>65.6 | 720230<br>102.2 | 217102<br>30.8 | 327684<br>46.5 | 544786<br>77.3 |
| 2007—2008 | 93596<br>10.6 | 483149<br>54.9 | 576745<br>65.5 | 53658<br>6.1 | 551705<br>62.7 | 605363<br>68.8 |

续表

| 年份 | 出口市场新增率 | | | 出口市场退出率 | | |
|---|---|---|---|---|---|---|
| | 企业间 | 企业内 | 总体 | 企业间 | 企业内 | 总体 |
| 2008—2009 | 104419<br>12. 3 | 557630<br>65. 5 | 662049<br>77. 8 | 57682<br>6. 8 | 521946<br>6. 3 | 579628<br>68. 1 |
| 2009—2010 | 112156<br>12. 0 | 643921<br>68. 9 | 756077<br>80. 9 | 51683<br>5. 5 | 584647<br>62. 6 | 636330<br>68. 1 |
| 2010—2011 | 98975<br>9. 4 | 846622<br>80. 3 | 945597<br>89. 7 | 52815<br>5. 0 | 730768<br>69. 3 | 783583<br>74. 3 |
| 2011—2012 | 191030<br>15. 7 | 349921<br>28. 8 | 540951<br>44. 5 | 94882<br>7. 8 | 525420<br>43. 2 | 620302<br>51. 0 |
| 2012—2013 | 108762<br>9. 6 | 452252<br>39. 8 | 561014<br>49. 4 | 90735<br>8. 0 | 436800<br>38. 4 | 527535<br>46. 4 |
| 平均 | 19. 8 | 50. 4 | 70. 2 | 10. 1 | 43. 8 | 53. 9 |

注：每一格上方数字为企业—市场组合数量，下方数字为比重。

资料来源：作者整理。

## 四　出口企业—产品—市场分布特征

本部分主要考察不同产品—市场组合的分布特征，以及出口企业对企业内不同产品—市场组合的调整分配策略。表 3-10 给出了样本期内不同产品—市场组合下的企业数量分布情况。可以看出，仅出口 1 种产品到 1 个市场的企业数量为 40106 家，占全部企业数量的 11. 8%，仅出口 1 种产品的企业数量占比为 20. 7%，仅出口 1 个市场的企业数量占比为 18. 3%，这表明绝大多数企业至少出口 2 种产品或出口到 2 个市场。在单产品出口企业样本中，29. 9%的企业出口到 2—5 个市场，7. 0%的企业出口到 6—10 个市场，5. 8%的企业出口到 11—50 个市场[①]，这表明存在明显的市场维度扩展边际，即出口企业将同一产品出口到不同市场。与此相类似，在单市场出口企业样本中，27. 1%的企业出口 2—5 种产品，4. 6%的企业出口 6—10 种产品，3. 5%的企业出口 11—100 种产品，表现出产品维度的扩展边际。

① 需要说明，上述三个比重数据均为相应企业数量占所有单产品出口企业数量的比重，未在表 3-10 中展示，表 3-10 中的比重数据为相应企业数量占所有出口企业数量的比重，下同。

**表 3-10　　不同产品—市场组合下企业数量分布情况　　单位：家、%**

| 产品数 | 市场数 | | | | | |
|---|---|---|---|---|---|---|
| | 1 | 2—5 | 6—10 | 11—50 | 51+ | 合计 |
| 1 | 40106<br>11.8 | 20967<br>6.2 | 4926<br>1.5 | 4101<br>1.2 | 91<br>0.03 | 70191<br>20.7 |
| 2—5 | 16784<br>4.9 | 49874<br>14.7 | 22665<br>6.7 | 25988<br>7.7 | 1168<br>0.53 | 116479<br>34.3 |
| 6—10 | 2833<br>0.8 | 10867<br>3.2 | 13308<br>3.9 | 26016<br>7.7 | 2082<br>0.6 | 55106<br>16.3 |
| 11—100 | 2133<br>0.6 | 6639<br>2.0 | 10065<br>3.0 | 57325<br>16.9 | 12290<br>3.6 | 88452<br>26.1 |
| 101+ | 40<br>0.01 | 110<br>0.03 | 124<br>0.04 | 3287<br>1.0 | 5369<br>1.6 | 8930<br>2.6 |
| 合计 | 61896<br>18.3 | 88457<br>26.1 | 51088<br>15.1 | 116717<br>34.4 | 21000<br>6.2 | 339158<br>100 |

注：每一格上方数字为企业数量，下方数字为占样本全部企业数量的比重。最下方行的合计值之和等于最右方列的合计值之和，表明计算无误。

资料来源：作者整理。

表 3-11 进一步给出了样本期内不同产品—市场组合下的企业平均出口额，即某一产品—市场组合下全部企业出口总额与该组合内企业数量之比。可以明显看出，企业平均出口额随着出口产品种类和出口市场的增加而增加，这也与我们的直觉判断相一致。结合表 3-10 可以看出，一方面，出口 100 种以上产品到 50 个以上市场的企业数量占比仅为 1.6%，但出口金额（平均出口额乘以企业数量）占出口总额的比重达到 19.5%；另一方面，单产品—单市场企业的数量占比达到 11.8%，但出口金额比重仅为 0.6%。由此可以得出结论：多产品企业、多市场企业以及多产品—多市场企业是中国出口企业的“主力军”，更是中国出口额的主要贡献来源。

**表 3-11　　不同产品—市场组合下企业平均出口额　　单位：万美元**

| 产品数 | 市场数 | | | | |
|---|---|---|---|---|---|
| | 1 | 2—5 | 6—10 | 11—50 | 51+ |
| 1 | 81.21 | 171.88 | 485.42 | 1152.67 | 7086.02 |
| 2—5 | 262.02 | 174.42 | 451.03 | 1315.83 | 6464.88 |

续表

| 产品数 | 市场数 | | | | |
|---|---|---|---|---|---|
| | 1 | 2—5 | 6—10 | 11—50 | 51+ |
| 6—10 | 221.54 | 363.43 | 416.76 | 1512.84 | 6357.74 |
| 11—100 | 402.54 | 632.49 | 735.74 | 2448.44 | 9937.07 |
| 101+ | 3490.02 | 2314.28 | 3820.92 | 4797.46 | 19568.38 |

资料来源：作者整理。

在考察整体样本之后，我们再来考察重点出口市场的出口产品种类和规模情况。由表 3-12 可以看出，中国出口企业对不同市场的出口产品种类数量存在显著差异。在对美国、日本的出口企业中，单产品出口企业只占 33.1%和 32.8%，而在对印度、南非的出口企业中，单产品出口企业占比达到 51.1%和 52.6%。整体来看，中国出口企业对相对发达经济体出口的平均产品种类更多，即多产品出口企业占比更高；而对相对欠发达经济体出口的平均产品种类较少，即单产品出口企业占比更高。

**表 3-12　　中国企业对主要市场的出口产品种类数量情况**　　单位:%

| 产品数 | 市场 | | | | | | | |
|---|---|---|---|---|---|---|---|---|
| | 美国 | 日本 | 德国 | 韩国 | 马来西亚 | 印度 | 俄罗斯 | 南非 |
| 1 | 33.1 | 32.8 | 41.2 | 40.9 | 49.2 | 51.1 | 51.6 | 52.6 |
| 2 | 17.3 | 17.5 | 18.8 | 19.4 | 19.4 | 19.3 | 18.9 | 18.8 |
| 3 | 10.7 | 10.6 | 10.5 | 10.7 | 9.7 | 9.6 | 9.2 | 9.0 |
| 4 | 7.4 | 7.3 | 6.7 | 6.8 | 5.3 | 5.2 | 5.2 | 5.1 |
| 5 | 5.3 | 5.2 | 4.7 | 4.5 | 3.4 | 3.3 | 3.3 | 3.4 |
| 6—10 | 12.8 | 12.8 | 9.9 | 9.9 | 6.8 | 6.3 | 6.6 | 6.3 |
| 11—100 | 12.7 | 13.2 | 8.0 | 7.6 | 5.7 | 4.9 | 5.0 | 4.9 |
| 101+ | 0.5 | 0.6 | 0.2 | 0.2 | 0.5 | 0.3 | 0.1 | 0.1 |

## 第二节　中国出口增长的多维度边际分解

出口增长集约边际指来源于原有企业、原有产品和原有市场的出口贸易额增长，扩展边际则是来源于新的企业、新的出口产品种类或者新的出口市场的出口额增长（Besedes & Prusa，2007；Amiti & Freund，2010；Haddad et al.，2010）。为了全面考察中国出口增长的微观特征，本节将分别从企业层面、企业—产品层面、企业—市场层面以及企业—产品—市场层面对一般贸易出口增长进行边际分解，力图揭示一般贸易出口增长的内在机制。

## 一　企业层面出口增长的二元边际分解

首先以企业为单位，考察出口企业的进入退出市场、出口额增加减少带来的整体出口贸易额的变化。$t-1$ 年到 $t$ 年出口总额的变化可以分解为三个部分：新进入企业带来的出口额增加、退出企业带来的出口额减少、持续企业的出口额变化，用公式表示如下：

$$\Delta Ex_t = \sum_{i \in Entry} \Delta Ex_{it} + \sum_{i \in Exit} \Delta Ex_{it} + \sum_{i \in Last} \Delta Ex_{it} \tag{3-1}$$

其中，$\Delta Ex_t$ 表示一般贸易出口额在 $t$ 年的变化额，*Entry*、*Exit*、*Last* 分别表示新进入企业、退出企业和持续出口企业的集合。等号右边前两项为一般贸易出口增长的扩展边际，等号右边第三项为一般贸易出口增长的集约边际。

表 3-13 汇报了样本期内各连续年度一般贸易出口增长的二元边际分解情况。从纵向看，每两个连续年度二元边际的波动较大。例如，扩展边际中贡献最高的连续年占比达到 55.3%（2005—2006 年），而最低的只有 1.4%（2006—2007 年）；与之相对应，集约边际中贡献最高的连续年度占比达到 98.6%，而最低的只有 44.7%。从横向看，我国一般贸易出口增长主要由持续企业的出口额增长即集约边际贡献。在大部分连续年度，集约边际对出口增长的贡献率都能达到 70%以上，其中一半年度能够达到 80%以上。从扩展边际内部来看，新进入企业的出口总额高于退出企业的出口总额，因此总体上扩展边际对出口增长的贡献均为正。各连续年度中，有两个值得特别关注。一个是 2008—2009 年，出现了样本期内唯一一次负增长，这是由于当年国际金融危机的影响，进一步分析可以看出，这次负增长完全来自持续企业出口额的减少，也就是说 2008 年的国际金融危机主要是对原有出口企业的出口规模产生冲击，但当年仍有大量新企业进入出口市场，且新增加的出口额超过了退出企业的出口额。另一个是 2006—2007 年，该连续年度进入企业出口额和退出企业出口额的绝对值均超过了出口增长额，但大量进入伴随着大量退出，导

致扩展边际对出口增长的贡献只有 1.4%。

表 3-13　　2000—2013 年企业层面出口增长的二元边际分解

单位：十亿美元，%

| 年份 | 出口增长 | 扩展边际 | | | 集约边际 |
|---|---|---|---|---|---|
| | | 企业进入 | 企业退出 | 总体 | 持续企业 |
| 2000—2001 | 12.27<br>100 | 5.82<br>47.4 | -2.41<br>-19.6 | 3.41<br>27.8 | 8.86<br>72.2 |
| 2001—2002 | 11.08<br>100 | 7.71<br>69.6 | -3.17<br>-28.6 | 4.54<br>41.0 | 6.54<br>59.0 |
| 2002—2003 | 28.79<br>100 | 10.17<br>35.3 | -2.39<br>-8.3 | 7.78<br>27.0 | 21.01<br>73.0 |
| 2003—2004 | 36.84<br>100 | 27.78<br>75.4 | -14.63<br>-39.7 | 13.15<br>35.7 | 23.69<br>64.3 |
| 2004—2005 | 35.45<br>100 | 9.50<br>26.8 | -4.35<br>-12.3 | 5.15<br>14.5 | 30.30<br>85.5 |
| 2005—2006 | 75.72<br>100 | 55.74<br>73.6 | -13.87<br>-18.3 | 41.87<br>55.3 | 33.85<br>44.7 |
| 2006—2007 | 67.86<br>100 | 80.45<br>118.6 | -79.50<br>-117.2 | 0.95<br>1.4 | 66.91<br>98.6 |
| 2007—2008 | 87.39<br>100 | 22.73<br>26.0 | -8.19<br>-9.4 | 14.54<br>16.6 | 72.85<br>83.4 |
| 2008—2009 | -64.63<br>100 | 16.94<br>26.2 | -12.48<br>-19.3 | 4.46<br>6.9 | -69.09<br>-106.9 |
| 2009—2010 | 127.13<br>100 | 20.25<br>15.9 | -6.63<br>-5.2 | 13.62<br>10.7 | 113.51<br>89.3 |
| 2010—2011 | 106.71<br>100 | 26.15<br>24.5 | -10.52<br>-9.9 | 15.63<br>14.6 | 91.08<br>85.4 |
| 2011—2012 | 103.33<br>100 | 51.66<br>50.0 | -36.99<br>-35.8 | 14.67<br>14.2 | 88.66<br>85.8 |
| 2012—2013 | 83.62<br>100 | 55.64<br>66.5 | -30.87<br>-36.9 | 24.77<br>29.6 | 58.85<br>70.4 |

注：每一格上方数字为出口额变化绝对额，下方数字为占全部变化额的比重。

资料来源：作者整理。

## 二　企业—产品层面出口增长的二元边际分解

在企业维度考察的基础上，本部分进一步从企业—产品双重维度的层面来考察出口增长的二元边际情况。在各连续年度，除了新进入企业和退出企业带来的扩展边际变化，实际上在持续企业中的产品层面，也存在新增出口产品和缩减出口产品带来的扩展边际变化。由此，我们可以将 $t-1$ 年到 $t$ 年出口总额的变化分解为五个部分：新进入企业带来的出口额增加、退出企业带来的出口额减少、持续企业新增出口产品带来的出口额增加、持续企业缩减出口产品带来的出口额减少、持续企业的持续出口产品的出口额变化，用公式表示如下：

$$\Delta Ex_t = \sum_{i \in Entry} \Delta Ex_{it} + \sum_{i \in Exit} \Delta Ex_{it} + \sum_{i \in Last} \left( \sum_{j \in Add} \Delta Ex_{ijt} + \sum_{j \in Cut} \Delta Ex_{ijt} + \sum_{j \in Con} \Delta Ex_{ijt} \right) \tag{3-2}$$

其中，*Add*、*Cut*、*Con* 分别表示新增出口产品、缩减出口产品和持续出口产品的集合，下标 $i$ 表示企业，$j$ 表示产品。等号右边前两项为一般贸易出口增长的企业层面扩展边际，等号右边第三、四项为一般贸易出口增长的企业—产品层面扩展边际，第五项为企业—产品层面集约边际。

表 3-14 汇报了样本期内各连续年度一般贸易出口增长的企业—产品层面二元边际分解情况。可以看出，在加入了企业—产品层面的扩展边际与集约边际分解后，整体上中国一般贸易出口增长的主要贡献仍然来自集约边际，即持续企业持续产品的出口额增加，即表 3-14 的最右一列中，大部分比重值大于 50%，最高达到 80%以上。当然，在将持续企业从产品层面进一步分解后，原企业层面扩展边际加上新增加的企业—产品层面扩展边际，导致总的扩展边际显著增大，即扩展边际对中国一般贸易出口增长的贡献显著增大，在个别连续年度内贡献甚至超过 50%。从企业—产品层面扩展边际的产品进入和退出情况看，绝大部分连续年度内企业新增产品的出口额都大于企业缩减产品的出口额，整体上推动企业—产品组合的出口规模不断扩张。

**表 3-14　2000—2013 年企业—产品层面出口增长的二元边际分解**

单位：十亿美元，%

| 年份 | 出口增长 | 企业层面扩展边际 | | | 企业—产品层面扩展边际 | | | 企业—产品层面集约边际 |
|---|---|---|---|---|---|---|---|---|
| | | 企业进入 | 企业退出 | 总体 | 产品进入 | 产品退出 | 总体 | 持续产品 |
| 2000—2001 | 12.27 | 5.82 | −2.41 | 3.41 | 8.26 | −5.73 | 2.53 | 6.33 |
| | 100 | 47.4 | −19.6 | 27.8 | 67.3 | −46.7 | 20.6 | 51.6 |

续表

| 年份 | 出口增长 | 企业层面扩展边际 | | | 企业—产品层面扩展边际 | | | 企业—产品层面集约边际 |
|---|---|---|---|---|---|---|---|---|
| | | 企业进入 | 企业退出 | 总体 | 产品进入 | 产品退出 | 总体 | 持续产品 |
| 2001—2002 | 11.08<br>100 | 7.71<br>69.6 | -3.17<br>-28.6 | 4.54<br>41.0 | 8.66<br>78.2 | -6.51<br>-58.8 | 2.15<br>19.4 | 4.39<br>39.6 |
| 2002—2003 | 28.79<br>100 | 10.17<br>35.3 | -2.39<br>-8.3 | 7.78<br>27.0 | 11.88<br>41.3 | -6.54<br>-22.7 | 5.34<br>18.5 | 15.67<br>54.4 |
| 2003—2004 | 36.84<br>100 | 27.78<br>75.4 | -14.63<br>-39.7 | 13.15<br>35.7 | 11.47<br>31.1 | -8.03<br>-21.8 | 3.44<br>9.3 | 20.25<br>55.0 |
| 2004—2005 | 35.45<br>100 | 9.50<br>26.8 | -4.35<br>-12.3 | 5.15<br>14.5 | 16.03<br>45.2 | -10.78<br>-30.4 | 5.25<br>14.8 | 25.05<br>70.7 |
| 2005—2006 | 75.72<br>100 | 55.74<br>73.6 | -13.87<br>-18.3 | 41.87<br>55.3 | 17.40<br>23.0 | -20.58<br>-27.2 | -3.18<br>-4.2 | 37.03<br>48.9 |
| 2006—2007 | 67.86<br>100 | 80.45<br>118.6 | -79.50<br>-117.2 | 0.95<br>1.4 | 50.45<br>74.3 | -17.85<br>-26.3 | 32.6<br>48.0 | 34.31<br>50.6 |
| 2007—2008 | 87.39<br>100 | 22.73<br>26.0 | -8.19<br>-9.4 | 14.54<br>16.6 | 30.66<br>35.1 | -22.41<br>-25.6 | 8.25<br>9.4 | 64.60<br>73.9 |
| 2008—2009 | -64.63<br>100 | 16.94<br>26.2 | -12.48<br>-19.3 | 4.46<br>6.9 | 23.49<br>36.4 | -29.45<br>-45.5 | -5.96<br>-9.1 | -63.13<br>-97.8 |
| 2009—2010 | 127.13<br>100 | 20.25<br>15.9 | -6.63<br>-5.2 | 13.62<br>10.7 | 29.40<br>23.1 | -18.76<br>-14.8 | 10.64<br>8.4 | 102.87<br>80.9 |
| 2010—2011 | 106.71<br>100 | 26.15<br>24.5 | -10.52<br>-9.9 | 15.63<br>14.6 | 37.28<br>34.9 | -26.51<br>-24.8 | 10.77<br>10.1 | 80.31<br>75.3 |
| 2011—2012 | 103.33<br>100 | 51.66<br>50.0 | -36.99<br>-35.8 | 14.67<br>14.2 | 35.14<br>34.0 | -19.28<br>-18.7 | 5.86<br>5.7 | 82.8<br>80.1 |
| 2012—2013 | 83.62<br>100 | 55.64<br>66.5 | -30.87<br>-36.9 | 24.77<br>29.6 | 28.47<br>34.0 | -20.11<br>-24.0 | 8.36<br>10.0 | 50.49<br>60.4 |

注：每一格上方数字为出口额变化绝对额，下方数字为占全部变化额的比重。

资料来源：作者整理。

### 三 企业—市场层面出口增长的二元边际分解

同上一部分类似，本部分重点考察企业同出口市场的联系变化情况，即从企业—市场层面来考察出口增长的二元边际。在持续企业中，企业可能通过开拓新的出口市场来增加出口额，也可能退出原有市场导致出口额减少，这种企业—市场维度出口关系的启动和终止，即企业—市场层面的扩展边际变化。由此，我们可以将 $t-1$ 年到 $t$ 年出口总额的变化分解为五个部分：新进入企业带来的出口额增加、退出企业带来的出口额减少、持续企业新增出口市场带来的出口额增加、持续企业退出原有市场带来的出口额减少、持续企业在原有市场的出口额变化，用公式表示如下：

$$\Delta Ex_t = \sum_{i \in Entry} \Delta Ex_{it} + \sum_{i \in Exit} \Delta Ex_{it} + \sum_{i \in Last} \left( \sum_{m \in Start} \Delta Ex_{imt} + \sum_{m \in Stop} \Delta Ex_{imt} + \sum_{m \in Sus} \Delta Ex_{imt} \right) \tag{3-3}$$

其中，*Start*、*Stop*、*Sus* 分别表示新启动进入的出口市场、停止退出的出口市场和持续出口市场的集合，下标 $i$ 表示企业，$m$ 表示出口市场。等号右边前两项为一般贸易出口增长的企业层面扩展边际，第三、四项为一般贸易出口增长的企业—市场层面扩展边际，第五项为企业—市场层面集约边际。

表 3-15 汇报了样本期内各连续年度一般贸易出口增长的企业—市场层面二元边际分解情况。可以看出，企业—市场层面的二元边际与企业—产品层面表现出明显的差异化特征。首先，集约边际在出口增长中的贡献不再占据绝对优势。表 3-15 的最右一列中，只有不到一半的比重值超过 50%，也就是说在一半以上的连续年度中，企业层面和企业—市场层面的扩展边际成为出口增长的主要贡献力量。其次，出口企业的市场更替行为比产品更替行为更加频繁。从 2006—2007 年度开始到样本期末，市场进入、市场退出的扩展边际比重均大于 100%，这表明每年都有大量新的企业—市场关系的产生，也有大量的企业—市场关系的消亡，这也从一个侧面说明：企业的市场转换要比产品转换相对容易。

**表 3-15　2000—2013 年企业—市场层面出口增长的二元边际分解**

单位：十亿美元，%

| 年份 | 出口增长 | 企业层面扩展边际 | | | 企业—产品层面扩展边际 | | | 企业—产品层面集约边际 |
|---|---|---|---|---|---|---|---|---|
| | | 企业进入 | 企业退出 | 总体 | 产品进入 | 产品退出 | 总体 | 持续市场 |
| 2000—2001 | 12. 27 | 5. 82 | −2. 41 | 3. 41 | 6. 62 | −4. 43 | 2. 19 | 6. 65 |
| | 100 | 47. 4 | −19. 6 | 27. 8 | 54. 0 | −36. 1 | 17. 8 | 54. 2 |
| 2001—2002 | 11. 08 | 7. 71 | −3. 17 | 4. 54 | 7. 75 | −5. 14 | 2. 61 | 3. 93 |
| | 100 | 69. 6 | −28. 6 | 41. 0 | 69. 9 | −46. 4 | 23. 6 | 35. 5 |

续表

| 年份 | 出口增长 | 企业层面扩展边际 | | | 企业—产品层面扩展边际 | | | 企业—产品层面集约边际 |
|---|---|---|---|---|---|---|---|---|
| | | 企业进入 | 企业退出 | 总体 | 产品进入 | 产品退出 | 总体 | 持续市场 |
| 2002—2003 | 28. 79 | 10. 17 | -2. 39 | 7. 78 | 9. 71 | -5. 79 | 3. 92 | 17. 09 |
| | 100 | 35. 3 | -8. 3 | 27. 0 | 33. 7 | -20. 1 | 13. 6 | 59. 4 |
| 2003—2004 | 36. 84 | 27. 78 | -14. 63 | 13. 15 | 12. 31 | -7. 52 | 4. 79 | 18. 90 |
| | 100 | 75. 4 | -39. 7 | 35. 7 | 33. 4 | -20. 4 | 13. 0 | 51. 3 |
| 2004—2005 | 35. 45 | 9. 50 | -4. 35 | 5. 15 | 18. 04 | -11. 58 | 6. 46 | 23. 84 |
| | 100 | 26. 8 | -12. 3 | 14. 5 | 50. 9 | -32. 7 | 18. 2 | 67. 2 |
| 2005—2006 | 75. 72 | 55. 74 | -13. 87 | 41. 87 | 22. 14 | -15. 41 | 6. 73 | 27. 12 |
| | 100 | 73. 6 | -18. 3 | 55. 3 | 29. 2 | -20. 4 | 8. 9 | 35. 8 |
| 2006—2007 | 67. 86 | 80. 45 | -79. 50 | 0. 95 | 133. 50 | -78. 47 | 55. 03 | 11. 88 |
| | 100 | 118. 6 | -117. 2 | 1. 4 | 196. 7 | -115. 6 | 81. 1 | 17. 5 |
| 2007—2008 | 87. 39 | 22. 73 | -8. 19 | 14. 54 | 162. 62 | -136. 10 | 26. 52 | 46. 33 |
| | 100 | 26. 0 | -9. 4 | 16. 6 | 186. 1 | -155. 7 | 30. 3 | 53. 0 |
| 2008—2009 | -64. 63 | 16. 94 | -12. 48 | 4. 46 | 143. 28 | -174. 70 | -31. 42 | -37. 67 |
| | 100 | 26. 2 | -19. 3 | 6. 9 | 221. 7 | -270. 3 | -48. 6 | -58. 3 |
| 2009—2010 | 127. 13 | 20. 25 | -6. 63 | 13. 62 | 208. 76 | -147. 24 | 61. 52 | 51. 99 |
| | 100 | 15. 9 | -5. 2 | 10. 7 | 164. 2 | -115. 8 | 48. 4 | 40. 9 |
| 2010—2011 | 106. 71 | 26. 15 | -10. 52 | 15. 63 | 306. 75 | -258. 29 | 48. 46 | 42. 62 |
| | 100 | 24. 5 | -9. 9 | 14. 6 | 287. 5 | -242. 0 | 45. 4 | 39. 9 |
| 2011—2012 | 103. 33 | 51. 66 | -36. 99 | 14. 67 | 143. 06 | -93. 90 | 49. 16 | 39. 50 |
| | 100 | 50. 0 | -35. 8 | 14. 2 | 138. 4 | -90. 9 | 47. 6 | 38. 2 |
| 2012—2013 | 83. 62 | 55. 64 | -30. 87 | 24. 77 | 158. 23 | -125. 60 | 32. 63 | 26. 22 |
| | 100 | 66. 5 | -36. 9 | 29. 6 | 189. 2 | -150. 2 | 39. 0 | 31. 4 |

注：每一格上方数字为出口额变化绝对额，下方数字为占全部变化额的比重。

资料来源：作者整理。

## 四　企业—产品—市场层面出口增长的二元边际分解

在上文基础上，本部分的分析进一步拓展到三重维度，继续考察企业—产品—市场层面出口增长的二元边际问题。一方面，在持续企业的持续产品中，可能通过开拓新的出口市场来增加出口额，也可能退出原有市场导致出口额减少；另一方面，在持续企业的持续市场中，也可能通过新增出口产品和缩减出口产品带来出口额的变化。因此，本部分在三重维度上分别进行持续企业—持续产品沿市场维度的二元边际分解和持续企业—持续市场沿产品维度的二元边际分解。用公式分别表示如下：

$$\Delta Ex_t = \sum_{i \in Entry} \Delta Ex_{it} + \sum_{i \in Exit} \Delta Ex_{it} + \sum_{i \in Last} \Big[ \sum_{j \in Add} \Delta Ex_{ijt} + \sum_{j \in Cut} \Delta Ex_{ijt} +$$

$$\sum_{j \in Con} \left( \sum_{m \in Start} \Delta Ex_{ijmt} + \sum_{m \in Stop} \Delta Ex_{ijmt} + \sum_{m \in Sus} \Delta Ex_{ijmt} \right) \Bigg] \tag{3-4}$$

$$\Delta Ex_t = \sum_{i \in Entry} \Delta Ex_{it} + \sum_{i \in Exit} \Delta Ex_{it} + \sum_{i \in Last} \Bigg[ \sum_{j \in Start} \Delta Ex_{imt} + \sum_{j \in Stop} \Delta Ex_{imt} + \sum_{j \in Sus} \left( \sum_{m \in Add} \Delta Ex_{ijmt} + \sum_{m \in Cut} \Delta Ex_{ijmt} + \sum_{m \in Con} \Delta Ex_{ijmt} \right) \Bigg] \tag{3-5}$$

其中，式（3-4）等号右边前两项为一般贸易出口增长的企业层面扩展边际，第三、四项为企业—产品层面扩展边际，第五、六项为企业—产品—市场层面扩展边际，第七项为企业—产品—市场层面集约边际；式（3-5）等号右边前两项为一般贸易出口增长的企业层面扩展边际，第三、四项为企业—市场层面扩展边际，第五、六项为企业—市场—产品层面扩展边际，第七项为企业—市场—产品层面集约边际。

表 3-16 和表 3-17 分别汇报了持续企业—持续产品沿市场维度的二元边际分解和持续企业—持续市场产品维度的二元边际分解结果。从中可以发现两个显著特征。其一，在将分析视角细化到企业—产品—市场和企业—市场—产品的三重维度后，集约边际在出口增长中的贡献进一步降低，没有任何一个连续年度超过 50%。也就是说，我们关于出口增长扩展边际和集约边际的考察要以维度层次为前提，在不同的维度层次下会得到差异化的结论。总体来说，随着分析层次的增加，会有越来越多的部分划分到扩展边际当中，而集约边际的贡献度会逐渐降低。其二，横向比较企业、产品和市场的进入退出情况可以看出，企业—市场的更替和转换最为频繁，企业—产品的更替和转换次之，而企业的更替和转换相对最为稳定。在分析结论中的体现就是，企业进入退出的贡献率（在表 3-13 中汇报）极少超过 100%，产品进入退出的贡献率有接近一半超过 100%，而市场进入退出的贡献率大部分都超过 100%。

**表 3-16 2000—2013 年企业—产品—市场层面出口增长的二元边际分解**

单位：十亿美元,%

| 年份 | 出口增长 | 企业层面扩展边际 | 企业—产品层面扩展边际 | 企业—产品—市场层面扩展边际 | | | 企业—产品—市场层面集约边际 |
|---|---|---|---|---|---|---|---|
| | | | | 市场进入 | 市场退出 | 总体 | 持续市场 |
| 2000—2001 | 12.27<br>100 | 3.41<br>27.8 | 2.53<br>20.6 | 10.27<br>83.7 | −7.97<br>−65.0 | 2.30<br>18.7 | 4.03<br>32.8 |

续表

| 年份 | 出口增长 | 企业层面扩展边际 | 企业—产品层面扩展边际 | 企业—产品—市场层面扩展边际 | | | 企业—产品—市场层面集约边际 |
|---|---|---|---|---|---|---|---|
| | | | | 市场进入 | 市场退出 | 总体 | 持续市场 |
| 2001—2002 | 11. 08<br>100 | 4. 54<br>41. 0 | 2. 15<br>19. 4 | 12. 62<br>113. 9 | -10. 39<br>-93. 8 | 2. 23<br>20. 1 | 2. 16<br>19. 5 |
| 2002—2003 | 28. 79<br>100 | 7. 78<br>27. 0 | 5. 34<br>18. 5 | 17. 15<br>59. 6 | -11. 89<br>-41. 3 | 5. 26<br>18. 3 | 10. 41<br>36. 2 |
| 2003—2004 | 36. 84<br>100 | 13. 15<br>35. 7 | 3. 44<br>9. 3 | 20. 09<br>54. 5 | -14. 90<br>-40. 4 | 5. 19<br>14. 1 | 15. 06<br>40. 9 |
| 2004—2005 | 35. 45<br>100 | 5. 15<br>14. 5 | 5. 25<br>14. 8 | 33. 07<br>93. 3 | -24. 50<br>-69. 1 | 8. 57<br>24. 2 | 16. 48<br>46. 5 |
| 2005—2006 | 75. 72<br>100 | 41. 87<br>55. 3 | -3. 18<br>-4. 2 | 37. 12<br>49. 0 | -26. 44<br>-34. 9 | 10. 68<br>14. 1 | 26. 35<br>34. 8 |
| 2006—2007 | 67. 86<br>100 | 0. 95<br>1. 4 | 32. 6<br>48. 0 | 129. 50<br>190. 8 | -107. 00<br>-157. 7 | 22. 50<br>33. 2 | 11. 81<br>17. 4 |
| 2007—2008 | 87. 39<br>100 | 14. 54<br>16. 6 | 8. 25<br>9. 4 | 231. 56<br>265. 0 | -194. 54<br>-222. 6 | 37. 02<br>42. 4 | 27. 58<br>31. 6 |
| 2008—2009 | -64. 63<br>100 | 4. 46<br>6. 9 | -5. 96<br>-9. 1 | 199. 59<br>308. 8 | -240. 63<br>-372. 3 | -41. 04<br>-63. 5 | -22. 09<br>-34. 2 |
| 2009—2010 | 127. 13<br>100 | 13. 62<br>10. 7 | 10. 64<br>8. 4 | 282. 04<br>221. 9 | -212. 37<br>-167. 0 | 69. 67<br>54. 8 | 33. 20<br>26. 1 |
| 2010—2011 | 106. 71<br>100 | 15. 63<br>14. 6 | 10. 77<br>10. 1 | 388. 18<br>363. 18 | -296. 29<br>-277. 7 | 91. 89<br>86. 1 | -11. 58<br>-10. 9 |
| 2011—2012 | 103. 33<br>100 | 14. 67<br>14. 2 | 5. 86<br>5. 7 | 356. 21<br>344. 7 | -278. 10<br>-269. 1 | 78. 11<br>75. 6 | 4. 69<br>4. 5 |
| 2012—2013 | 83. 62<br>100 | 24. 77<br>29. 6 | 8. 36<br>10. 0 | 201. 56<br>241. 0 | -178. 20<br>-213. 1 | 23. 36<br>27. 9 | 27. 13<br>32. 4 |

注：每一格上方数字为出口额变化的绝对额，下方数字为占全部变化额的比重。本表中的第3、4 列与表 3-14 中的 3-8 列完全对应，因此省略具体分项，只保留总体值。

资料来源：作者整理。

**表 3-17 2000—2013 年企业—市场—产品层面出口增长的二元边际分解**

单位：十亿美元，%

| 年份 | 出口增长 | 企业层面扩展边际 | 企业—市场层面扩展边际 | 企业—市场—产品层面扩展边际 | | | 企业—市场—产品层面集约边际 |
|---|---|---|---|---|---|---|---|
| | | | | 产品进入 | 产品退出 | 总体 | 持续产品 |
| 2000—2001 | 12. 27<br>100 | 3. 41<br>27. 8 | 2. 19<br>17. 8 | 11. 91<br>97. 1 | -9. 28<br>-75. 6 | 2. 63<br>21. 4 | 4. 02<br>32. 8 |
| 2001—2002 | 11. 08<br>100 | 4. 54<br>41. 0 | 2. 61<br>23. 6 | 13. 52<br>122. 0 | -11. 76<br>-106. 1 | 1. 76<br>15. 9 | 2. 17<br>19. 6 |
| 2002—2003 | 28. 79<br>100 | 7. 78<br>27. 0 | 3. 92<br>13. 6 | 19. 33<br>67. 1 | -12. 65<br>-43. 9 | 6. 68<br>23. 2 | 10. 41<br>36. 2 |
| 2003—2004 | 36. 84<br>100 | 13. 15<br>35. 7 | 4. 79<br>13. 0 | 19. 25<br>52. 3 | -15. 41<br>-41. 8 | 3. 84<br>10. 4 | 15. 06<br>40. 9 |
| 2004—2005 | 35. 45<br>100 | 5. 15<br>14. 5 | 6. 46<br>18. 2 | 31. 06<br>87. 6 | -23. 70<br>-66. 9 | 7. 36<br>20. 8 | 16. 48<br>46. 5 |
| 2005—2006 | 75. 72<br>100 | 41. 87<br>55. 3 | 6. 73<br>8. 9 | 32. 39<br>42. 8 | -31. 61<br>-41. 7 | 0. 78<br>1. 1 | 26. 34<br>34. 8 |
| 2006—2007 | 67. 86<br>100 | 0. 95<br>1. 4 | 55. 03<br>81. 1 | 46. 45<br>68. 4 | -46. 39<br>-68. 3 | 0. 06<br>0. 1 | 11. 82<br>17. 4 |
| 2007—2008 | 87. 39<br>100 | 14. 54<br>16. 6 | 26. 52<br>30. 3 | 99. 60<br>114. 0 | -80. 85<br>-92. 5 | 18. 75<br>21. 5 | 27. 58<br>31. 6 |
| 2008—2009 | -64. 63<br>100 | 4. 46<br>6. 9 | -31. 42<br>-48. 6 | 79. 77<br>123. 4 | -95. 36<br>-147. 5 | -15. 59<br>-24. 1 | -22. 08<br>-34. 2 |
| 2009—2010 | 127. 13<br>100 | 13. 62<br>10. 7 | 61. 52<br>48. 4 | 102. 69<br>80. 8 | -83. 90<br>-66. 0 | 18. 79<br>14. 8 | 33. 20<br>26. 1 |
| 2010—2011 | 106. 71<br>100 | 15. 63<br>14. 6 | 48. 46<br>45. 4 | 118. 71<br>111. 2 | -64. 52<br>-60. 5 | 54. 1<br>50. 7 | -11. 57<br>-10. 8 |
| 2011—2012 | 103. 33<br>100 | 14. 67<br>14. 2 | 49. 16<br>47. 6 | 121. 42<br>117. 5 | -76. 83<br>-74. 4 | 44. 59<br>43. 2 | -5. 09<br>-4. 9 |
| 2012—2013 | 83. 62<br>100 | 24. 77<br>29. 6 | 32. 63<br>39. 0 | 87. 53<br>104. 7 | -68. 25<br>-81. 6 | 19. 28<br>23. 1 | 6. 94<br>8. 3 |

注：每一格上方数字为出口额变化的绝对额，下方数字为占全部变化额的比重。本表中的第3、4 列与表 3-15 中的 3-8 列完全对应，因此省略具体分项，只保留总体值。

资料来源：作者整理。

# 第三节 本章小结

本章利用2000—2013年高度细化的海关数据，从多视角、多维度全面分析了中国出口企业的行为特征和中国出口增长的二元边际，得到了丰富的研究结论。第一，多产品、多市场出口企业在中国出口企业中占据绝对主导地位，且其数量比重和出口金额比重在样本期内基本保持稳定。第二，多产品、多市场出口企业会通过调整出口产品和市场来重新配置资源，即进行产品和市场转换。通过对“出口种类新增率”“出口种类缩减率”“出口市场新增率”“出口市场退出率”等指标的测算和考察发现，样本期内一般贸易出口企业的产品和市场转换行为非常普遍和频繁，而持续出口企业内的产品和市场转换是出口产品和出口市场变化的主要推动力量。第三，通过对中国出口增长的多维度边际分解发现，中国出口的二元边际波动较大，且集约边际和扩展边际的相对贡献程度会随着分析层次的深化而变化。仅从企业层面分析时，中国一般贸易的出口增长主要由持续企业的出口额增长即集约边际贡献；从企业—产品和企业—市场的双重维度分析时，集约边际的贡献明显降低；从企业—产品—市场和企业—市场—产品的三重维度分析时，集约边际的贡献进一步降低，且不再占据主导地位。这种结果表明：出口产品种类的变化和出口市场的变化很大一部分是在企业内，而非企业间。因此，我们关于出口增长扩展边际和集约边际的考察要以维度层次为前提，在不同的维度层次下会得到差异化的结论。之前许多基于企业层次或者企业—产品层次的出口二元边际研究，可能低估了扩展边际的贡献度。同时，本章的分析结论也为后文研究提供了事实基础。

# 第四章　中国出口产品质量的测算与分析

出口产品质量被认为是一个国家经济发展水平的重要标志，也代表了一个国家的产业和企业在国际市场上的竞争力。但不可否认的现实是，在中国外贸的高速发展进程中，“质”的提升始终落后于“量”的增长。在中国一举成为全球第一制造业大国的同时，“中国制造”的美誉度却没有实现同步提升。虽然近些年已经有所改善，但中国制造在全球价值链当中仍处于较低的位置，中国的出口产品质量和附加值与领先国家还有较大差距。可以说，中国是贸易大国但还没有成为贸易强国。通过不断提高产品质量和附加值来实现全球价值链攀升，是中国对外贸易下一阶段实现跨越发展的核心问题。因此，准确测算 21 世纪以来中国出口产品质量水平的变化趋势，并从多个角度对其进行全方位分析和考察，进而对中国出口贸易相关问题做出清晰判断和有效应对，对中国外贸的可持续发展意义重大。现有关于出口产品质量的研究大多数将样本期锁定在 2000—2006 年，而对于 2007 年之后中国出口产品质量的变化情况则无从探究，而这恰恰是我们希望进一步了解的，即：在度过了加入 WTO 后最初几年的“野蛮生长”后，中国出口产品质量是否会呈现相对稳定的增长态势。根据第二章文献综述中对产品质量测算相关文献的梳理，本章分别采用需求信息反推法和供需信息加总法两种方法对 2000—2013 年中国出口产品质量进行测算和分析，并进行比较对照，以更科学地评估中国出口产品质量的发展变化趋势及典型化特征。

## 第一节　基于需求信息反推法的出口产品质量测算

本节基于 2000—2013 年海关进出口数据库，以及更为细化的分国家分产品的需求替代弹性数据，运用主流的需求信息反推法全面测算中国出口产品质量，并进行不同所有制类型、贸易方式、进口国、技术水平等的多维度多视角考察，在此基础上，深度分析企业出口持续时间及其进入和退出市场行为与产品质量水平的关系，并运用 Melitz 和 Polance（2015）提出的动态分解方法对质量变动的四种机制进行分解，以更好地探究绝对质量变化、市场份额变动、企业更替等不同因素对质量变动的差异化贡献。需求信息反推法测算只需用到海关数据库，是使用完整数据样本的全面测算，因此有助于准确掌握出口企业的发展变化及其产品质量情况。

## 一　测算方法

需求信息反推法主要基于 Hallak 和 Schott（2011）、Khandelwal 等（2013）等学者的研究。假设消费者效用函数如下：

$$U = \left[ \sum_j (\lambda_j q_j)^{\frac{\sigma_j - 1}{\sigma_j}} \right]^{\frac{\sigma_j}{\sigma_j - 1}} \tag{4-1}$$

其中，$\lambda_j$，$q_j$ 分别表示产品 $j$ 的质量和数量，$\sigma_j>1$ 表示同一产品类别 $j$ 中不同品种之间的替代弹性。对应的价格指数 $P$ 为：

$$P = \sum_j p_j^{1-\sigma_j} \lambda_j^{\sigma_j - 1} \tag{4-2}$$

其中，$p_j$ 为产品 $j$ 的价格，产品 $j$ 对应的消费数量 $q_j$ 为：

$$q_j = p_j^{-\sigma_j} \lambda_j^{\sigma_j - 1} \frac{E}{P} \tag{4-3}$$

其中 $P$ 和 $E$ 分别表示进口国总体价格指数和总支出。式（4-3）表示在垂直差异化产品市场中，消费数量取决于产品质量和价格，即性价比。

企业 $i$ 在 $t$ 年对 $m$ 国出口产品 $j$ 的数量可以表示为：

$$q_{ijmt} = p_{ijmt}^{-\sigma_{jm}} \lambda_{ijmt}^{\sigma_{jm} - 1} \frac{E_{mt}}{P_{mt}} \tag{4-4}$$

两边取自然对数，并进行简单整理可得计量回归方程式：

$$\ln q_{ijmt} = \varphi_{mt} - \sigma_{jm} \ln p_{ijmt} + \varepsilon_{ijmt} \tag{4-5}$$

其中，$\varphi_{mt} = \ln E_{mt} - \ln P_{mt}$ 为进口国—年份两维虚拟变量，控制了进口国价格指数 $P$ 和消费总支出 $E$，$\ln p_{ijmt}$ 为企业出口产品的价格，$\varepsilon_{ijmt} = (\sigma_{jm} - 1)\ln\lambda_{ijmt}$ 为包含产品质量信息的残差项。由于回归是在产品层面展开，因此自然控制了产品特征。① 产品质量可以进一步表示为：

① 当然，也可以在模型中直接加入产品固定效应 $\varphi_j$，进行整体回归，这同分产品回归的效果是一样的。

$$quality_{ijmt}=\ln\hat{\lambda}_{ijmt}=\frac{\hat{\varepsilon}_{ijmt}}{\sigma_{jm}-1} \tag{4-6}$$

其中，$quality_{ijmt}$ 表示企业 $i$ 在 $t$ 年对 $m$ 国出口产品 $j$ 的质量，为了获得整体层面的质量信息，借鉴施炳展（2013）的方法进行标准化处理：

$$S-quality_{ijmt}=\frac{quality_{ijmt}-\min quality_j}{\max quality_j-\min quality_j} \tag{4-7}$$

其中，min 和 max 分别表示在 HS6 位码行业层面上，某种产品质量的最低值和最高值。标准化后的质量指标值位于 0 和 1 之间，可以在不同维度上进行加总，进行不同年份、不同企业或者不同进口国之间的比较。[①] 最后，以出口金额为权重，将整体质量指标定义为：

$$T-quality=\sum_{\Omega}\frac{Value_{ijmt}}{\sum_{\Omega}Value_{ijmt}}*S-quality_{ijmt} \tag{4-8}$$

其中，$T$-$quality$ 表示对应样本集合 Ω 的整体质量，Ω 表示某一层面的样本集合，$Value_{ijmt}$ 表示样本出口金额。之所以采用加权平均而不是简单平均，原因在于简单平均无法体现某一样本集合中不同产品的出口重要性，而通过以出口金额为权重的加权平均，能最大限度地体现出集合内不同产品的出口贡献度，进而体现其对该层面样本集合出口质量的不同影响程度。

## 二　数据及处理：海关数据库

本部分采用 2000—2013 年中国海关数据库的产品层面微观贸易数据。在测算之前，首先需要对数据库进行处理，处理方式同上一章基本相同，但保留所有贸易方式样本。第一步，剔除信息损失的样本，包括缺少企业名称、进口地名称、出口产品编码、出口数量、出口金额的数据样本。第二步，剔除出口数量、出口金额为 0 的样本，并对这两个变量在 1%和 99%分位进行 Winsor 处理。第三步，剔除以中国为出口目的地的样本。第四步，剔除贸易中间商样本[②]。借鉴 Tang 和 Zhang（2012）、Fan 等（2014）的做法，剔除企业名称含有“外贸”“科贸”“经贸”“工贸”

① 当然，由于是在产品层面进行的标准化处理，因此标准化的质量指标无法在不同产品间进行比较。

② 出于盈利或避税目的，贸易中间商可能存在价格调整，出口产品价格和数量信息并不能真实反映生产企业的产品质量，因此剔除。

“进出口”“贸易”“进口”“出口”字眼的样本。第五步，仅保留制造业数据样本。最终，得到2000—2013年（不含2011年）362192家企业对276个国家和地区出口4066种产品的数据，企业—产品—进口国—年份四个维度的数据样本总数为32832939（见表4-1）①。

表4-1　2000—2013年不同类别样本数量　单位：家、种

| 年份 | 企业 | 产品 | 企业—产品 | 企业—进口国 | 产品—进口国 | 企业—产品—进口国 |
|---|---|---|---|---|---|---|
| 2000 | 48978 | 3945 | 374576 | 264583 | 118841 | 808758 |
| 2001 | 53341 | 3961 | 424987 | 307928 | 132678 | 956975 |
| 2002 | 59745 | 3929 | 525057 | 378884 | 148065 | 1207919 |
| 2003 | 70758 | 3936 | 635174 | 472827 | 166175 | 1490592 |
| 2004 | 83485 | 3954 | 765007 | 589068 | 186048 | 1838257 |
| 2005 | 89166 | 3956 | 823123 | 679293 | 204193 | 2115162 |
| 2006 | 116738 | 3976 | 1051609 | 884781 | 227306 | 2650418 |
| 2007 | 124069 | 3728 | 1149538 | 1071494 | 211452 | 2512787 |
| 2008 | 136416 | 3719 | 1138624 | 1023659 | 208054 | 2472514 |
| 2009 | 145710 | 3715 | 1217354 | 1140566 | 212183 | 2661116 |
| 2010 | 159450 | 3718 | 1402912 | 1291196 | 235852 | 3279583 |
| 2012 | 185296 | 3690 | 1638469 | 1487576 | 294590 | 5059912 |
| 2013 | 187751 | 3693 | 1768231 | 1525893 | 305625 | 5778946 |
| 整体 | 362192 | 4066 | 6553827 | 5599917 | 496925 | 22896469 |

资料来源：根据中国海关数据库计算整理。

由于企业 $i$ 在 $t$ 年可能对 $m$ 国多次出口产品 $j$，即一年中有多条企业—产品—进口国—年份四维的出口记录，所以需要将其进行汇总。将企业 $i$ 在 $t$ 年中出口到 $m$ 国的属于产品类别 $j$ 的出口金额加总得到总金额，将出口数量加总得到总数量，用总金额除以总数量即得到该类产品的价格，即

$$p_{ijmt}=\frac{Value_{ijmt}}{Quantity_{ijmt}} \tag{4-9}$$

然后，对于某一种产品 $j$，采用式（4-5）进行回归，即

$$\ln q_{imt}=\varphi_{mt}-\sigma\ln p_{imt}+\varepsilon_{imt} \tag{4-10}$$

对于替代弹性 $\sigma$，为了反映不同国家的差异特征，我们采用 Broda 等

① 2011年海关数据的样本出口总额只占当年实际出口总额的80%左右，存在明显异常，而其他年份基本相当，因此剔除此年数据。

（2006）估算的73个国家（地区）的进口需求弹性，对于其余国家（地区）则采用这73个国家（地区）的均值。① 然后在HS6位码层面分产品进行回归，总计4066个回归。但是，由于产品质量与产品价格之间的双向因果关系，导致该式可能存在内生性问题。借鉴Nevo（2001）与王永进和施炳展（2014）的做法，将企业 $i$ 在 $t$ 年对 $m$ 国之外的其他市场出口产品的平均价格作为该企业在 $m$ 国市场出口价格的工具变量。对4066个回归的结果进行统计分析，结果如表4-2所示。

**表4-2　　4066个回归结果的统计分析**

| | 均值 | 10%分位数 | 50%分位数 | 90%分位数 |
|---|---|---|---|---|
| 变量 $\ln p_{imt}$ 系数 | -0.741 | -1.099 | -0.715 | -0.394 |
| 变量 $\ln p_{imt}$ 系数 $p$ 值 | 0.001 | 0 | 0 | 2.93$e$-27 |
| 回归方程拟和优度 $R^2$ | 0.263 | 0.131 | 0.232 | 0.448 |
| 回归方程 $F$ 统计量的 $p$ 值 | 0.002 | 0 | 0 | 0 |
| 回归的有效样本数 | 58710 | 4871 | 33856 | 125053 |

资料来源：作者整理。

根据表4-2，变量 $\ln p_{imt}$ 的回归系数绝大部分为负，回归系数的 $p$ 值绝大部分远远小于0.01，即绝大部分在1%的显著性水平上显著，满足需求定律（张杰等，2014），证明了回归结果的有效性；回归方程的拟合优度平均为0.263，10%分位数为0.131，即90%以上大于0.131，回归方程F统计量的p值均值为0.002，表明F统计量绝大部分非常显著，说明模型具有较好的解释力；4066个回归的平均样本数为58710个，其中90%以上的回归样本数大于4871个。因此，回归方程的显著性、系数显著性、模型拟合程度均较好。

## 三　测算结果及整体趋势分析

根据回归结果得到的残差 $\hat{\varepsilon}_{ijmt}$，运用式（4-6）计算出32832939个企

① 具体来说，Broda、Greenfield和Weinstein（2006）的研究给出了73个国家和地区基于HS 1992版本3位码的进口需求替代弹性，这73个国家（地区）基本包含了世界上最重要的贸易国（地区）。为了最大限度地匹配到我们的样本以减少数据损失，将每个国家（地区）3位码层面的σ取平均值整理到2位码，然后按照国家—HS2位码进行匹配。而对于73个国家（地区）以外的地区，则取73个国家（地区）的均值。数据来自：http://www.columbia.edu/~dew35/TradeElasticities/TradeElasticities.html。现有文献中对σ的处理，或者直接采用Broda和Weinstein（2006）对美国进口需求替代弹性的估计值，或者直接取一个固定值，显然都不够精确。

业—产品—进口国—年份四维样本的质量指标 $quality_{ijmt}$，然后运用式（4-7）计算标准化质量指标，运用式（4-8）计算整体质量指标进行汇总分析。

（一）出口产品质量整体趋势分析

表 4-3 列出了中国出口产品质量的测算结果，与施炳展（2014）的测算结果基本吻合。[①] 可以看出，2000—2013 年中国出口产品质量整体呈上升趋势。其中，2006—2007 年质量水平有一个明显跃升，增长率显著高于之前年份。之后，2009 年整体质量有一个较大幅度的下探，最大的可能是国际金融危机的影响，当年中国出口总额大幅下滑 16%，也是样本期内中国出口总额唯一的一次负增长。分企业类型来看，不同所有制企业的出口产品质量差距明显。其中，外资企业的出口产品质量始终保持了较高水平，与中国整体出口产品质量保持了基本一致的变化趋势，且明显高于国有企业和私营企业；国有企业出口产品质量呈现下降趋势，特别是在 2009 年以后降幅明显；私营企业出口产品质量呈现明显的上升趋势，且增幅高于全国整体水平，在 2009 年以后超过国有企业（见图 4-1）。分贸易方式来看，一般贸易方式出口产品质量呈现稳定上升趋势，而加工贸易方式出口产品质量在 2008 年之前保持上升，在 2008 年之后开始下降，到 2013 年两种贸易方式的出口产品质量基本持平（见图 4-2）。

**表 4-3　2000—2013 年中国出口产品质量变化趋势**

| 年份 | 整体 | 国有企业 | 私营企业 | 外资企业 | 一般贸易 | 加工贸易 |
|---|---|---|---|---|---|---|
| 2000 | 0.790 | 0.780 | 0.721 | 0.802 | 0.744 | 0.806 |
| 2001 | 0.793 | 0.778 | 0.730 | 0.803 | 0.750 | 0.809 |
| 2002 | 0.791 | 0.777 | 0.715 | 0.801 | 0.742 | 0.810 |
| 2003 | 0.795 | 0.776 | 0.730 | 0.807 | 0.751 | 0.814 |
| 2004 | 0.799 | 0.779 | 0.730 | 0.812 | 0.754 | 0.819 |
| 2005 | 0.802 | 0.776 | 0.729 | 0.817 | 0.757 | 0.822 |
| 2006 | 0.805 | 0.775 | 0.735 | 0.821 | 0.761 | 0.826 |
| 2007 | 0.815 | 0.790 | 0.750 | 0.835 | 0.774 | 0.838 |
| 2008 | 0.817 | 0.789 | 0.767 | 0.839 | 0.784 | 0.838 |
| 2009 | 0.800 | 0.759 | 0.752 | 0.827 | 0.767 | 0.820 |

① 当然，施炳展（2014）只测度了 2000—2006 年的出口产品质量。

续表

| 年份 | 整体 | 国有企业 | 私营企业 | 外资企业 | 一般贸易 | 加工贸易 |
|---|---|---|---|---|---|---|
| 2010 | 0.809 | 0.763 | 0.769 | 0.834 | 0.778 | 0.829 |
| 2012 | 0.819 | 0.765 | 0.797 | 0.842 | 0.818 | 0.820 |
| 2013 | 0.817 | 0.766 | 0.799 | 0.844 | 0.817 | 0.817 |

注：海关数据库 2007—2013 年部分数据样本的企业性质变量缺失，但缺失数量比重不到10%。国有企业、私营企业均按照海关数据库中原有类别，外资企业为原数据库中外商独资企业、中外合资企业、中外合作企业项的合并；加工贸易为来料加工和进料加工项的合并。

资料来源：作者整理。

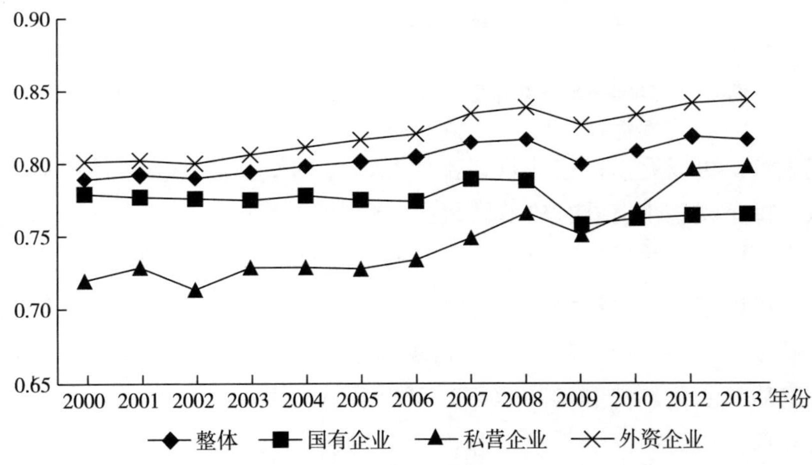


**图 4-1　2000—2013 年中国不同类型企业出口产品质量变化趋势**

## （二）重点出口市场产品质量趋势分析

中国的出口贸易涉及全球 270 多个国家和地区，那么中国对不同国家的出口产品质量是否存在明显差异？对不同国家出口产品质量的变化趋势如何？下面将进行探讨。按照式（4-8）的汇总方法对不同出口目的地的产品质量进行计算，对重点出口市场进行专门分析。表 4-4 列出了 2000—2013 年海关数据库中出口记录数最多的前六大目的地的产品质量情况[①]，这些国家和地区进口中国产品体量较大，因此其质量变动趋势较

① 中国香港为 2000—2013 年海关数据库中出口记录数第二多的地区，但中国内地对其出口主要是转口贸易，产品质量水平的参考意义不大，因此不在表 3-3 中列出结果，但在图 3-3 中有所展示。

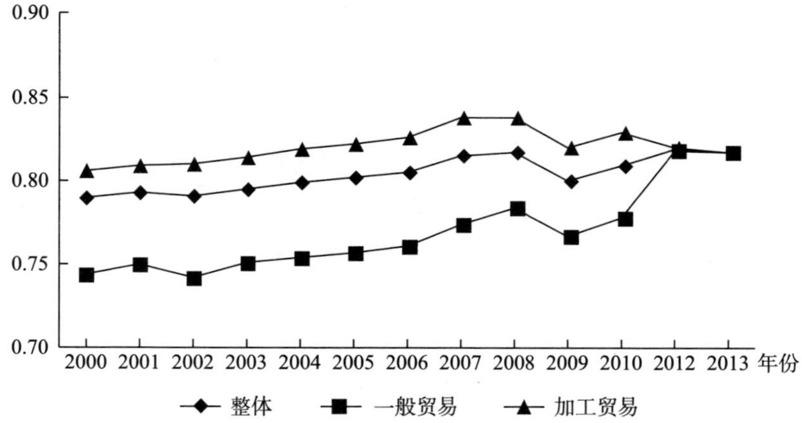


图 4-2　2000—2013 年中国不同贸易方式出口产品质量变化趋势

有代表性。可以看出，这些进口国产品质量的变动趋势同整体趋势基本一致，即呈现稳步上升态势，只是在 2009 年可能由于国际金融危机的影响略有下降，但之后又迅速回升。这表明在剔除出口的市场结构调整后，出口产品的质量变化趋势依然稳健。图 4-3 进一步给出了 2000—2013 年海关数据库中出口记录数前 20 位国家和地区中较有代表性的 15 个国家和地区的质量变化趋势和整体水平。可以看出，中国对美国、日本等发达国家和地区出口产品的质量明显高于对巴西、南非、印度等发展中国家和地区出口产品的质量水平。

表 4-4　2000—2013 年中国对主要市场出口产品质量变化趋势

| 年份 | 美国 | 日本 | 德国 | 韩国 | 英国 | 澳大利亚 |
|---|---|---|---|---|---|---|
| 2000 | 0.841 | 0.808 | 0.775 | 0.782 | 0.758 | 0.724 |
| 2001 | 0.843 | 0.814 | 0.770 | 0.786 | 0.758 | 0.725 |
| 2002 | 0.840 | 0.806 | 0.766 | 0.777 | 0.749 | 0.723 |
| 2003 | 0.845 | 0.811 | 0.782 | 0.787 | 0.753 | 0.727 |
| 2004 | 0.848 | 0.814 | 0.780 | 0.805 | 0.759 | 0.724 |
| 2005 | 0.851 | 0.817 | 0.789 | 0.802 | 0.760 | 0.723 |
| 2006 | 0.854 | 0.816 | 0.795 | 0.808 | 0.765 | 0.725 |
| 2007 | 0.829 | 0.828 | 0.823 | 0.818 | 0.806 | 0.789 |
| 2008 | 0.823 | 0.834 | 0.816 | 0.820 | 0.811 | 0.810 |
| 2009 | 0.805 | 0.822 | 0.797 | 0.803 | 0.788 | 0.782 |

续表

| 年份 | 美国 | 日本 | 德国 | 韩国 | 英国 | 澳大利亚 |
|---|---|---|---|---|---|---|
| 2010 | 0. 810 | 0. 822 | 0. 803 | 0. 823 | 0. 803 | 0. 796 |
| 2012 | 0. 878 | 0. 850 | 0. 808 | 0. 854 | 0. 786 | 0. 778 |
| 2013 | 0. 879 | 0. 847 | 0. 809 | 0. 856 | 0. 788 | 0. 775 |

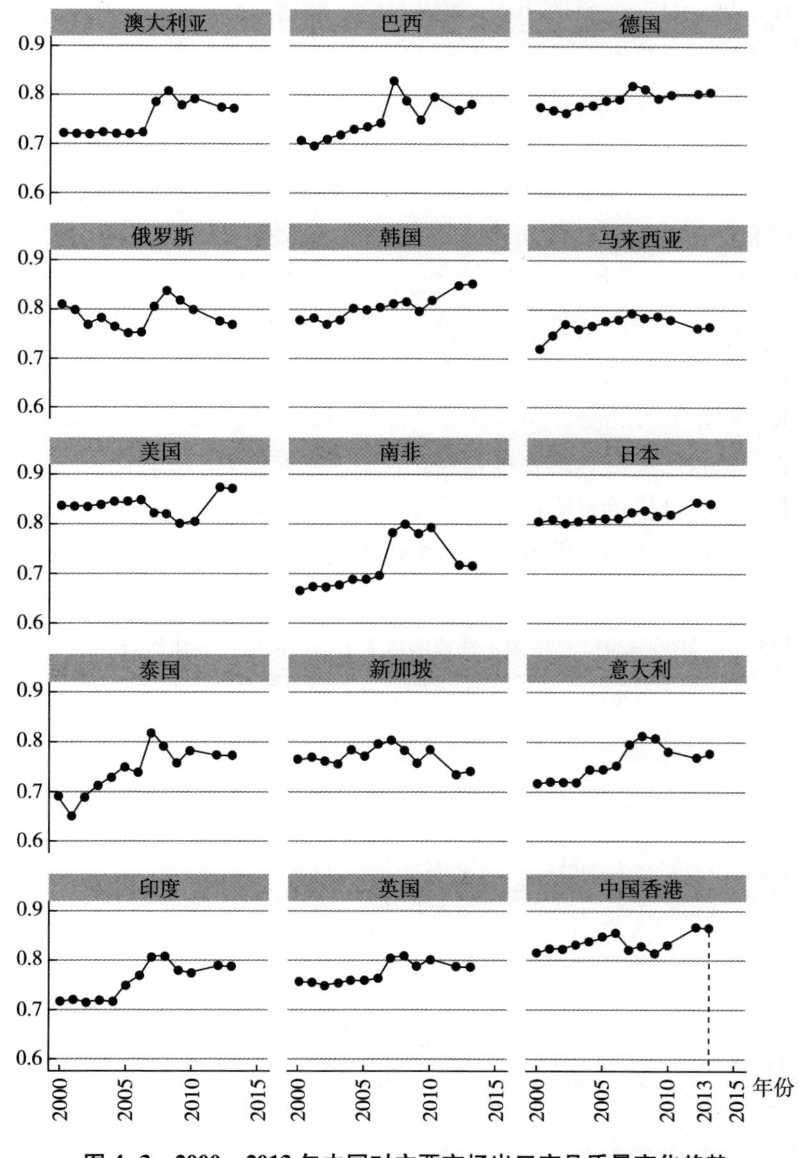


**图 4-3　2000—2013 年中国对主要市场出口产品质量变化趋势**

### （三）分技术水平产品质量趋势分析

再来分析不同技术水平出口产品的质量变化情况。Lall（2000）在SITC Rev2 三位码的基础上，把 239 种产品按技术含量分成 5 大类，分别是初级产品、自然资源类产品、低技术产品、中技术产品、高技术产品，我们也根据此分类来进行测算。首先采用联合国统计司提供的编码转换表将 HS 1996 编码与 SITC Rev2 编码对应，然后根据 Lall（2000）提供的出口产品技术分类表（见附录附表 4）来汇总计算不同技术水平出口产品的质量指标，同时计算了每种技术水平产品出口样本数所占比重，结果见表 4-5 和图 4-4、图 4-5。可以看出，中国企业的高技术产品出口质量呈明显上升趋势，而中、低技术产品出口质量的变化趋势并不显著，且中等技术出口产品的整体质量水平始终低于低技术出口产品。根据 Lall（2000）的分类，中技术产品主要包括汽车工业产品、加工工业产品以及工程机械产品，测算结果表明这几类产品的出口质量水平亟待提升。从比重来看，中国的低技术产品出口比重呈明显下降趋势，中技术产品出口比重呈明显上升趋势，而高技术产品出口比重虽有所提高但幅度较小。将质量信息和比重信息结合可以得出：在 2000—2013 年的样本期内，在高技术产品出口比重没有明显上升的情况下，高技术产品绝对质量的提高是中国出口产品整体质量提高的主要推动力。

**表 4-5　2000—2013 年中国不同技术水平出口产品质量变化趋势**

| 年份 | 高技术 | | 中技术 | | 低技术 | |
|---|---|---|---|---|---|---|
| | 产品质量 | 所占比重（%） | 产品质量 | 所占比重（%） | 产品质量 | 所占比重（%） |
| 2000 | 0.802 | 10.0 | 0.770 | 18.9 | 0.793 | 62.5 |
| 2001 | 0.801 | 10.4 | 0.770 | 19.4 | 0.798 | 61.4 |
| 2002 | 0.807 | 10.5 | 0.767 | 19.9 | 0.789 | 60.7 |
| 2003 | 0.813 | 10.8 | 0.771 | 20.9 | 0.791 | 59.2 |
| 2004 | 0.814 | 11.0 | 0.781 | 21.5 | 0.791 | 58.2 |
| 2005 | 0.819 | 11.0 | 0.786 | 22.0 | 0.790 | 57.9 |
| 2006 | 0.825 | 11.1 | 0.780 | 22.9 | 0.791 | 56.4 |
| 2007 | 0.840 | 10.2 | 0.790 | 23.2 | 0.799 | 57.1 |
| 2008 | 0.838 | 10.9 | 0.793 | 24.7 | 0.806 | 55.2 |
| 2009 | 0.831 | 11.3 | 0.761 | 25.0 | 0.788 | 54.4 |

续表

| 年份 | 高技术 | | 中技术 | | 低技术 | |
|---|---|---|---|---|---|---|
| | 产品质量 | 所占比重（%） | 产品质量 | 所占比重（%） | 产品质量 | 所占比重（%） |
| 2010 | 0.841 | 10.9 | 0.772 | 24.4 | 0.791 | 55.7 |
| 2012 | 0.844 | 11.6 | 0.784 | 26.0 | 0.804 | 53.6 |
| 2013 | 0.843 | 11.1 | 0.787 | 25.9 | 0.797 | 54.3 |

注：由于 Lall（2000）将产品分成 5 大类，表中只占其中 3 类，所以比重之和不为 1。

资料来源：作者整理。

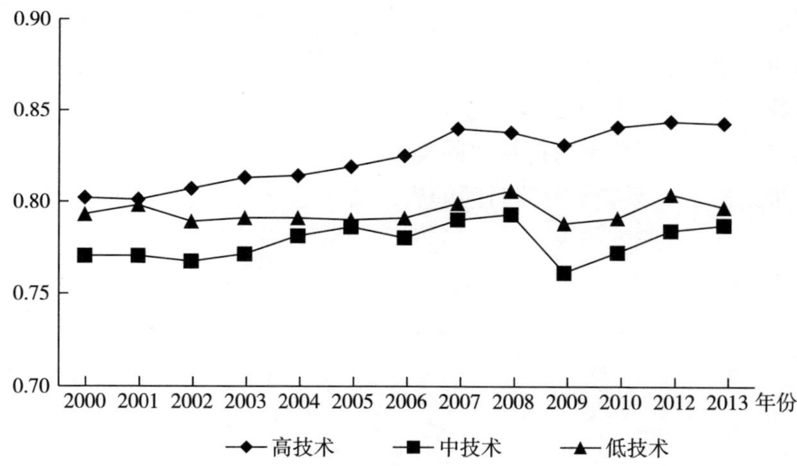


**图 4-4　2000—2013 年中国不同技术水平出口产品质量变化趋势**

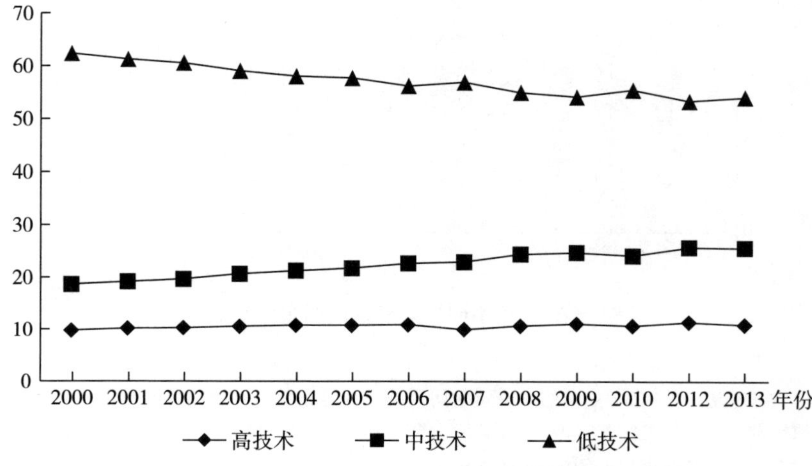


**图 4-5　2000—2013 年中国不同技术水平出口产品比重**

## 四 出口产品质量变化的多角度分析

在整个样本期间（2000—2013 年）内，有持续出口的企业，也有仅出现过一年或几年的企业。从直觉上判断，持续出口企业的产品质量水平与“偶尔”出现企业的产品质量水平会存在差异。同时，中国整体出口产品质量的变化可能是由于持续出口企业的质量变化所致，也可能是由于样本期间进入退出企业带来的结构性变化所致，下面将对此问题进行探讨。

### （一）企业出口持续时间与出口产品质量

以企业在数据库中出现的年份次数为依据进行分类，再根据式（4-8）用出口金额作为权重进行汇总计算，得出不同出口持续时间[①]企业的产品质量水平和变化趋势，图 4-6 列出了不同出口持续时间的企业出口样本数在总体样本中所占的比重，表 4-6 列出了仅出口 1 年、13 年内持续出口[②]，以及部分出口持续时间类型的出口产品质量测算结果，图 4-9 进一步给出了全部类型持续时间的质量变化趋势。

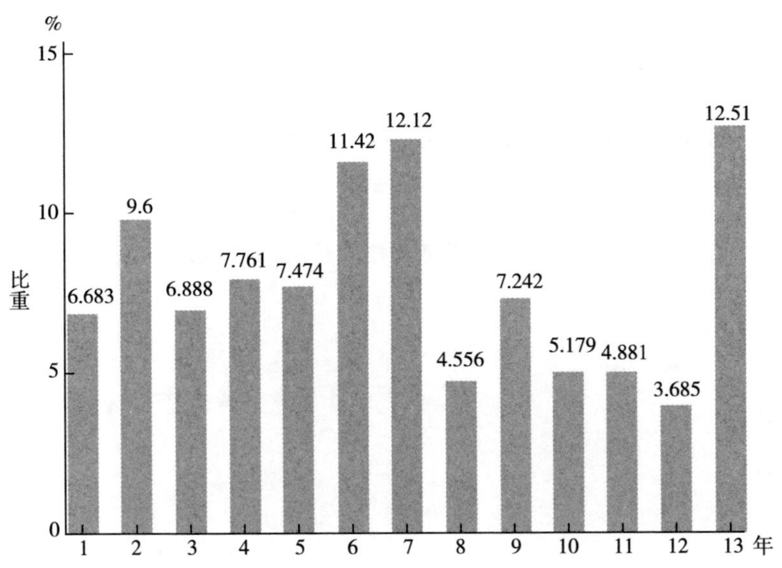


图 4-6 2000—2013 年不同出口持续时间企业交易样本数占比

① 需要说明，本部分定义的“持续时间”并不一定是完全连续的时间年份，也有可能是跳跃的年份，例如有些企业在 2000 年出口，2001 年退出，2003 年又出口，2004 年退出，之后再没有进入，我们就将其界定为出口 2 年。

② 同样剔除 2011 年数据，因此最长持续出口时间为 13 年。

首先考察不同出口持续时间的样本比重情况。样本期内一直持续出口（13 年）、出口 7 年和出口 6 年的企业样本数量比重较高，分别达到 12. 51%、12. 12% 和 11. 42%，仅出口 1 年的企业样本数量也达到了 6. 68%。这样看来，不同出口持续时间的样本分布相对较为均衡。但需要注意的是，这里的比重是指样本数量比重，而不是企业数量比重，持续出口 13 年的样本数量比重较大，很大原因是持续出口的企业一般规模较大、出口产品种类（HS 码种类）较多导致出口记录样本数较多，而不是这种类型的企业数量较多。实际上，这一较大的比重很可能是较少数量的大型出口企业贡献的。为了进行对比，我们还计算出了不同出口持续时间的企业数量的比重，即某种类型出口持续时间的企业个数占样本期内出现过的企业总个数的比重，结果如图 4-7 所示。可以看出，与我们的预判一致，真正持续出口时间较长的企业数量并不多，特别是出口超过 7 年的企业整体数量较少，而大部分企业仅出口 1 年（22. 73%）或者 2 年（20. 39%）。随着出口持续时间的延长，企业数量逐渐减少。这就说明，出口持续时间长的少数企业贡献了较大比重的出口数量，而出口持续时间短的大量中小企业整体出口规模较小。为了验证这一判断，我们进一步计算了不同出口持续时间企业的平均年出口金额（见图 4-8）。可

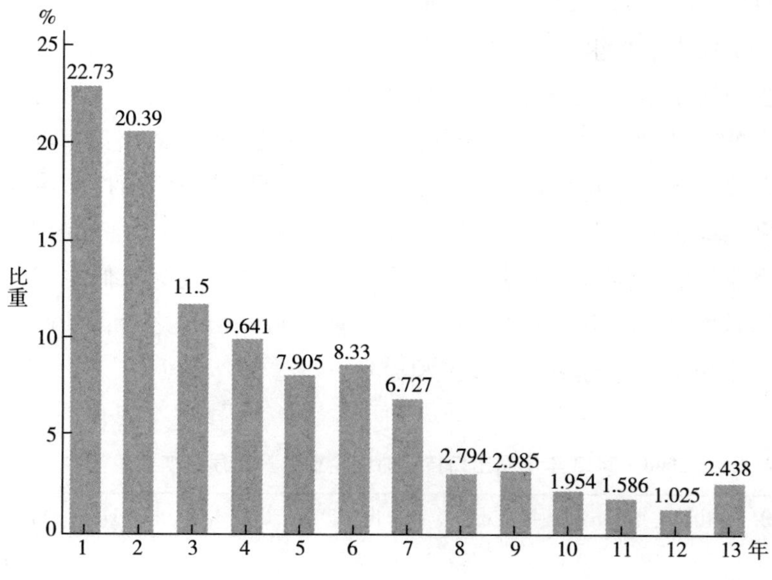


**图 4-7　2000—2013 年不同出口持续时间企业数量占比**

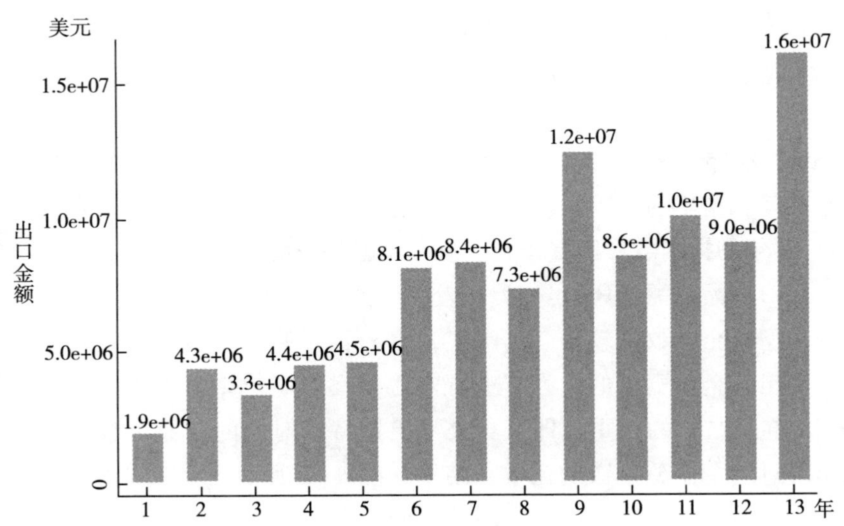


**图 4-8　2000—2013 年不同出口持续时间企业平均年出口金额**

以看出，仅出口 1 年的企业的平均出口金额为 185 万美元，而持续出口 13 年的企业的平均年出口金额为 1607 万美元，差距非常明显。

进一步考察不同出口持续时间样本的产品质量情况。可以看到，随着出口持续时间的延长，出口产品的整体质量水平呈显著提高态势。尤其是，从仅出口 1 年到出口 2 年的样本整体质量提升幅度很大（如图 4-9 中各小图最左端）。这种情况说明，在全球贸易自由化逐步推进特别是中国加入 WTO 以后，贸易壁垒的降低使大量中国企业涌入出口市场，但是由于经验、能力等方面的制约，导致这些企业在某一年出口一单业务或者寥寥几单业务后很快又退出国际市场，成为国际市场“一轮游”企业。这类企业的比重很高，而整体的质量水平却很低，成为拉低中国出口产品整体质量水平的主要因素。而在企业能够持续出口之后，其产品质量也在“干中学”过程中不断改善和提升。

**表 4-6　2000—2013 年不同出口持续时间企业的产品质量变化趋势**

| 年份 | 出口 1 年 | 出口 3 年 | 出口 5 年 | 出口 7 年 | 出口 9 年 | 出口 11 年 | 出口 13 年 |
|---|---|---|---|---|---|---|---|
| 2000 | 0.733 | 0.748 | 0.782 | 0.789 | 0.788 | 0.811 | 0.810 |
| 2001 | 0.626 | 0.755 | 0.789 | 0.789 | 0.793 | 0.811 | 0.810 |

续表

| 年份 | 出口1年 | 出口3年 | 出口5年 | 出口7年 | 出口9年 | 出口11年 | 出口13年 |
|---|---|---|---|---|---|---|---|
| 2002 | 0.653 | 0.733 | 0.793 | 0.794 | 0.794 | 0.794 | 0.805 |
| 2003 | 0.672 | 0.784 | 0.800 | 0.800 | 0.801 | 0.803 | 0.806 |
| 2004 | 0.693 | 0.782 | 0.750 | 0.811 | 0.810 | 0.802 | 0.814 |
| 2005 | 0.713 | 0.783 | 0.752 | 0.815 | 0.818 | 0.803 | 0.816 |
| 2006 | 0.776 | 0.798 | 0.821 | 0.793 | 0.803 | 0.822 | 0.815 |
| 2007 | 0.729 | 0.759 | 0.776 | 0.806 | 0.840 | 0.827 | 0.829 |
| 2008 | 0.630 | 0.757 | 0.763 | 0.811 | 0.843 | 0.835 | 0.833 |
| 2009 | 0.644 | 0.705 | 0.749 | 0.795 | 0.818 | 0.807 | 0.820 |
| 2010 | 0.670 | 0.751 | 0.769 | 0.806 | 0.831 | 0.817 | 0.824 |
| 2012 | 0.797 | 0.789 | 0.789 | 0.819 | 0.835 | 0.826 | 0.833 |
| 2013 | 0.704 | 0.799 | 0.802 | 0.825 | 0.839 | 0.828 | 0.832 |
| 整体 | 0.744 | 0.782 | 0.787 | 0.810 | 0.830 | 0.819 | 0.823 |

资料来源：作者整理。

### （二）企业进入退出市场与出口产品质量

本部分继续考察企业的进入和退出对出口产品质量的差异化影响，由于进入和退出涉及两个年度，因此以每两个连续年份作为一个样本期进行分别考察。若企业在第 $t-1$ 年不存在，而在第 $t$ 年存在，则为第 $t$ 年进入企业；若企业在第 $t-1$ 年存在，而在第 $t$ 年不存在，则为第 $t$ 年退出企业；若两年都存在，则为存续企业。同时计算企业的进入率和退出率，其中，进入率为 $t$ 年进入的企业数量与 $t-1$ 年全部企业数量的比值，退出率为 $t$ 年退出的企业数量与 $t-1$ 年全部企业数量的比值，计算结果见表4-7。从进入退出率来看，每年都有一定比重的企业进入或退出国际市场，且比重变动较大，最高时超过25%，表明出口企业进入退出行为较为频繁。其中，2004年、2006年和2007年的进入率均超过20%，明显高于其他年份，很大原因是受到当年出口政策变化的影响。2004年中国修订并实施了《对外贸易法》，全面放开了进出口经营权；2006年中国改革了出口退税负担机制，大大提高了退税效率；这些政策均有效激发了各类企业特别是民营企业开拓国际市场的热情，使得出口企业进入率大大提高。从出口产品质量来看，存续企业的产品质量较为稳定且整体呈现

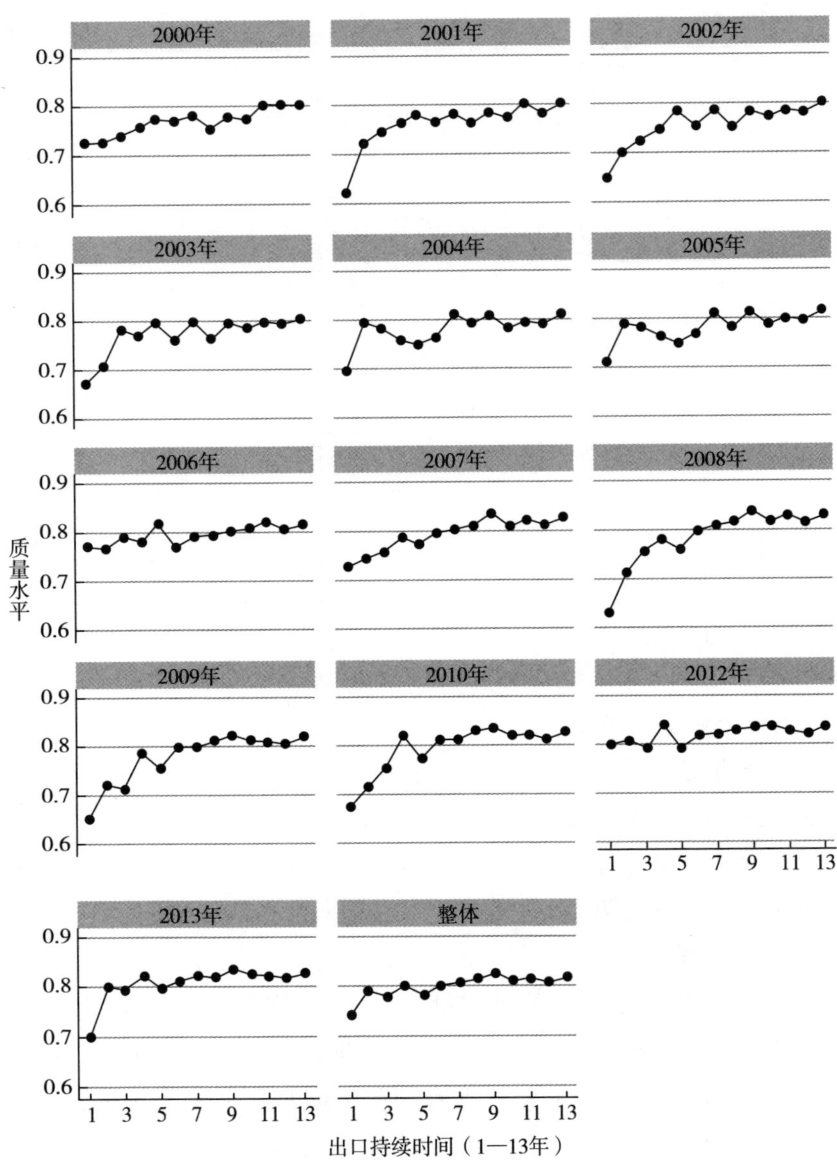


**图 4-9 各年份及整体样本不同出口持续时间企业的质量水平变化**

上升态势，而进入退出企业的产品质量波动较大且整体水平明显低于存续企业，这说明企业频繁地进入退出国际市场不利于中国出口产品整体质量水平的提升。但是，在进入和退出率较高的年份，进入退出企业的整体产品质量与存续企业基本相当甚至略高于存续企业，说明在这些出口热情度高涨进而竞争更加激烈的年份，企业只有通过提升其产品质量才能在激烈的出口市场竞争中获得主动。

**表 4-7　　2000—2013 年进入退出及持续企业产品质量变化趋势**

| 样本期 | 存续企业 | 进入企业 | | 退出企业 | |
|---|---|---|---|---|---|
| | 2 年总体质量 | 进入率（%） | t 年质量 | 退出率（%） | t-1 年质量 |
| 2000—2001 | 0.794 | 13.2 | 0.734 | 8.4 | 0.727 |
| 2001—2002 | 0.794 | 14.3 | 0.731 | 7.8 | 0.696 |
| 2002—2003 | 0.796 | 16.3 | 0.738 | 6.5 | 0.716 |
| 2003—2004 | 0.796 | 21.6 | 0.800 | 11.6 | 0.810 |
| 2004—2005 | 0.803 | 10.2 | 0.728 | 6.6 | 0.713 |
| 2005—2006 | 0.803 | 26.0 | 0.808 | 9.1 | 0.797 |
| 2006—2007 | 0.812 | 23.9 | 0.796 | 20.1 | 0.811 |
| 2007—2008 | 0.817 | 11.3 | 0.767 | 6.0 | 0.728 |
| 2008—2009 | 0.811 | 10.8 | 0.773 | 7.2 | 0.727 |
| 2009—2010 | 0.807 | 5.5 | 0.738 | 10.2 | 0.670 |
| 2012—2013 | 0.820 | 9.0 | 0.702 | 8.2 | 0.801 |

资料来源：作者整理。

### 五　出口产品质量的动态 OP 分解

为了在更深层次上了解中国出口产品质量变化的原因，本部分采用 Melitz 和 Polance（2015）提出的动态 Olley-Pakes（OP）分解方法进行进一步分析。Melitz 和 Polance 全面比较了应用较为广泛的生产率分解方式，并进一步结合 Olley 和 Pakes（1996）分解持续企业生产率的方法，提出动态 OP 生产率分解法。该方法的最大优势在于考察了动态效应，即分别使用每个考察期内期初和期末存活企业的加权平均生产率作为基准生产率来衡量退出企业和进入企业对该期间总量生产率变化的贡献，有效缓解了 BHC 方法、GR 方法和 FHK 方法等其他生产率分解方法中的跨期干扰问题。该方法同样适用于企业出口产品质量的动态分解问题。

首先，将 $t$ 时期不同样本 $i$ 质量的加权平均值即整体质量定义为：

$$TQ_t = \sum_i w_{it} q_{it} \tag{4-11}$$

其中，权重 $w_{it}>0$ 且和为 1，在这里代表样本 $i$ 出口金额的比重。[①] 那么，$\Delta TQ=TQ_2-TQ_1$ 表示两期整体质量的变化。Melitz 和 Polance 将整体质量分解为三个部分：存续企业出口产品质量（*Survive*）、进入企业出口产品质量（*Enter*）和退出企业出口产品质量（*Quit*），那么整体质量水平的变化值就可以分解为上述三个部分变化值的和。令 $TQ_{S1}$、$w_{S1}$、$TQ_{Q1}$、$w_{Q1}$ 分别表示 $t=1$ 时期存续企业出口样本的整体质量（加权平均质量）和权重[②]、退出企业出口样本的整体质量和权重，$TQ_{S2}$、$w_{S2}$、$TQ_{E2}$、$w_{E2}$ 分别表示 $t=2$ 时期存续企业出口样本的整体质量和权重、进入企业出口样本的整体质量和权重。那么，$t=1$ 和 $t=2$ 时期的整体质量可以分别表示为：

$$TQ_1=w_{S1}TQ_{S1}+w_{Q1}TQ_{Q1} \tag{4-12}$$

$$TQ_2=w_{S2}TQ_{S2}+w_{E2}TQ_{E2} \tag{4-13}$$

由于 $t=1$ 时期的样本总数为存续企业样本和退出企业样本之和，$t=2$ 时期的样本总数为存续企业样本和进入企业样本之和，即 $w_{S1}+w_{Q1}=1$、$w_{S2}+w_{E2}=1$，变换后可以得到：$w_{S1}=1-w_{Q1}$、$w_{S2}=1-w_{E2}$，将其代入式（4-12）、式（4-13）可以得到：

$$TQ_1=w_{S1}TQ_{S1}+w_{Q1}TQ_{Q1}=TQ_{S1}+w_{Q1}(TQ_{Q1}-TQ_{S1}) \tag{4-14}$$

$$TQ_2=w_{S2}TQ_{S2}+w_{E2}TQ_{E2}=TQ_{S2}+w_{E2}(TQ_{E2}-TQ_{S2}) \tag{4-15}$$

根据 Olley 和 Pakes（1996）的方法，可以将存续企业效应分解为企业指标值的绝对变化和企业间份额变化引起的整体指标变化，前者由存续企业的非权重（算术平均）变化值来衡量，可以称为组内效应；后者由存续企业的份额与其指标值的协方差来衡量，可以称为组间效应。可以表示为：

$$TQ_t=\bar{q}_t+\sum_i(w_{it}-\bar{w}_t)(q_{it}-\bar{q}_t)=\bar{q}+\text{cov}(w_{it},\ q_{it}) \tag{4-16}$$

结合式（4-14）、式（4-15）和式（4-16），两期整体质量的变化就可以写为：

$$\begin{aligned}\Delta TQ&=TQ_2-TQ_1=(TQ_{S2}-TQ_{S1})+w_{E2}(TQ_{E2}-TQ_{S2})+w_{Q1}(TQ_{S1}-TQ_{Q1})\\&=\underbrace{\Delta\bar{q}_S}_{\text{组内效应}}+\underbrace{\Delta\text{cov}_S}_{\text{组间效应}}+\underbrace{w_{E2}(TQ_{E2}-TQ_{S2})}_{\text{进入效应}}+\underbrace{w_{Q1}(TQ_{S1}-TQ_{Q1})}_{\text{退出效应}}\end{aligned} \tag{4-17}$$

① 为简化起见，这里的 $TQ$ 对应前文式（4-8）中的 *T-quality*，权重 $w$ 对应式（4-8）中的 $Value\Big/\sum_{\Omega}Value$，标准化质量 $q$ 对应式（4-8）中的 *S-quality*。

② 需要说明，根据分解方法的思路，这里的权重是以样本出口金额计算，而不是样本数量或者企业数量。

由此，就可以将出口产品质量动态分解为组内、组间、进入和退出四种效应。其中，组内和组间效应可以统称为存续效应，进入和退出效应可以统称为更替效应。表 4-8 列出了计算进入效应和退出效应需要的指标值，其中包含各样本期存续企业、进入企业和退出企业的出口产品质量情况。表 4-9 列出了分解计算结果。总体来看，存续效应大部分为正且数值相对较大，而更替效应大部分为负且数值相对较小，表明中国出口产品质量的整体提升更多来自存续出口企业的贡献，进入退出企业的影响相对较小且为负面。进一步来看存续效应，除了中国入世前（2002 年之前）和国际金融危机时期（2008—2009 年），存续企业的组内效应基本为正，表明存续企业出口产品自身质量的提高对总体质量水平的提升起到了积极作用；除了国际金融危机等个别时期，存续企业的组间效应大部分为正且数值较大，表明存续企业的市场份额再分配是中国出口产品质量水平提升的主要推动力。再来考察更替效应，进入效应的数值大部分为负，表明新进入出口市场的企业产品质量相对较低，拉低了整体产品质量水平；退出效应的数值大部分为正但数值较小，表明产品质量水平较低的企业①退出市场对整个市场的质量水平起到了正面影响，但由于这部分企业所占权重较小，所以这种正面影响较为有限。

**表 4-8　　2000—2013 年进入退出效应计算指标值**

| 样本期 | 存续企业 | | 进入企业 | | 退出企业 | |
|---|---|---|---|---|---|---|
| | $t-1$ 年质量 $TQ_{S1}$ | $t$ 年质量 $TQ_{S2}$ | $t$ 年权重 $w_{E2}$ | $t$ 年质量 $TQ_{E2}$ | $t-1$ 年权重 $w_{Q1}$ | $t-1$ 年质量 $TQ_{Q1}$ |
| 2000—2001 年 | 0.792 | 0.796 | 4.6 | 0.734 | 2.5 | 0.727 |
| 2001—2002 年 | 0.795 | 0.794 | 5.5 | 0.731 | 1.7 | 0.696 |
| 2002—2003 年 | 0.792 | 0.799 | 6.2 | 0.738 | 1.6 | 0.716 |
| 2003—2004 年 | 0.791 | 0.799 | 25.5 | 0.800 | 22.2 | 0.810 |
| 2004—2005 年 | 0.800 | 0.805 | 2.9 | 0.728 | 1.3 | 0.713 |
| 2005—2006 年 | 0.803 | 0.803 | 25.2 | 0.808 | 9.1 | 0.797 |
| 2006—2007 年 | 0.801 | 0.820 | 21.4 | 0.796 | 36.2 | 0.811 |
| 2007—2008 年 | 0.815 | 0.819 | 3.8 | 0.767 | 1.2 | 0.728 |

① 如表 4-8 所示，新进入企业和退出企业的产品质量水平均显著低于存续企业。

续表

| 样本期 | 存续企业 | | 进入企业 | | 退出企业 | |
|---|---|---|---|---|---|---|
| | $t-1$ 年质量 $TQ_{S1}$ | $t$ 年质量 $TQ_{S2}$ | $t$ 年权重 $w_{E2}$ | $t$ 年质量 $TQ_{E2}$ | $t-1$ 年权重 $w_{Q1}$ | $t-1$ 年质量 $TQ_{Q1}$ |
| 2008—2009 年 | 0. 818 | 0. 802 | 4. 3 | 0. 773 | 1. 5 | 0. 727 |
| 2009—2010 年 | 0. 802 | 0. 812 | 3. 1 | 0. 738 | 1. 1 | 0. 670 |
| 2012—2013 年 | 0. 820 | 0. 821 | 3. 2 | 0. 702 | 4. 8 | 0. 801 |

资料来源：作者整理。

**表 4-9　2000—2013 年出口产品质量变化的动态分解**

| 样本期 | 存续效应 | | | 更替效应 | | | 总体效应 |
|---|---|---|---|---|---|---|---|
| | 组内效应 $\Delta\bar{q}_S$ | 组间效应 $\Delta\mathrm{cov}_S$ | 整体 | 进入效应 $w_{E2}(TQ_{E2}-TQ_{S2})$ | 退出效应 $w_{Q1}(TQ_{S1}-TQ_{Q1})$ | 整体 | $TQ_2-TQ_1$ |
| 2000—2001 年 | -0. 001 | 0. 005 | 0. 004 | -0. 003 | 0. 002 | -0. 001 | 0. 003 |
| 2001—2002 年 | -0. 006 | 0. 005 | -0. 001 | -0. 003 | 0. 002 | -0. 001 | -0. 002 |
| 2002—2003 年 | 0. 000 | 0. 007 | 0. 007 | -0. 004 | 0. 001 | -0. 003 | 0. 004 |
| 2003—2004 年 | 0. 003 | 0. 005 | 0. 008 | 0. 000 | -0. 004 | -0. 004 | 0. 004 |
| 2004—2005 年 | -0. 001 | 0. 005 | 0. 004 | -0. 002 | 0. 001 | -0. 001 | 0. 003 |
| 2005—2006 年 | 0. 005 | -0. 004 | 0. 001 | 0. 001 | 0. 001 | 0. 002 | 0. . 003 |
| 2006—2007 年 | 0. 007 | 0. 011 | 0. 018 | -0. 005 | -0. 003 | -0. 008 | 0. 010 |
| 2007—2008 年 | 0. 006 | -0. 003 | 0. 003 | -0. 002 | 0. 001 | -0. 001 | 0. 002 |
| 2008—2009 年 | -0. 011 | -0. 006 | -0. 017 | -0. 001 | 0. 001 | 0. 000 | -0. 017 |
| 2009—2010 年 | 0. 001 | 0. 009 | 0. 010 | -0. 002 | 0. 001 | -0. 001 | 0. 009 |
| 2012—2013 年 | 0. 000 | 0. 001 | 0. 001 | -0. 004 | 0. 001 | -0. 003 | -0. 002 |

资料来源：作者整理。

## 第二节　基于供需信息加总法的出口产品质量测算

国内学者使用微观数据对中国出口产品质量的测度结论不尽相同。例如，李坤望等（2014）的研究发现中国出口产品质量在 2000—2006 年出现了下滑，而施炳展（2014）、施炳展和邵文波（2014）、余淼杰和张睿（2017）却发现此期间内中国出口产品质量呈上升趋势；张杰等（2014）则发现此期间内中国出口产品质量呈现先降后升的U形走势；王雅琦等（2018）发现中国出口产品质量在2005—2010年间呈现先升后降的倒U形走势。究其原因，与学者们的不同样本和不同测算方法有关。有些学者采用相对单位价值法、使用中国海关数据库数据测算出口产品质量（李坤望等，2014）；有些学者采用需求信息反推法和海关数据进行测算，但在具体处理方式上有所区别，例如为了解决产品价格与产品质量间的内生性问题，施炳展和邵文波（2014）、王永进和施炳展（2014）、许家云等（2017）采用企业在其他市场出口产品的平均价格作为产品价格的工具变量，张杰等（2014）采用企业中间产品来源国的实际汇率作为产品价格的工具变量，还有学者借鉴Khandelwal等（2013）的思路将回归方程变换，从而避开价格与质量间的内生性问题（樊海潮和郭光远，2015；祝树金等，2019；刘啟仁和铁瑛，2020）；余淼杰和张睿（2017）则采用供需信息加总法、使用海关数据与工业企业数据的合并数据进行了测算。总之，现有研究在方法选择、样本选择、数据筛选与处理方式、回归模型设定、质量标准化和汇总方案等方面差异较大，导致测算结果无法直接进行比较和对照。鉴于此，本节将需求信息反推法和供需信息加总法两种估算方法统一到同一模型框架内，在运用匹配样本和供需信息加总法进行测算的同时，也汇报需求信息反推法的测算结果，以在一定程度上降低仅使用单独一种方法就得出某种趋势性判断的可能性偏误。同时，全面考察企业出口行为与其产品质量的关系，特别是从企业出口深度（出口持续时间、出口规模份额）与出口广度（出口产品种类和出口目的地数量）两个角度展开分析探讨。

## 一　测算方法

实际上，出口产品质量测算的供需信息加总法包含了需求信息反推法的主要思路。因此，根据Hallak和Schott（2011）、Khandelwal等（2013）、Feenstra和Romalis（2014）、余淼杰和张睿（2017）等学者的研究，将两种估算方法置于同一个模型框架之中，分别从消费者需求和企业供给两个方向进行推导。

### （一）需求层面

首先从消费者角度考察需求层面，假设$m$国消费者消费产品类别$j=$

1，…，$N$ 的支出函数为：

$$E_m = E(p_{1m}/\lambda_{2m}^{\alpha_m},\ \cdots,\ p_{Nm}/\lambda_{Nm}^{\alpha_m},\ U_m) \tag{4-18}$$

其中，效用 $U_m>0$，$E_m$ 表示 $m$ 国总支出，$p_{jm}$ 和 $\lambda_{jm}$ 分别表示在 $m$ 国销售的产品 $j$ 的价格和质量，参数 $\alpha_{jm}=h(U_m)=1+\rho\ln U_m$，可以理解为 $m$ 国消费者对于产品 $j$ 的质量偏好程度。在连续的差异化产品 $j$ 的假设下，这一非同位的 CES 支出函数可以进一步表示为：

$$E_m = U_m\left[\int_j (p_{jm}/\lambda_{jm}^{\alpha_m})^{(1-\sigma_{jm})}dj\right]^{\frac{1}{1-\sigma_{jm}}} \tag{4-19}$$

对该支出函数求导可以得到 $m$ 国消费者消费产品 $j$ 的数量需求 $q_{jm}$：

$$q_{jm}=\frac{\partial E_m}{\partial p_{jm}}=\frac{\partial E_m}{\partial \bar{p}_{jm}} * \frac{1}{(\lambda_{jm})^{\alpha_{jm}}}=E_m * P_m^{\sigma_{jm}-1} * \bar{p}_{jm}^{-\sigma_{jm}} * \lambda_{jm}^{\alpha_{jm}(\sigma_{jm}-1)} \tag{4-20}$$

其中，$\bar{p}_{jm}=p_{jm}/(\lambda_{jm})^{\alpha_{jm}}$ 表示产品的质量调整后价格（Baldwin and Harrigan，2011），$P_m$ 表示 $m$ 国价格指数。

对式（4-20）两边取对数，并加上年份下标 $t$ 和企业下标 $i$ 可得：

$$\ln q_{ijmt}=\varphi_{mt}+\varphi_j-\sigma_{jm}\ln p_{ijmt}+\alpha_{jm}(\sigma_{jm}-1)\ln\lambda_{ijmt} \tag{4-21}$$

其中，$\varphi_{mt}=\ln E_{mt}+(\sigma_{jm}-1)\ln P_{mt}$ 为进口国—年份固定效应，控制了进口国价格指数 $P$ 和总支出 $E$ 等差异，$\varphi_j$ 为产品固定效应，控制了产品间的个体差异。在需求信息反推法中，不考虑 $m$ 国消费者对于产品 $j$ 的质量偏好程度，因此令 $\alpha_{jm}=1$，即可得出：

$$\ln q_{ijmt}=\varphi_{mt}+\varphi_j-\sigma_{jm}\ln p_{ijmt}+\varepsilon_{ijmt} \tag{4-22}$$

其中，$\varepsilon_{ijmt}=(\sigma_{jm}-1)\ln\lambda_{ijmt}$ 为包含产品质量信息的残差项。但是，由于产品质量与产品价格间的双向因果关系可能导致内生性问题，直接利用式（4-22）回归会导致对弹性 $\sigma_{jm}$ 的估计偏误，相应的解决方案有两种：一种方案是使用工具变量，借鉴 Nevo（2001）、王永进和施炳展（2014）的方法，将企业 $i$ 在 $t$ 年对除 $m$ 国外其他国家出口产品 $j$ 的平均价格作为该企业对 $m$ 国出口产品 $j$ 价格的工具变量；另一种方案是借鉴 Khandelwal 等（2013）的方法，将产品价格移到方程左边，并使用已有文献直接对 $\sigma_{jm}$ 进行赋值，即对下式进行回归：

$$\ln q_{ijmt}+\sigma_{jm}\ln p_{ijmt}=\varphi_{mt}+\varphi_j+\varepsilon_{ijmt} \tag{4-23}$$

回归得到残差后，企业 $i$ 在 $t$ 年对 $m$ 国出口产品 $j$ 的质量可以表示为：

$$quality_{ijmt}=\ln\hat{\lambda}_{ijmt}=\frac{\hat{\varepsilon}_{ijmt}}{\sigma_{jm}-1} \tag{4-24}$$

为了进行对比，本节同时使用式（4-22）和式（4-23）的两种回归方案进行估算。

（二）供给层面

企业 $i$ 对其出口到 $m$ 国的 $j$ 产品的质量进行最优化选择。假设企业出口需要同时负担特定贸易成本 $T_{ijm}$[①] 和冰山贸易成本 $\tau_{ijm}$，且冰山贸易成本中包含了从价关税成本 $tar_{jm}$，则包含关税的到岸（$CIF$）价格 $p_{ijm}$ 与离岸（$FOB$）价格 $p_{ijm}^*$ 之间的关系为：$p_{ijm}=\tau_{ijm}(p_{ijm}^*+T_{ijm})$，不含关税的 $CIF$ 价格为 $p_{ijm}/tar_{jm}$。$p_{ijm}$ 即为 $m$ 国消费者所面临的价格。

假设生产 1 单位质量为 $\lambda_{ijm}$ 的产品需要的投入为 $x_{ijm}$，来自 $Cobb-Douglas$ 形式：$\lambda_{ijm}=(x_{ijm}\varphi_{ij})^{\theta}$。其中，$0<\theta<1$ 为该成本函数的参数，$\varphi_{ij}$ 为企业 $i$ 生产 $j$ 产品的生产率。用 $v$ 表示投入品价格，则由上式可得生产质量为 $\lambda_{ijm}$ 的产品的边际成本为：

$$c_{ij}(\lambda_{ijm},\ v)=vx_{ijm}=v(\lambda_{ijm})^{1/\theta}/\varphi_{ij} \tag{4-25}$$

根据冰山贸易成本的定义，每运输到达 1 单位的产品需要出口 $\tau_{ijm}$ 单位的产品，则若要运输到达 $m$ 国 $q_{ijm}$ 数量的产品，需要企业出口的数量为 $\tau_{ijm}q_{ijm}$。企业 $i$ 的利润最大化问题可以表示为：

$$\mathrm{Max}[p_{ijm}^*-c_{ij}(\lambda_{ijm},\ v)]*\frac{\tau_{ijm}q_{ijm}}{tar_{jm}} \tag{4-26}$$

结合需求层面的支出函数并根据利润最大化（成本最小化）条件可得：

$$\frac{\partial c_{ij}(\lambda_{ijm},\ v)}{\partial\lambda_{ijm}}=\alpha_{jm}\frac{[c_{ij}(\lambda_{ijm},\ v)+T_{ijm}]}{\lambda_{ijm}} \tag{4-27}$$

采用前文的 Cobb-Douglas 质量生产函数并结合式（4-25）的成本函数和式（4-19）的支出函数并进行推导整理可得：

$$\ln\lambda_{ijm}=\theta_j[\ln(\chi_{jm}p_{ijm}^*)-\ln(v/\varphi_{ij})] \tag{4-28}$$

其中 $\chi_{jm}=\alpha_{jm}\theta_j(\sigma_{jm}-1)/[1+\alpha_{jm}\theta_j(\sigma_{jm}-1)]$，$\alpha_{jm}=1+\rho_j\ln(RGDPL^m/RGDPL^{US})$，$RGDPL^m$ 为 $m$ 国的实际人均 $GDP$，$RGDPL^{US}$ 为美国的实际人均 $GDP$。[②]

---

① $T_{ijm}$ 主要取决于要素价格和运输距离。

② 数据来自 Penn World Table version 9.1，其中涵盖了 182 个国家和地区的数据，对于另外的国家和地区，取 182 个国家和地区的均值。

对于不同年份 $t$，可以进一步将产品质量表达为：

$$\ln\lambda_{ijmt}=\theta_j[\ln\chi_{jm}+\ln p^*_{ijmt}+\ln\varphi_{it}-\ln v_t] \tag{4-29}$$

再来推导投入品成本 $v$。假设企业生产需要劳动 $L$ 和资本 $K$ 两种投入品①，则投入成本可以表示为：

$$\ln v_t=\eta^L\ln v_t^L+\eta^K\ln v_t^K \tag{4-30}$$

其中，$v_t^L$、$v_t^K$ 分别表示劳动投入成本和资本投入成本，$\eta^L$、$\eta^K$ 分别表示相应的投入份额。借鉴余淼杰和张睿（2017），在国民经济行业分类两位数行业层面用全部企业的应付工资和应付福利费总额②除以员工人数总数，得到 t 年两位数行业层面的劳动投入成本；用全部企业的当年折旧总额除以固定资产总额，得到 t 年两位数行业层面的资本投入成本。在生产函数为 Cobb-Douglas 形式 $Y_{it}=\varphi_{it}L_{it}^{\beta^L}K_{it}^{\beta^K}$ 的条件下，$\eta^L$、$\eta^K$ 可以由生产函数的投入品弹性计算得到：

$$\eta^L=\frac{\beta^L}{\beta^L+\beta^K},\ \eta^K=\frac{\beta^K}{\beta^L+\beta^K} \tag{4-31}$$

$\beta^L$、$\beta^K$ 的估计值可由估计全要素生产率的过程中得到，这样就能根据式（4-30）计算出国民经济行业分类两位数行业层面的投入成本水平。然后，就可以直接根据式（4-29）计算得出企业—产品—进口国—时间四维层面的出口产品质量。其中，参数 $\rho_j$、$\theta_j$ 直接采用 Feenstra 和 Romalis（2014）估算得出的中间值 0.021 和 0.63，$\sigma_{jm}$ 同前文一样采用 Broda 等（2006）估算的 73 个国家（地区）的进口需求弹性，对于其余国家（地区）则采用这 73 个国家（地区）的均值。

## 二 数据及处理：工业企业与海关数据库

本节使用的样本数据来自 2000—2013 年的中国工业企业数据库和海关进出口数据库。两种方法的产品质量测算需要用到企业层面的生产率指标、行业层面的成本水平，以及产品层面的出口价格和出口数量指标，其中前两项指标通过工业企业数据库的企业层面数据估算获得，第三项

---

① Feenstra 和 Romalis（2014）假设企业在生产过程中只需要劳动力一种投入品，余淼杰和张睿（2017）在此基础上假设企业需要投入劳动、资本和中间投入三种投入品。但是，由于加工贸易的中间投入大部分来自国外无法准确估算，余淼杰和张睿（2017）仅研究一般贸易出口。为了同时考察加工贸易出口的产品质量情况并与一般贸易进行对照比较，本书取折中的办法，即假设企业生产需要劳动和资本两种投入品。

② 2010 年以后新的会计制度统一统计为应付薪酬。

指标由海关数据库的产品层面数据获取，然后将两数据库进行匹配，测算产品层面的出口质量指标。

首先要对工业企业数据库进行跨年匹配构建面板数据。工业企业数据库的统计对象为所有国有企业和规模以上的非国有工业企业。① 本着“匹配不足”优于“过度匹配”的原则②，本书仅采用法人代码、企业名称和“邮政编码+电话号码后7位”的序贯识别法进行样本的年份间匹配。③ 同时，对数据库进行了如下处理：第一步，删除法人代码、企业名称、邮政编码、电话号码、固定资产合计等关键指标缺失的样本；第二步，删除关键指标异常值样本，参考聂辉华等（2012）的做法，剔除工业增加值、固定资产合计、全部职工（从业人数）、中间投入、应付薪酬等变量小于等于0的样本；第三步，将行业类别指标统一到国民经济行业分类2002年版本④；第四步，对名义指标进行平减，使用国家统计局公布的工业生产者出厂价格指数对工业增加值进行平减，使用工业生产者购进价格指数对中间投入进行平减，使用固定资产投资价格指数对固定资产合计和资产折旧额进行平减，使用居民消费价格指数对员工薪酬进行平减。另外，由于2008年缺少当年折旧、2009年缺少本年应付工资（薪酬）等关键指标，无法据此估算中间投入和工业增加值数据，因此剔除2008年、2009年样本。由此，得到2000—2013年（不含2008年、2009年）12年间685020家企业共2817189个观测值的非平衡面板数据。需要说明的是，个别企业在不同年份汇报的基本信息（例如登记注册类型、开业时间、行业类别、省地县码、电话号码、邮政编码等）存在差异，本书使用的所有企业层面的基本信息都以其在样本中第一次出现（最早出现的年份）时汇报的信息为准。然后，运用该样本估算企业层面

① “规模以上”的统计口径在2011年发生变化，由500万元上升到2000万元。

② 也就是说，相比于小部分样本没有成功匹配的结果，将本来不同的企业错误地匹配为同一家企业的结果带来的危害更大。

③ 需要说明的是，由于是非平衡面板数据，在对匹配完成的样本进行reshape之后，会多出很多空值样本。例如，某家企业在原样本中仅在2000年出现，而在reshape后将会出现该企业其余年份的空值样本。也就是说，每家企业都会被构建成涵盖全部年份的样本。因此，在reshape long操作之后，需要对这些空值样本进行删除。

④ 国民经济行业分类在2002年、2011年分别进行了修订，因此本书样本期涉及三个版本，即1994年版、2002年版和2011年版。由于本书分析仅涉及两位数行业，因此仅在两位数行业进行对应统一，这样也能够最大限度地减少在四位数行业对应可能导致的样本损失。

的全要素生产率（TFP）。[①] 对海关数据库的处理与 3.1 部分相同，同样剔除 2008 年、2009 年样本[②]，得到 2000—2013 年（不含 2008、2009 年）12 年间 358880 家企业的 31952083 个观测值。

然后，将工业企业数据库与海关数据库进行匹配。由于已完成对工业企业数据库的面板数据构造（即跨年度匹配），只需要分年度对工业企业数据库与海关数据库进行匹配即可得到需要的样本数据。使用两组关键变量对上述两个数据库进行连接匹配，一是企业名称，二是邮政编码+电话号码后 7 位。第一步使用企业名称和年份匹配，共匹配到 7615422 个样本观测值。第二步使用邮政编码+电话号码后 7 位和年份匹配，匹配前先剔除邮政编码和电话号码缺失或无效的样本，共匹配到 1071777 个样本观测值。但是，本书通过粗略的人工比对发现，使用邮政编码+电话号码后 7 位匹配得到的企业有相当比重为错误匹配，其中发生错误的最主要原因是海关数据库中出口企业邮政编码的误报。[③] 因此，在此种方法匹配出的样本基础上，本书采用如下方法进行进一步筛选：分别摘出两数据库企业名称的前两个字进行比对，如果前两个字相同则保留样本，如果不同则剔除样本。[④] 经过如此筛选后，剩下 449885 个样本观测值。将两步匹配成功的样本合并后，共得到 2000—2013 年（不含 2008、2009 年）12 年 8065307 个企业—产品—进口国—年份四维度的样本观测值；企业总数为 107314 家，占到匹配前工业企业数据库企业总数（685020 家，不含 2008 年、2009 年）的 15.7%，占到匹配前海关数据库企业总数（358880 家，不含 2008 年、2009 年）的 29.9%。具体各年份匹配结果见表 4-10，主要变量的统计描述见表 4-11。

---

① 之所以使用匹配前的样本估算 TFP，是因为使用更加完整的样本会使估算结果更加准确。

② 2011 年海关数据库的样本出口总额只占当年实际出口总额的 80%左右，存在一定异常，但考虑到要将工业企业数据库与海关数据库匹配使用，而匹配成功的样本只占原海关数据库样本的一部分比例，因此仍保留 2011 年样本。

③ 海关数据库中大量企业对所在地邮政编码的错误填报，导致“邮政编码+电话号码后 7 位”的匹配方法很容易发生错误，因为在不同地区必然存在大量后 7 位（即没有区号）相同的电话号码。

④ 这种筛选方法的思路是，大部分企业名称的前几个字为其所在地，如果所在地相同，则加上电话号码的匹配信息基本能确定为同一家企业。即使前两个字不是企业所在地，由于错误匹配基本都是将两个完全不同的企业识别为同一家企业，这种错误情况下两家企业名称前两个字相同的概率非常小，反之如果相同则基本能判定为同一家企业。

表 4-10 **2000—2013 年数据匹配情况** 单位：家,%

| 年份 | 匹配前企业数量 | | 匹配成功企业数量 | 匹配成功企业数占比 | |
|---|---|---|---|---|---|
| | 工企库 | 海关库 | | 占工企库 | 占海关库 |
| 2000 | 128580 | 48975 | 15028 | 11.7 | 30.7 |
| 2001 | 144381 | 53340 | 17568 | 12.2 | 32.9 |
| 2002 | 152345 | 59738 | 19347 | 12.7 | 32.4 |
| 2003 | 173407 | 70755 | 22893 | 13.2 | 32.4 |
| 2004 | 235699 | 83477 | 31323 | 13.3 | 37.5 |
| 2005 | 244995 | 89165 | 34154 | 13.9 | 38.3 |
| 2006 | 273399 | 116679 | 40516 | 14.8 | 34.7 |
| 2007 | 306290 | 124068 | 39393 | 12.9 | 31.8 |
| 2010 | 305489 | 159450 | 39563 | 13.0 | 24.8 |
| 2011 | 270680 | 173518 | 43190 | 16.0 | 24.9 |
| 2012 | 277441 | 185295 | 46082 | 16.6 | 24.9 |
| 2013 | 304483 | 187751 | 48507 | 15.9 | 25.8 |
| 整体 | 685020 | 358880 | 107314 | 15.7 | 29.9 |

资料来源：作者整理。

表 4-11 **主要变量的统计描述**

| 变量 | 样本观测值 | 均值 | 标准差 | 25%分位 | 75%分位 |
|---|---|---|---|---|---|
| ln*Added value* | 7880372 | 10.204 | 1.655 | 9.088 | 11.158 |
| ln*Capital* | 8053993 | 9.666 | 1.883 | 8.395 | 10.836 |
| ln*Labor* | 8029824 | 5.938 | 1.221 | 5.182 | 6.629 |
| ln*Intermediate input* | 8016701 | 11.241 | 1.640 | 10.115 | 12.146 |
| ln*Price* | 8065307 | 2.057 | 2.224 | 0.711 | 2.999 |
| ln*Quantity* | 8065307 | 7.660 | 3.230 | 5.525 | 9.941 |

资料来源：作者整理。

### 三 全要素生产率的估计结果及分析

估算全要素生产率的方法主要包括最小二乘法（*OLS*）、固定效应法（*FE*）、*OP* 法（Olley & Pakes, 1996）、*LP* 法（Levinsohn & Petrin, 2003）、*ACF* 法（Ackerberg et al., 2015）等。一般认为，用 *OLS* 和 *FE* 方法估算的 *TFP* 有较大的缺陷，即同时性偏差和样本选择性偏差。*OP* 方

法和 *LP* 方法都能有效解决上述问题，但是 *OP* 方法要求代理变量（投资）与总产出始终保持单调关系，这意味着那些投资额为零的样本在估计中会被删除，造成较大程度的样本损失（30%—40%）。而 *LP* 方法使用中间品投入指标作为代理变量，相对更为灵活。因此，本书使用 *LP* 法进行估算。

*LP* 方法估计全要素生产率需要用到企业产出、中间投入、资本、劳动等指标。其中，产出使用企业的工业增加值①，中间投入采用企业的工业中间投入合计值②，资本采用企业的固定资产合计值，劳动力采用企业的全部职工（从业人数）。需要说明的是，产出之所以使用增加值而不是总产值，是因为增加值并不包含中间投入，而总产值与中间投入之间高度相关。为最大限度地反映不同行业生产模式的差异，本书在《国民经济行业分类》GB/T4754—2002 的两位数行业层面分别估算资本和劳动系数，然后计算企业层面 *TFP*。由于假设生产函数为 *C—D* 形式且有资本、劳动两种投入，因此 *TFP* 的值可由下式得出：

$$TFP_{it}=\ln Y_{it}-\beta^{L}\ln L_{it}-\beta^{K}\ln K_{it} \tag{4-32}$$

（一）投入要素贡献率分析

表 4-12 汇报了制造业各 2 位码行业的弹性系数估计结果。可以看出，资本的产出弹性大部分在 0.2 到 0.3 之间，劳动的产出弹性大部分在 0.1 到 0.2 之间，这一估计结果与大部分学者使用 LP 法估计的结果基本一致（鲁晓东和连玉君，2012；余淼杰等，2018）。其中，石油加工、金属冶炼加工等行业的资本产出弹性较高，属于资本密集型行业；纺织服装、皮革制品等行业的劳动产出弹性较高，属于劳动密集型行业，这均与我们的直观判断相吻合。

---

① 2011 年、2012 年的样本缺少工业增加值指标，使用如下公式计算：工业增加值＝工业总产值－工业中间投入＋增值税。2004 年的样本同时缺少工业增加值和工业总产值指标，借鉴刘小玄和李双杰（2008）的做法用如下公式计算：工业增加值＝产品销售收入－期初存货＋期末存货－工业中间投入＋增值税。

② 2011 年、2012 年的样本缺少工业中间投入指标，借鉴余淼杰等（2018）使用如下公式计算：工业中间投入＝工业总产值×产品销售成本/产品销售收入－本年应付工资总额－当年折旧。为了验证可靠性，同时利用该方法估计了包含中间投入变量的年份，对比该方法得到的中间投入估计值和原有的中间投入值，两者的比例在去掉两端各 1%的极端值后，均值和中位数均非常接近于 1。因此，该方法得到的中间投入估计值较为可靠。

表 4-12　　制造业 2 位码行业 TFP 估算的资本和劳动弹性

| 行业代码 | 行业名称 | 资本弹性 $\beta^K$ | 劳动弹性 $\beta^L$ | 有效样本数（个） |
|---|---|---|---|---|
| 13 | 农副食品加工业 | 0.288*** | 0.103*** | 146112 |
| 14 | 食品制造业 | 0.280*** | 0.128*** | 57712 |
| 15 | 饮料制造业 | 0.278*** | 0.159*** | 39514 |
| 16 | 烟草制品业 | 0.305*** | 0.128*** | 2095 |
| 17 | 纺织业 | 0.237*** | 0.167*** | 206848 |
| 18 | 纺织服装、鞋、帽制造业 | 0.214*** | 0.235*** | 124624 |
| 19 | 皮革、毛皮、羽毛（绒）及其制品业 | 0.210*** | 0.205*** | 58191 |
| 20 | 木材加工及木、竹、藤、棕、草制品业 | 0.267*** | 0.136*** | 55394 |
| 21 | 家具制造业 | 0.248*** | 0.161*** | 31487 |
| 22 | 造纸及纸制品业 | 0.236*** | 0.144*** | 68755 |
| 23 | 印刷业和记录媒介的复制 | 0.200*** | 0.195*** | 45553 |
| 24 | 文教体育用品制造业 | 0.191*** | 0.211*** | 32768 |
| 25 | 石油加工、炼焦及核燃料加工业 | 0.367*** | 0.087*** | 17571 |
| 26 | 化学原料及化学制品制造业 | 0.278*** | 0.102*** | 184176 |
| 27 | 医药制造业 | 0.293*** | 0.180*** | 48680 |
| 28 | 化学纤维制造业 | 0.311*** | 0.102*** | 14090 |
| 29 | 橡胶制品业 | 0.308*** | 0.119*** | 30495 |
| 30 | 塑料制品业 | 0.259*** | 0.177*** | 122487 |
| 31 | 非金属矿物制品业 | 0.236*** | 0.116*** | 207149 |
| 32 | 黑色金属冶炼及压延加工业 | 0.331*** | 0.126*** | 55154 |
| 33 | 有色金属冶炼及压延加工业 | 0.321*** | 0.076*** | 48839 |
| 34 | 金属制品业 | 0.260*** | 0.174*** | 151321 |
| 35 | 通用设备制造业 | 0.264*** | 0.137*** | 201946 |
| 36 | 专用设备制造业 | 0.261*** | 0.127*** | 111666 |
| 37 | 交通运输设备制造业 | 0.273*** | 0.142*** | 117762 |
| 39 | 电气机械及器材制造业 | 0.292*** | 0.181*** | 94724 |

续表

| 行业代码 | 行业名称 | 资本弹性 $\beta^K$ | 劳动弹性 $\beta^L$ | 有效样本数（个） |
|---|---|---|---|---|
| 40 | 通信设备、计算机及其他电子设备制造业 | 0.249*** | 0.190*** | 117248 |
| 41 | 仪器仪表及文化、办公用机械制造业 | 0.238*** | 0.182*** | 55641 |
| 42 | 工艺品及其他制造业 | 0.202*** | 0.200*** | 42291 |
| 43 | 废弃资源和废旧材料回收加工业 | 0.166*** | 0.218*** | 32571 |

注：***、**、*分别表示1%、5%、10%的显著性水平。

资料来源：作者整理。

### （二）全要素生产率的整体趋势分析

将各行业的劳动和资本产出弹性代入式（4-32），可以计算得出各样本企业的TFP。[①] 由企业层面TFP加总到整体TFP可以有两种方式：一种是由企业层面直接加权，另一种是对不同行业假设不同的替代弹性，在CES函数假设下给出行业权重再进行加权。本书采用第一种方式，权重分别使用工业增加值、工业总产值，同时引入简单平均值，表4-13列出了各年度TFP的不同计算结果。需要说明的是，在后面的分析中，本书都以工业增加值为权重进行TFP的整体加总。可以看出，2000—2013年中国工业企业的全要素生产率整体呈现上升趋势（见图4-10），尽管不同加权方法的计算结果有所差异，特别是以工业总产值加权的总体TFP在2011年有一个明显的下滑，但在样本期内的整体趋势仍然为上升。分企业所有制类型来看[②]，以工业增加值进行加权的结果表明，外资企业整体TFP较为稳定，而国有企业和私营企业在样本期内的整体TFP均有明显提升，但2011年私营企业的整体TFP存在一个非常明显的拔高（见图4-11），这也是导致全部企业整体TFP在2011年有一个明显提升（图4-10的工业增加值加权折线）的主要原因。众所周知，中国工业企业数据库的统计范围是所有国有企业和规模以上的非国有工业企业，而其在2011年将"规模以上"的标准由500万元提升到2000万元，这一标准提

① 这样计算得出的TFP与通过levepet命令之后的predict tfp得出的结果完全一致。

② 根据工业企业数据库中的登记注册类型指标进行分类，"国有企业"包括代码110、151，"私营企业"包括代码171、172、173、174；"外资企业"包括代码210、220、230、240、310、320、330、340。

升对平均规模较大的外资企业影响较小，而对私营企业的影响无疑是巨大的，许多生产率水平较低的中小企业被剔除出数据库，是导致 2011 年私营企业 TFP 突然拔高的根本原因。

表 4-13　　2000—2013 年中国整体 TFP 变化趋势

| 年份 | 工业增加值加权 | 工业总产值加权 | 简单平均 | 国有企业 | 私营企业 | 外资企业 |
|---|---|---|---|---|---|---|
| 2000 | 7.258 | 6.785 | 5.304 | 7.110 | 6.243 | 7.630 |
| 2001 | 7.468 | 7.104 | 5.374 | 7.311 | 6.377 | 7.646 |
| 2002 | 7.624 | 7.230 | 5.485 | 7.540 | 6.490 | 7.982 |
| 2003 | 7.743 | 7.455 | 5.610 | 7.785 | 6.588 | 7.960 |
| 2004 | 8.320 | 7.524 | 5.673 | 8.504 | 6.864 | 8.581 |
| 2005 | 8.067 | 7.647 | 5.813 | 8.322 | 6.925 | 8.240 |
| 2006 | 8.152 | 7.781 | 5.937 | 8.437 | 7.092 | 8.276 |
| 2007 | 8.224 | 7.921 | 6.091 | 8.536 | 7.269 | 8.365 |
| 2010 | 8.225 | 7.921 | 6.091 | 8.537 | 7.267 | 8.364 |
| 2011 | 9.396 | 7.396 | 6.732 | 8.623 | 14.920 | 8.582 |
| 2012 | 8.675 | 7.882 | 6.770 | 9.448 | 7.713 | 8.786 |
| 2013 | 8.662 | 7.908 | 6.785 | 9.582 | 7.713 | 8.883 |

注：样本剔除了 2008、2009 年数据，以下不再说明。

资料来源：作者整理。

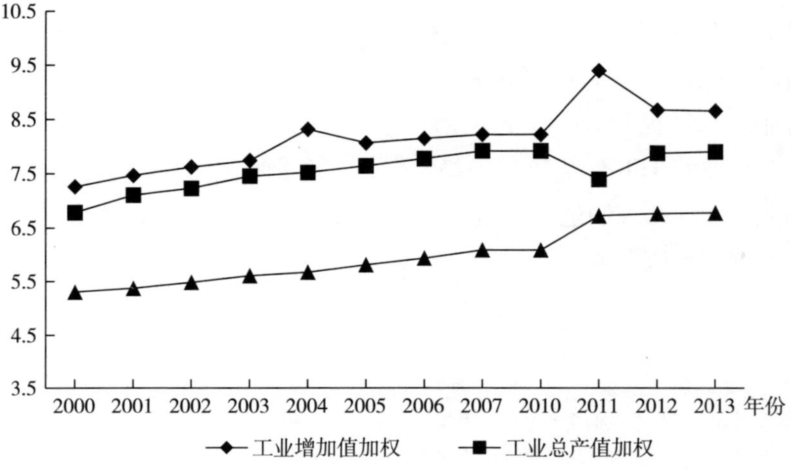


图 4-10　2000—2013 年中国整体 TFP 变化趋势

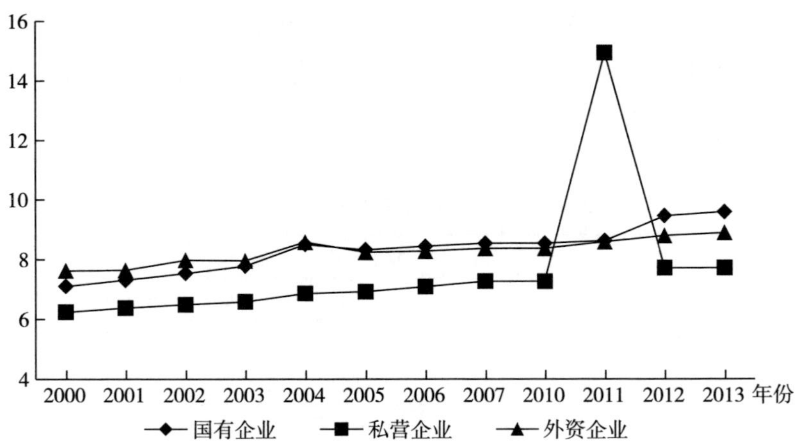


**图 4-11　2000—2013 年中国不同所有制企业 TFP 变化趋势**

（三）全要素生产率的分行业分地区分析

由于本书是在 2 位码行业层面分别估算弹性系数进而计算生产率，因此得到的 TFP 只能在行业内部比较，而无法进行行业间比较。Arkolakis 和 Muendler（2011）也指出，由 OP、LP 等方法估计出的 TFP 无法直接在行业间进行比较。余淼杰等（2018）的研究中先对 TFP 在行业内部进行标准化再进行行业间比较，但我们认为这种方法并不妥当。① 因此，本书不对 TFP 进行行业间比较，只考察各行业 TFP 的变化趋势。计算结果见表 4-14 和附图 1。可以看出，2000—2013 年大部分行业的生产率呈现明显的上升趋势，特别是医药制造业、交通运输设备制造业、电气机械及器材制造业等行业 TFP 实现了较大的提升，增幅超过 30%，表明高技术行业的 TFP 提升对中国整体生产率提升起到了重要的支撑作用。其中，大部分行业的 TFP 变化较为平稳，但也有个别行业波动较大，例如烟草制品业、化学纤维制造业、电气机械及器材制造业等，在个别年份出现了较大的增长或下降。

① 余淼杰等（2018）以每个行业 99%分位数上的企业生产率为基准，去掉 99%分位数以上的企业，计算其他企业的生产率相对于该企业的生产率的比值，作为企业的相对生产率即标准化生产率。但是，这一相对生产率只能代表某一企业 TFP 在其所处行业中的相对位置，而每个行业中都会存在 TFP 相对位置较高、中间、较低的企业，因此将其进行行业间比较的意义是不明显的。

表 4-14　2000—2013 年部分年份制造业 2 位码行业 TFP

| 行业代码 | 行业名称 | 2000 年 | 2004 年 | 2007 年 | 2010 年 | 2013 年 | 增幅（%） |
|---|---|---|---|---|---|---|---|
| 13 | 农副食品加工业 | 6. 637 | 8. 497 | 7. 918 | 7. 920 | 8. 111 | 22. 21 |
| 14 | 食品制造业 | 6. 662 | 7. 741 | 7. 904 | 7. 902 | 8. 599 | 29. 08 |
| 15 | 饮料制造业 | 7. 089 | 8. 332 | 8. 134 | 8. 135 | 9. 011 | 27. 11 |
| 16 | 烟草制品业 | 8. 736 | 9. 353 | 10. 366 | 10. 366 | 11. 482 | 31. 43 |
| 17 | 纺织业 | 6. 730 | 7. 842 | 7. 601 | 7. 601 | 8. 015 | 19. 09 |
| 18 | 纺织服装、鞋、帽制造业 | 6. 505 | 6. 907 | 7. 186 | 7. 186 | 7. 891 | 21. 31 |
| 19 | 皮革、毛皮、羽毛（绒）及其制品业 | 7. 008 | 7. 303 | 7. 631 | 7. 632 | 8. 208 | 17. 12 |
| 20 | 木材加工及木竹藤棕草制品业 | 6. 303 | 6. 961 | 7. 154 | 7. 152 | 7. 583 | 20. 31 |
| 21 | 家具制造业 | 6. 266 | 7. 131 | 7. 267 | 7. 268 | 7. 783 | 24. 21 |
| 22 | 造纸及纸制品业 | 6. 728 | 7. 742 | 7. 964 | 7. 965 | 8. 430 | 25. 30 |
| 23 | 印刷业和记录媒介的复制 | 6. 944 | 7. 410 | 7. 482 | 7. 478 | 8. 038 | 15. 75 |
| 24 | 文教体育用品制造业 | 6. 943 | 7. 237 | 7. 425 | 7. 425 | 8. 101 | 16. 68 |
| 25 | 石油加工、炼焦及核燃料加工业 | 7. 129 | 8. 296 | 8. 381 | 8. 381 | 9. 095 | 27. 58 |
| 26 | 化学原料及化学制品制造业 | 6. 785 | 8. 405 | 8. 239 | 8. 241 | 8. 631 | 27. 21 |
| 27 | 医药制造业 | 6. 309 | 7. 479 | 7. 502 | 7. 503 | 8. 615 | 36. 55 |
| 28 | 化学纤维制造业 | 7. 668 | 8. 455 | 8. 066 | 8. 067 | 8. 604 | 12. 21 |
| 29 | 橡胶制品业 | 6. 479 | 7. 296 | 7. 524 | 7. 525 | 7. 851 | 21. 18 |
| 30 | 塑料制品业 | 6. 368 | 7. 135 | 7. 299 | 7. 300 | 7. 438 | 16. 80 |
| 31 | 非金属矿物制品业 | 6. 671 | 7. 628 | 7. 833 | 7. 832 | 8. 398 | 25. 89 |
| 32 | 黑色金属冶炼及压延加工业 | 7. 317 | 8. 817 | 8. 662 | 8. 662 | 8. 577 | 17. 22 |
| 33 | 有色金属冶炼及压延加工业 | 7. 078 | 8. 255 | 8. 597 | 8. 596 | 8. 451 | 19. 40 |
| 34 | 金属制品业 | 6. 414 | 7. 204 | 7. 389 | 7. 382 | 7. 740 | 20. 67 |
| 35 | 通用设备制造业 | 6. 710 | 7. 722 | 7. 791 | 7. 792 | 8. 172 | 21. 79 |
| 36 | 专用设备制造业 | 6. 921 | 8. 055 | 8. 020 | 8. 022 | 8. 546 | 23. 48 |

续表

| 行业代码 | 行业名称 | 2000 年 | 2004 年 | 2007 年 | 2010 年 | 2013 年 | 增幅（%） |
|---|---|---|---|---|---|---|---|
| 37 | 交通运输设备制造业 | 6. 931 | 8. 752 | 8. 513 | 8. 514 | 9. 542 | 37. 67 |
| 39 | 电气机械及器材制造业 | 5. 236 | 7. 819 | 7. 608 | 7. 610 | 8. 035 | 53. 46 |
| 40 | 通信设备、计算机及电子设备制造业 | 7. 384 | 8. 146 | 8. 295 | 8. 294 | 8. 787 | 19. 00 |
| 41 | 仪器仪表及文化、办公用机械制造业 | 8. 189 | 10. 190 | 9. 185 | 9. 184 | 10. 248 | 25. 14 |
| 42 | 工艺品及其他制造业 | 7. 393 | 7. 514 | 7. 941 | 7. 942 | 8. 404 | 13. 68 |
| 43 | 废弃资源和废旧材料回收加工业 | 7. 144 | 8. 110 | 8. 092 | 8. 093 | 8. 597 | 20. 34 |

资料来源：作者整理。

中国经济具有典型的地区发展不平衡特征，各地区企业的技术水平及其技术进步表现可能存在显著差异。为了考察这种差异，我们继续分析不同地区的全要素生产率变化情况。与行业分析不同的是，地区分析既可以考察各地区整体生产率的发展变化趋势，也可以进行地区间的横向比较。计算结果见图 4-12① 和附录附表 1。可以看出，2000—2013 年中国各省份整体生产率均呈上升趋势，除黑龙江由于初始 TFP 较高增幅较小外，其他省份增幅都在 10%以上，部分省份增幅超过 30%。其中，增幅较大的（例如广西、海南、贵州、西藏、甘肃）大部分是初始生产率水平较低的省份，而传统的经济大省（例如广东、江苏、山东、浙江）增幅都在 20%以内。从变化波动来看，大部分省份的趋势线较为平稳，但也有个别省份在个别年份出现了较大的波动，例如广东、湖南生产率水平均在 2011 年出现了一个大幅下滑。需要特别说明的是，正如鲁晓东和连玉君（2012）所指出的，不管是分行业还是分地区的加总，得到的结果反映的是该行业或地区所有企业的生产率平均表现水平，而不是宏观意义上的行业或地区的技术进步水平，二者在内涵上是存在本质区别的。

① 由于版式限制，图 4-12 中略去了西藏自治区。

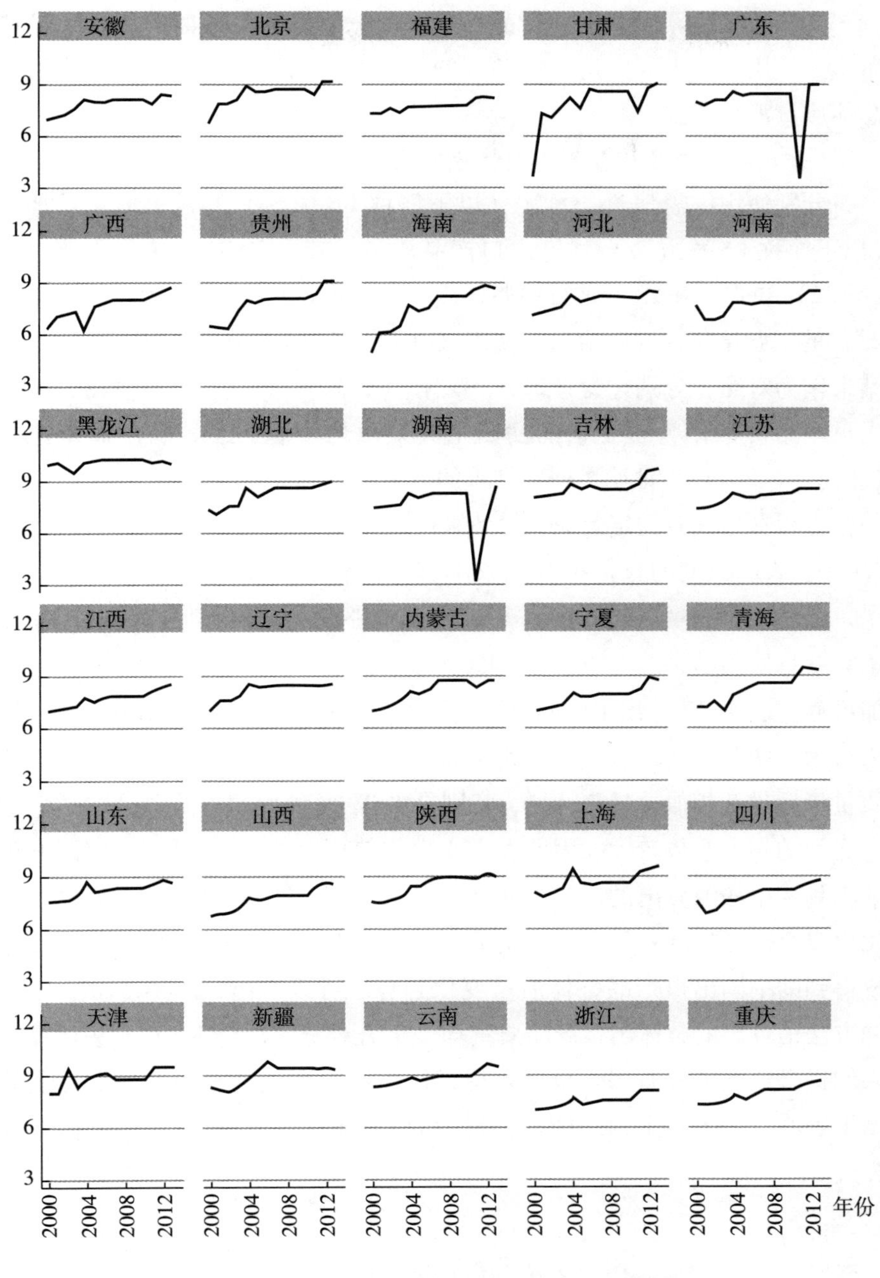


图 4-12 2000—2013 年各省份 TFP 变化趋势

## 四 出口产品质量的测算结果及整体分析

根据上文估算得到的企业生产率和资本、劳动产出弹性，利用式

(4-29) 可以计算出企业—产品—进口国—年份四维层面的出口产品质量，并使用同 4.1 部分式 (4-7) 和式 (4-8) 相同的质量标准化方法和总体质量汇总方法。

(一) 出口产品质量整体趋势分析及两方法比较

分别使用供需信息加总法（以下简称 FR 方法）和需求信息反推法（以下简称 KSW 方法）估算出口产品质量，其中 KSW 方法分别使用式 (4-22) 和式 (4-23) 进行回归，表 4-15 给出了式 (4-22) 和式 (4-23) 的回归结果，同时给出了使用式 (4-22) 但不包含工具变量的回归结果作为对照，分别计为 (22) -IV 和 (22) -NO IV。可以看出，在将出口产品价格作为自变量的回归中其系数均显著为负，满足需求定律（张杰等，2014），证明了回归结果的有效性。但是，由于式 (4-23) 的回归方程右边只有固定效应，导致采用式 (4-23) 的回归结果的 $R^2$ 仅为 0.040，表明模型的整体拟合效果不够；再看采用式 (4-22) 的回归结果，虽然工具变量法的 centered $R^2$ 不太能够说明问题，但作为对照的非工具变量回归结果的 $R^2$ 达到 0.458，表明式 (4-22) 的回归方程相对更加可靠。表 4-17 给出了不同方法测算的产品质量指标间的相关系数，结果显示：两两之间均表现出了显著的正相关关系，表明不同方法测算的质量指标具有相似的趋势特征，特别是 KSW 两种回归方式测算的质量指标之间的相关系数较大。因此，下文中均使用以式 (4-22) 为回归方程的工具变量法测算出的产品质量指标代表 KSW 方法。表 4-18 列出了使用出口金额加权的各年度整体质量水平，图 4-13 绘制出了以出口金额加权得到的中国出口产品整体质量变化趋势。可以看出，2000—2013 年不同方法估算出的整体出口产品质量均呈上升趋势，尽管 KSW 方法估算结果的提升幅度十分有限。也就是说，运用不同方法测算的出口产品质量结果表明，2000 年以来中国出口产品质量水平确实得到了一定程度的提升。

**表 4-15　　KSW 方法不同回归方式的估计结果**

| | (22) -IV | (23) | (22) -NO IV |
|---|---|---|---|
| ln*price* | -0.932*** | - | -0.869*** |
| 国家—年份固定效应 | 是 | 是 | 是 |

续表

| | (22) -IV | (23) | (22) -NO IV |
|---|---|---|---|
| 产品固定效应 | 是 | 是 | 是 |
| 观测值 | 8063425 | 8063431 | 8063431 |
| R2 (centered R2) | 0.181 | 0.040 | 0.458 |
| Adj $R^2$ (uncentered R2) | 0.181 | 0.039 | 0.457 |

注：*** 表示1%的显著性水平。centered $R^2$ 和 uncentered $R^2$ 为工具变量方法（22）-IV 的输出值。

资料来源：作者整理。

**表 4-16　　不同方法测算结果的相关系数**

| | FR | KSW (22) | KSW (23) |
|---|---|---|---|
| FR | 1 | 0.120*** | 0.366*** |
| KSW (22) | 0.120*** | 1 | 0.859*** |
| KSW (23) | 0.366*** | 0.859*** | 1 |

注：*** 表示1%的显著性水平。

资料来源：作者整理。

**表 4-17　　2000—2013 年中国整体出口产品质量变化趋势**

| 年份 | FR | KSW (22) | KSW (23) |
|---|---|---|---|
| 2000 | 0.509 | 0.713 | 0.842 |
| 2001 | 0.512 | 0.710 | 0.841 |
| 2002 | 0.525 | 0.708 | 0.841 |
| 2003 | 0.542 | 0.709 | 0.843 |
| 2004 | 0.562 | 0.712 | 0.833 |
| 2005 | 0.562 | 0.715 | 0.839 |
| 2006 | 0.564 | 0.716 | 0.837 |
| 2007 | 0.582 | 0.696 | 0.838 |
| 2010 | 0.578 | 0.691 | 0.842 |
| 2011 | 0.545 | 0.697 | 0.834 |
| 2012 | 0.601 | 0.726 | 0.847 |
| 2013 | 0.602 | 0.726 | 0.847 |
| 增幅（%） | 18.3 | 1.8 | 0.6 |

资料来源：作者整理。

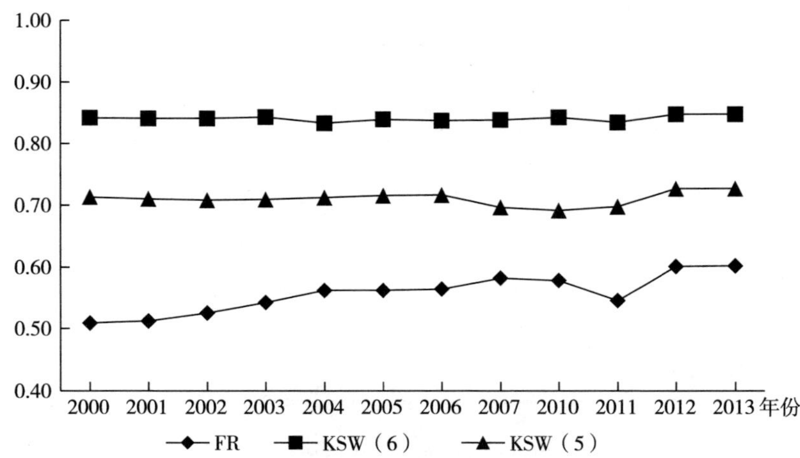


**图 4-13 2000—2013 年中国整体出口产品质量变化趋势**

（二）出口产品质量分类型分析及两方法比较

进一步区分企业所有制类型、贸易方式类型、产品技术水平等，考察出口产品质量的差异化特征。首先看不同所有制企业的情况，见表 4-18、图 4-14 和图 4-15。可以看出，尽管变化过程有所不同，但两种方法测算出的不同所有制企业的出口产品质量整体均表现出提升的态势。具体来看，两种方法估算的私营企业出口产品质量水平均显著低于国有企业和外资企业，但其提升速度同样较快，处于较为稳定的追赶态势，而国有企业和外资企业的出口产品质量水平相对波动较大。

**表 4-18 2000—2013 年中国不同所有制企业出口产品质量及比较**

| 年份 | 国有企业 | | 私营企业 | | 外资企业 | |
|---|---|---|---|---|---|---|
| | FR 方法 | KSW 方法 | FR 方法 | KSW 方法 | FR 方法 | KSW 方法 |
| 2000 | 0.501 | 0.710 | 0.411 | 0.650 | 0.511 | 0.716 |
| 2001 | 0.519 | 0.689 | 0.425 | 0.655 | 0.515 | 0.715 |
| 2002 | 0.532 | 0.691 | 0.420 | 0.654 | 0.530 | 0.712 |
| 2003 | 0.591 | 0.701 | 0.444 | 0.654 | 0.547 | 0.713 |
| 2004 | 0.620 | 0.730 | 0.450 | 0.662 | 0.569 | 0.715 |
| 2005 | 0.579 | 0.739 | 0.460 | 0.666 | 0.569 | 0.719 |
| 2006 | 0.632 | 0.726 | 0.473 | 0.668 | 0.571 | 0.722 |

续表

| 年份 | 国有企业 | | 私营企业 | | 外资企业 | |
|---|---|---|---|---|---|---|
| | FR 方法 | KSW 方法 | FR 方法 | KSW 方法 | FR 方法 | KSW 方法 |
| 2007 | 0. 654 | 0. 702 | 0. 477 | 0. 670 | 0. 588 | 0. 697 |
| 2010 | 0. 691 | 0. 694 | 0. 485 | 0. 678 | 0. 588 | 0. 690 |
| 2011 | 0. 627 | 0. 687 | 0. 477 | 0. 678 | 0. 557 | 0. 701 |
| 2012 | 0. 625 | 0. 710 | 0. 525 | 0. 696 | 0. 614 | 0. 734 |
| 2013 | 0. 660 | 0. 708 | 0. 508 | 0. 697 | 0. 616 | 0. 734 |
| 均值 | 0. 603 | 0. 707 | 0. 463 | 0. 669 | 0. 565 | 0. 714 |
| 增幅（%） | 31. 7 | -0. 3 | 23. 6 | 7. 2 | 20. 5 | 2. 5 |

注：根据工业企业数据库中的登记注册类型进行分类，国有企业包括代码 110、151，私营企业包括代码 171、172、173、174；外资企业包括代码 210、220、230、240、310、320、330、340。海关数据库中也有企业类型指标，匹配后与工业企业数据库的登记注册类型指标大体一致。

资料来源：作者整理。

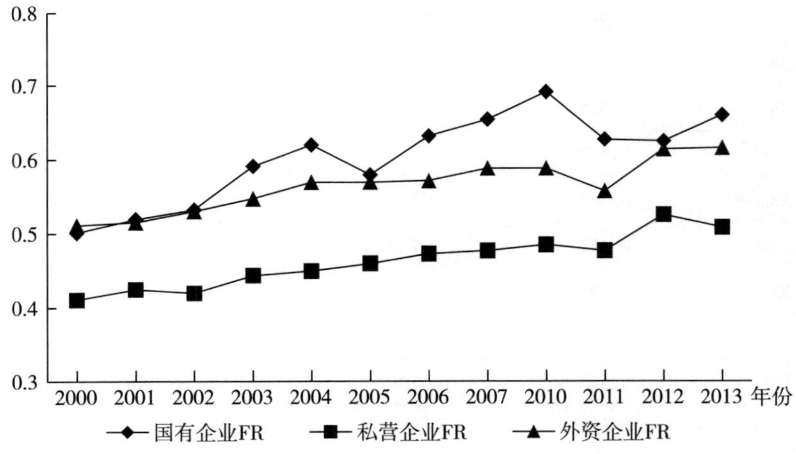


**图 4-14　2000—2013 年中国不同所有制企业出口产品质量（FR）**

再来看不同贸易方式的产品质量情况，测算结果见表 4-19 和图 4-16。可以看出，两种方法的测算结果基本一致，即：2000—2013 年，加工贸易出口产品的整体质量水平显著高于一般贸易，但是这种差距在 2012—2013 年基本消失，这得益于一般贸易出口产品质量更快的提升速度。

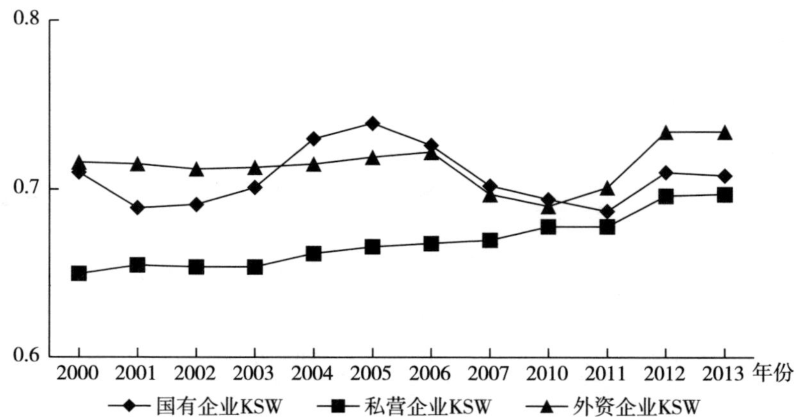


**图 4-15 2000—2013 年中国不同所有制企业出口产品质量（KSW）**

**表 4-19 2000—2013 年中国不同贸易方式出口产品质量及比较**

| 年份 | 加工贸易 | | 一般贸易 | |
|---|---|---|---|---|
| | FR 方法 | KSW 方法 | FR 方法 | KSW 方法 |
| 2000 | 0. 521 | 0. 719 | 0. 461 | 0. 689 |
| 2001 | 0. 525 | 0. 714 | 0. 470 | 0. 699 |
| 2002 | 0. 547 | 0. 715 | 0. 462 | 0. 687 |
| 2003 | 0. 566 | 0. 717 | 0. 476 | 0. 688 |
| 2004 | 0. 588 | 0. 720 | 0. 499 | 0. 691 |
| 2005 | 0. 590 | 0. 725 | 0. 500 | 0. 693 |
| 2006 | 0. 593 | 0. 728 | 0. 508 | 0. 694 |
| 2007 | 0. 612 | 0. 701 | 0. 526 | 0. 686 |
| 2010 | 0. 618 | 0. 694 | 0. 518 | 0. 687 |
| 2011 | 0. 578 | 0. 702 | 0. 516 | 0. 692 |
| 2012 | 0. 600 | 0. 727 | 0. 601 | 0. 726 |
| 2013 | 0. 610 | 0. 730 | 0. 597 | 0. 724 |
| 均值 | 0. 579 | 0. 716 | 0. 511 | 0. 696 |
| 增幅（%） | 17. 1 | 1. 5 | 29. 5 | 5. 1 |

注：加工贸易为来料加工和进料加工项的合并。

资料来源：作者整理。

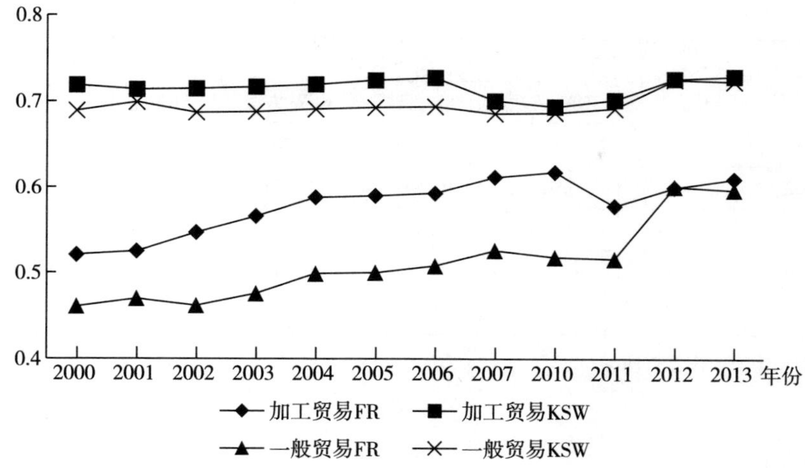


图 4-16 2000—2013 年中国不同贸易方式出口产品质量

与前文相同，我们采用 Lall（2000）提供的出口产品技术分类表（见附录附表 4）来汇总计算不同技术水平出口产品的质量指标，结果见表 4-20 和图 4-17。综合两种方法的测算结果可以得出的结论是：高技术出口产品的质量相对较高，低技术出口产品的质量相对较低，但得益于较快的质量提升速度，低技术出口产品的质量水平在 2011 年以后追上了中技术出口产品。

表 4-20 2000—2013 年中国不同技术水平出口产品质量及比较

| 年份 | 高技术 | | 中技术 | | 低技术 | |
|---|---|---|---|---|---|---|
| | FR 方法 | KSW 方法 | FR 方法 | KSW 方法 | FR 方法 | KSW 方法 |
| 2000 | 0. 545 | 0. 722 | 0. 496 | 0. 724 | 0. 478 | 0. 696 |
| 2001 | 0. 553 | 0. 717 | 0. 502 | 0. 719 | 0. 476 | 0. 697 |
| 2002 | 0. 576 | 0. 715 | 0. 513 | 0. 713 | 0. 482 | 0. 696 |
| 2003 | 0. 595 | 0. 713 | 0. 529 | 0. 712 | 0. 484 | 0. 700 |
| 2004 | 0. 611 | 0. 713 | 0. 551 | 0. 724 | 0. 503 | 0. 699 |
| 2005 | 0. 611 | 0. 712 | 0. 552 | 0. 728 | 0. 507 | 0. 706 |
| 2006 | 0. 598 | 0. 727 | 0. 554 | 0. 714 | 0. 522 | 0. 704 |
| 2007 | 0. 622 | 0. 705 | 0. 572 | 0. 696 | 0. 538 | 0. 679 |
| 2010 | 0. 611 | 0. 682 | 0. 582 | 0. 699 | 0. 541 | 0. 684 |

续表

| 年份 | 高技术 | | 中技术 | | 低技术 | |
|---|---|---|---|---|---|---|
| | FR 方法 | KSW 方法 | FR 方法 | KSW 方法 | FR 方法 | KSW 方法 |
| 2011 | 0. 567 | 0. 676 | 0. 545 | 0. 702 | 0. 527 | 0. 699 |
| 2012 | 0. 644 | 0. 734 | 0. 568 | 0. 721 | 0. 575 | 0. 718 |
| 2013 | 0. 646 | 0. 731 | 0. 566 | 0. 724 | 0. 577 | 0. 720 |
| 均值 | 0. 598 | 0. 712 | 0. 544 | 0. 715 | 0. 518 | 0. 700 |
| 增幅（%） | 18. 5 | 1. 2 | 14. 1 | 0. 0 | 20. 7 | 3. 4 |

资料来源：作者整理。

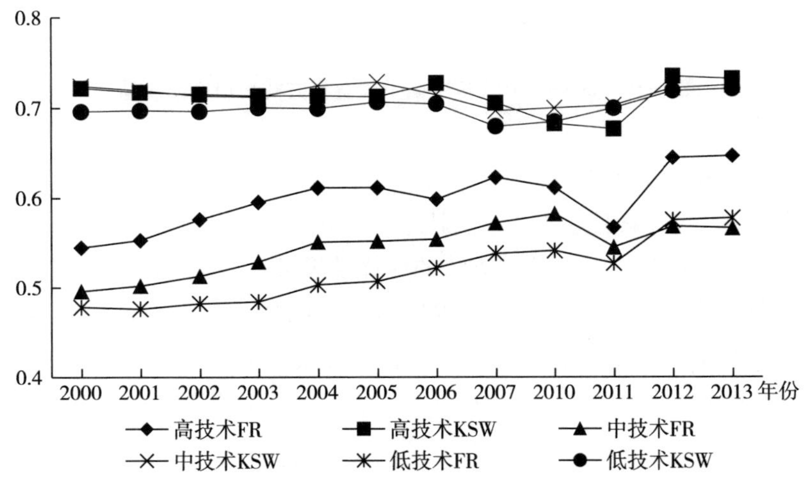


**图 4-17　2000—2013 年中国不同技术水平出口产品质量**

### （三）出口产品质量分行业、国别分析及两方法比较

首先进行行业层面分析。由于出口产品质量的标准化是在 HS 6 位码产品层面进行，所以无法横向比较 HS 6 位码层面不同产品的质量水平，但理论上可以在更高层次的行业类别间进行比较，同时分析其变化趋势。在《国民经济行业分类》GB/T4754—2002 的两位数行业上进行汇总考察，结果表明（见附录附表 2 和附图 2）：2000—2013 年大部分制造业行业的出口产品质量都实现了显著提升，但也有部分行业的产品质量水平有所下降。但是，由于 FR 和 KSW 两种方法的测算结果无法相互印证，

所以我们无法得到某个行业相对确定的产品质量演化趋势。① 这种不一致的结果表明：使用现有的主流方法对出口产品质量进行估算，在进行行业层面分析时要十分谨慎。

进一步，分析出口到不同国家和地区的产品质量情况。表 4-21 列出了中国大陆对出口交易数前 20 位的国家和地区出口产品的质量及其变化情况。可以看出，除韩国、泰国等少数地区两种方法的测算结果出现了不一致的结论外，对绝大部分国家和地区的出口产品质量均呈现明显上升趋势。图 4-18 绘出了 2000—2013 年中国对主要国家和地区出口产品质量的变化趋势，从曲线形状来看，两种方法的测算结果大部分比较吻合。

**表 4-21　　中国对主要市场出口产品质量变化及比较**

| 国家和地区 | FR 方法 | | | | KSW 方法 | | | |
|---|---|---|---|---|---|---|---|---|
| | 2000 | 2013 | 均值 | 增幅（%） | 2000 | 2013 | 均值 | 增幅（%） |
| 美国 | 0.492 | 0.577 | 0.538 | 17.3 | 0.791 | 0.834 | 0.806 | 5.4 |
| 日本 | 0.500 | 0.598 | 0.548 | 19.6 | 0.708 | 0.746 | 0.725 | 5.4 |
| 中国香港 | 0.505 | 0.623 | 0.568 | 23.4 | 0.738 | 0.760 | 0.736 | 3.0 |
| 德国 | 0.543 | 0.620 | 0.585 | 14.2 | 0.632 | 0.655 | 0.643 | 3.6 |
| 韩国 | 0.489 | 0.655 | 0.563 | 33.9 | 0.702 | 0.682 | 0.684 | −2.8 |
| 英国 | 0.504 | 0.579 | 0.542 | 14.9 | 0.711 | 0.746 | 0.735 | 4.9 |
| 澳大利亚 | 0.485 | 0.601 | 0.543 | 23.9 | 0.733 | 0.758 | 0.731 | 3.4 |
| 加拿大 | 0.542 | 0.597 | 0.555 | 10.1 | 0.618 | 0.638 | 0.632 | 3.2 |
| 意大利 | 0.476 | 0.577 | 0.538 | 21.2 | 0.635 | 0.652 | 0.649 | 2.7 |
| 法国 | 0.519 | 0.606 | 0.566 | 16.8 | 0.630 | 0.645 | 0.639 | 2.4 |
| 新加坡 | 0.575 | 0.654 | 0.597 | 13.7 | 0.588 | 0.614 | 0.598 | 4.4 |
| 中国台湾 | 0.474 | 0.580 | 0.546 | 22.4 | 0.616 | 0.620 | 0.610 | 0.6 |
| 荷兰 | 0.530 | 0.624 | 0.581 | 17.7 | 0.680 | 0.696 | 0.681 | 2.4 |
| 西班牙 | 0.466 | 0.542 | 0.515 | 16.3 | 0.683 | 0.731 | 0.708 | 7.0 |
| 马来西亚 | 0.555 | 0.617 | 0.580 | 11.2 | 0.768 | 0.769 | 0.746 | 0.1 |
| 泰国 | 0.611 | 0.596 | 0.599 | −2.5 | 0.671 | 0.691 | 0.689 | 3.0 |
| 印度 | 0.487 | 0.590 | 0.544 | 21.1 | 0.680 | 0.724 | 0.702 | 6.5 |
| 印度尼西亚 | 0.512 | 0.600 | 0.552 | 17.2 | 0.640 | 0.687 | 0.670 | 7.3 |

① 附录中的附表 3、附图 3 和附图 4 同时给出了在 SITC2 位码行业层面的汇总考察，得出了类似的结论。

续表

| 国家和地区 | FR 方法 | | | | KSW 方法 | | | |
|---|---|---|---|---|---|---|---|---|
| | 2000 | 2013 | 均值 | 增幅（%） | 2000 | 2013 | 均值 | 增幅（%） |
| 俄罗斯 | 0.502 | 0.568 | 0.538 | 13.1 | 0.621 | 0.628 | 0.618 | 1.1 |
| 南非 | 0.492 | 0.559 | 0.539 | 13.6 | 0.618 | 0.621 | 0.616 | 0.5 |

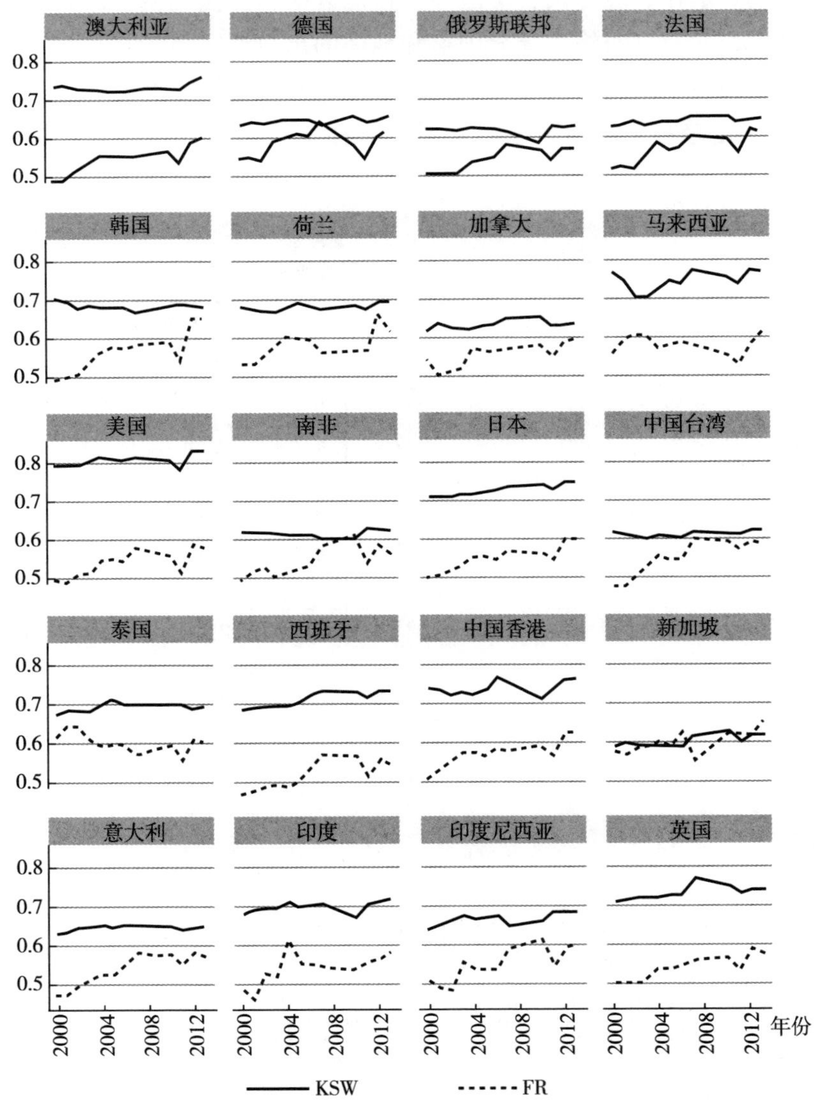


图 4-18　2000—2013 年中国对主要市场出口产品质量变化趋势

## 五 企业出口行为与出口产品质量：深度与广度

不同的企业出口行为是否会表现出不同的产品质量特征？对该问题的探讨和解答有助于更好地理解中国出口产品质量的发展变化。下面重点关注四种企业出口行为与其产品质量的联系，分别是出口持续时间、出口规模份额、出口产品种类和出口目的地数量。其中，出口持续时间和出口规模份额可以理解为企业的出口深度（集约边际），出口产品种类和出口目的地数量可以理解为企业的出口广度（扩展边际）。微观层面的外贸企业通过出口深度和广度的拓展，不断推动宏观层面的中国出口贸易向前发展。而在这一过程中，出口产品质量扮演着重要角色。

### （一）出口持续时间与产品质量

首先考察企业出口持续时间的典型化特征。图 4-19 给出了不同出口持续时间的企业出口交易数在总体样本中所占的比重，图 4-20 给出了不同出口持续时间的企业数量占样本中全部企业数量的比重。从交易样本数比重来看，样本期内出口 3 年的企业的交易样本数占比最高（14.93%），其次是出口 12 年（一直持续出口）、出口 5 年和出口 8 年的企业的交易样本数，占比均超过 10%。从企业数量比重来看，出口时间在 3 年以内的企业占比最高，总比重超过 60%，其中仅出口 1 年的国际

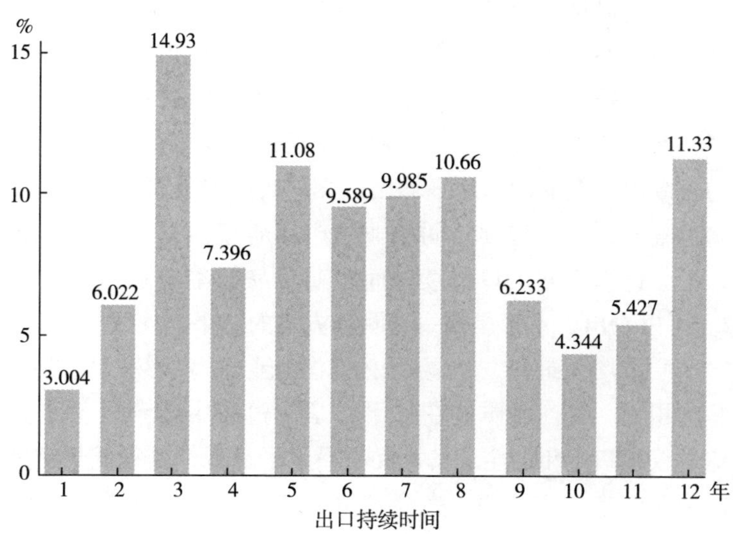


**图 4-19 不同出口持续时间企业的交易记录数量比重**

注：样本剔除了 2008、2009 年数据，因此最长持续出口时间为 12 年，以下不再说明。

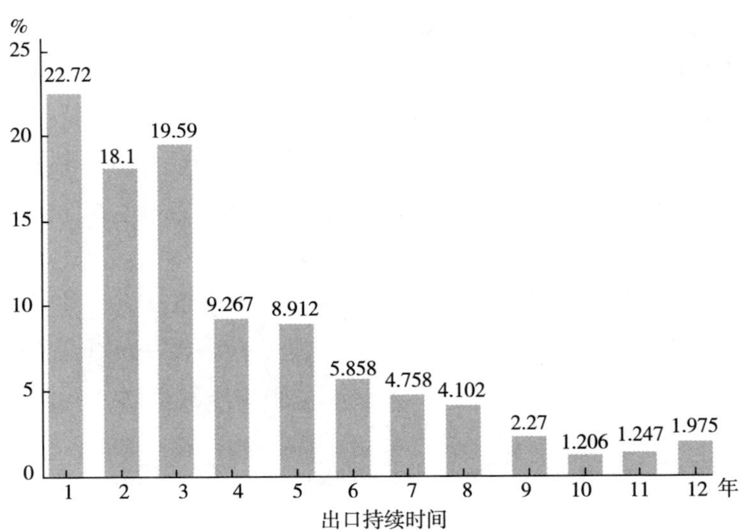


**图 4-20　不同出口持续时间的企业数量比重**

市场“一轮游”企业占比达到 22. 72%；而真正持续出口时间较长的企业数量并不多，样本期内一直持续出口（12 年）的企业数量占比仅为 1. 97%。由此可以判断出：出口持续时间长的少数企业贡献了较大比重的出口数量，而出口持续时间短的大量中小企业整体出口规模较小。为了验证这一判断，本书进一步计算了不同出口持续时间企业的平均年出口记录数①，如图 4-21 所示。显然，出口时间更长的企业其出口交易数量相对更多，样本期内只出口 1 年企业的平均出口交易数只有 9. 93 单，而样本期内持续出口企业的每年平均出口交易数达到了 35. 94 单。

再来考察不同出口持续时间企业的产品质量情况。同样以出口金额为权重，汇总计算不同出口持续时间企业交易样本的总体质量，结果见图 4-22。可以看出，不管是哪一种测算方式的结果，连续 12 年持续出口企业的产品质量均为最高，也就是说随着企业出口持续时间的延长和国际化经验的积累，其产品质量在“干中学”过程中得到改善和提升。与之相对应，仅出口 1 年的企业的产品质量水平最低，且远低于超过 1 年出口时间的企业样本，这说明：在全球贸易自由化逐步推进特别是中国加

① 将不同持续时间企业的平均出口记录数除以其持续年数。例如，将出口持续时间为 3 年的企业组的平均出口交易记录数除以 3，得到年平均数量。

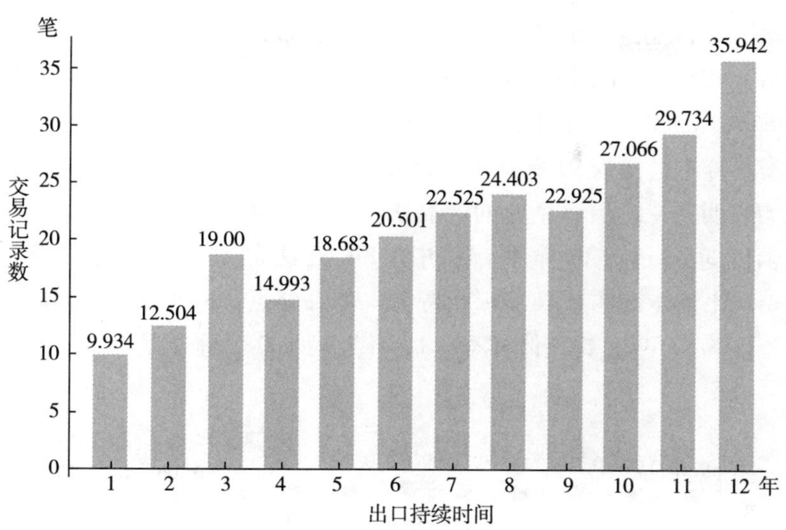


**图 4-21 不同出口持续时间企业的年平均交易记录数**

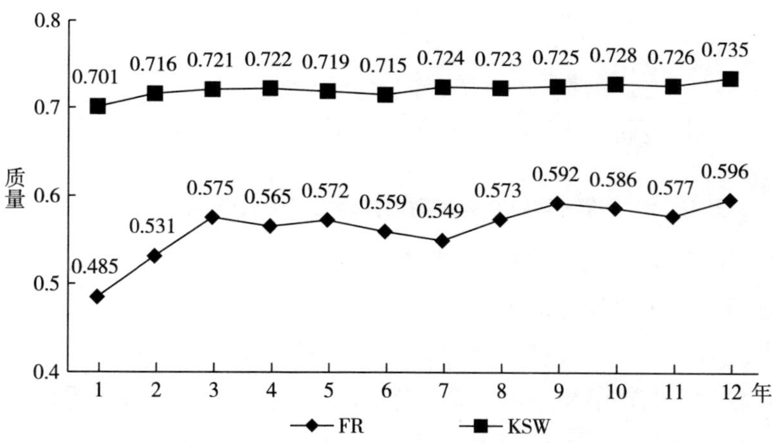


**图 4-22 不同出口持续时间企业的出口产品质量情况**

入 WTO 以后，贸易壁垒的降低使大量中国企业涌入出口市场，但是由于经验、能力等制约，导致其在某一年出口一单业务或者寥寥几单业务后很快又退出国际市场，成为国际市场“一轮游”企业。这类企业的比重很高，而整体的质量水平却很低，成为拉低中国出口产品整体质量水平的主要因素。

前面分析了不同出口持续时间企业的整体出口产品质量水平。那么，对于相同出口持续时间的企业样本，它们在持续期内的不同时段，产品质量水平是否会表现出显著的差异？我们将视角锁定在样本期内一直持续出口（连续 12 年）的企业样本，考察它们在不同年份的出口产品质量水平差异。2000—2013 年，持续出口的企业数量为 2119 家，持续出口企业的交易样本总数为 913940 个。计算结果见图 4-23。两种方法测算出的结果均表明：持续出口企业的产品质量水平实现了显著提升，而且质量提升幅度远高于整体样本。其中，FR 方法测算结果的提升幅度为 25.5%，比整体样本（18.3%）高 7.2 个百分点；KSW 方法测算结果的提升幅度为 2.8%，比整体样本（1.8%）高 1.0 个百分点。

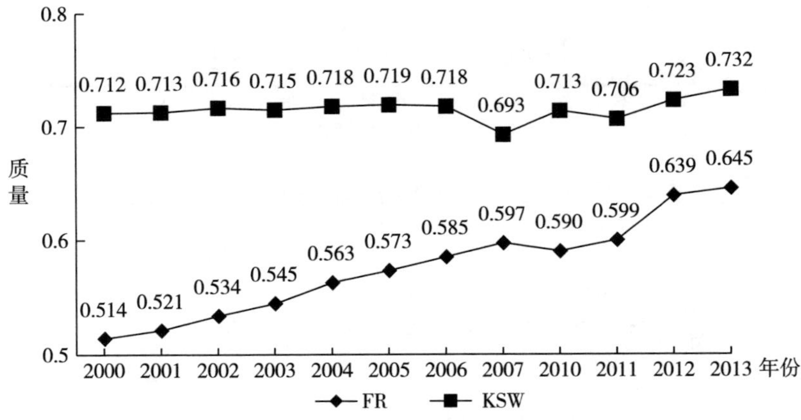


**图 4-23 2000—2013 年样本期内持续出口企业产品质量变化趋势**

### （二）出口规模份额与产品质量

随着企业出口规模的扩大和市场占有率的提高，其产品质量是否也会有所提升？为了解答这一问题，本书在 HS6 位码行业层面考察企业的出口规模比重与产品质量的关系。将 i 企业在样本期内对 j 产品的所有出口交易进行金额加总并计算其行业内份额，然后对企业的出口规模份额进行排序，将排名前 30%的企业定义为高份额企业，将排名后 30%的企业定义为低份额企业，排名中间的为中等份额企业，分别计算三类企业的整体出口产品质量，结果见表 4-22。可以看出，无论哪一种测算方法，高份额出口企业的产品质量均显著高于中份额企业，中份额企业又显著高于低份额企业。这一结果说明，随着企业对某种产品出口规模的增加和份额的提升，其出口的产品质量表现出明显的提升态势。图 4-24 绘出的散点图拟合线进一步验证了这一结论。这也在一定程度上表明，若企业专注于某一产品的出口并持续提高其市场占有率，会带来产品品质的显著提升。

**表 4-22　　　　　　不同出口规模份额企业的产品质量情况**

| FR 方法 | | | KSW 方法 | | |
|---|---|---|---|---|---|
| 高份额企业 | 中份额企业 | 低份额企业 | 高份额企业 | 中份额企业 | 低份额企业 |
| 0. 591 | 0. 533 | 0. 485 | 0. 725 | 0. 683 | 0. 629 |

资料来源：作者整理。

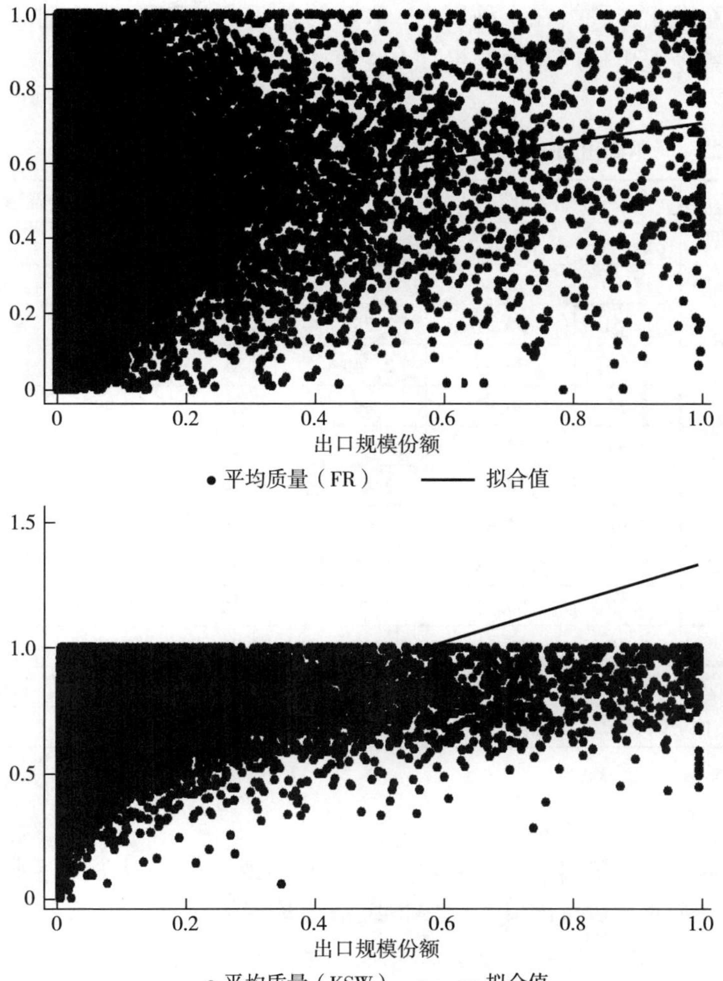


**图 4-24　企业出口产品质量与出口规模份额散点拟合图（FR&KSW）**

### （三）出口产品种类与产品质量

2000—2013 年的样本期内，中国企业出口的 HS6 位码层面的产品类别总数达到 3980 种。分企业来看，样本中出口产品种类最多的企业达到 1066 种，为上海协通集团；其次是 973 种，为福建福日电子。样本中出口产品种类较多的企业大致可以分为两类，一类是未被筛除的大型贸易中间商企业，另一类是生产领域较广的大型企业。从出口不同产品种类数的企业比重来看，样本中仅出口 1 种产品的企业数量占比最高，为 17.80%；随着出口种类数量的增加，企业数量也逐渐减少。其中，50%以上的企业出口种类在 5 种以内，70%的企业出口种类在 10 种以内，只有极少数企业出口产品种类超过 100 种（见表 4-23）。

**表 4-23　不同出口产品种类数的企业和样本数量比重及平均质量**

| 出口产品种类数量 | 企业数量 | | 样本数量 | | 平均产品质量 | |
|---|---|---|---|---|---|---|
| | 比重（%） | 累计比重（%） | 比重（%） | 累计比重（%） | FR | KSW |
| 1（单产品） | 17.80 | 17.80 | 1.64 | 1.64 | 0.513 | 0.730 |
| 2 | 12.51 | 30.31 | 2.38 | 4.02 | 0.512 | 0.719 |
| 3 | 9.32 | 39.63 | 2.74 | 6.76 | 0.506 | 0.715 |
| 4 | 7.34 | 46.97 | 2.89 | 9.65 | 0.499 | 0.712 |
| 5 | 5.98 | 52.95 | 2.85 | 12.50 | 0.509 | 0.722 |
| 10 | 2.61 | 70.90 | 2.45 | 25.74 | 0.506 | 0.701 |
| 20 | 0.91 | 85.67 | 1.61 | 45.38 | 0.516 | 0.719 |
| 30 | 0.44 | 91.78 | 1.05 | 58.45 | 0.544 | 0.702 |
| 40 | 0.25 | 94.84 | 0.86 | 67.16 | 0.509 | 0.702 |
| 50 | 0.15 | 96.65 | 0.68 | 74.06 | 0.508 | 0.708 |
| 100 | 0.02 | 99.41 | 0.12 | 90.31 | 0.514 | 0.639 |
| 多产品整体 | 82.20 | — | 98.36 | — | 0.507 | 0.713 |

资料来源：作者整理。

如果将出口企业分为单产品出口企业和多产品出口企业，则显然多产品出口企业在所有出口企业中占统治地位（企业数量和样本数量比重分别达到 82.20%和 98.36%）。多产品出口企业可能会通过调整出口产品的种类来重新配置资源，即通过出口产品转换实现成本降低、效率提升、效益增加等目标。从质量情况来看，单产品出口企业的平均产品质量明显高于多产品出口企业，而且随着企业出口产品种类的增加，其平均产品质量表现出一定的下降趋势（见表 4-23），企业平均产品质量与其出口产品种类的散点拟合图也验证了这种趋势（见图 4-25）。这一结论说明：专注于单一产品的出口企业更有能力通过精耕细作达到较高的产品质量，而产品多元化企业虽然能够实现其他战略目标，但在质量提升领域存在劣势。

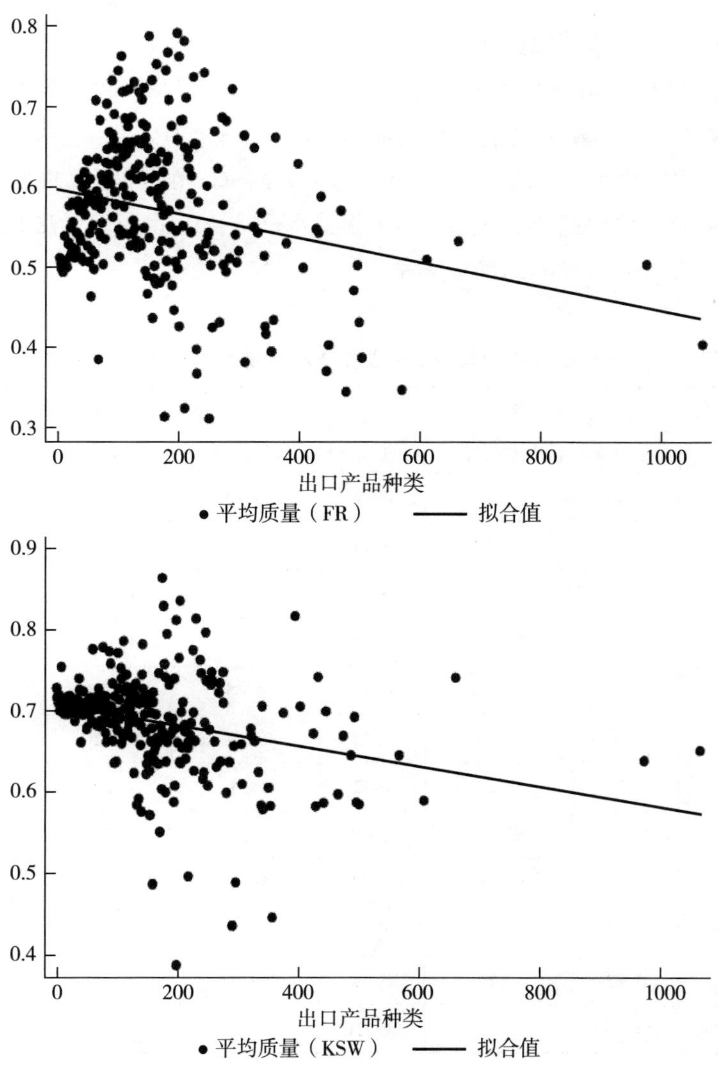


**图 4-25　企业出口产品质量与出口产品种类散点拟合（FR&KSW）**

### （四）出口目的地数量与产品质量

从整体情况来看，样本期内企业出口国家（地区）数量最多的达到206个，但只有1家企业达到这一最大值，为珠海格力电器，其次为广东志高空调的184个。从比重分布来看，样本中只出口到1个国家（地区）的企业数量占比最高，达到13.48%；而随着出口国家（地区）数量的增加，企业数量逐渐减少。其中，出口国家（地区）数量为10个以内的企业占比为54.51%，50个以内的企业占比为94.07%，也就是说绝大部分企业的出口目的地不超过50个（见表4-24）。如果将出口企业分为单市场出口企业和多市场出口企业，则显然多市场出口企业占据主导地位（企业数量和样本数量比重分别达到86.52%和99.21%），表明中国出口企业大多采取多元化市场策略。从质量情况来看，两种测算方法的结果呈现出不同的演化趋势（见表4-24和图4-26），因此我们无法判断出口市场数量与产品质量间的趋势关系。

表4-24　不同出口目的地数量的企业和样本数量比重及平均质量

| 出口目的地数量 | 企业数量 | | 样本数量 | | 平均产品质量 | |
|---|---|---|---|---|---|---|
| | 比重（%） | 累计比重（%） | 比重（%） | 累计比重（%） | FR | KSW |
| 1（单市场） | 13.48 | 13.48 | 0.79 | 0.79 | 0.569 | 0.731 |
| 2 | 8.76 | 22.24 | 0.94 | 1.73 | 0.534 | 0.744 |
| 3 | 6.39 | 28.63 | 0.87 | 2.60 | 0.508 | 0.708 |
| 4 | 5.33 | 33.96 | 0.90 | 3.50 | 0.491 | 0.716 |
| 5 | 4.48 | 38.44 | 0.95 | 4.45 | 0.510 | 0.718 |
| 10 | 2.70 | 54.51 | 1.13 | 9.64 | 0.520 | 0.711 |
| 20 | 1.39 | 72.87 | 1.32 | 21.97 | 0.552 | 0.698 |
| 30 | 0.85 | 83.45 | 1.40 | 35.47 | 0.532 | 0.725 |
| 40 | 0.56 | 89.89 | 1.34 | 48.38 | 0.577 | 0.701 |
| 50 | 0.33 | 94.07 | 1.13 | 60.74 | 0.558 | 0.704 |
| 100 | 0.02 | 99.65 | 0.28 | 92.53 | 0.711 | 0.692 |
| 多市场整体 | 86.52 | — | 99.21 | — | 0.576 | 0.713 |

资料来源：作者整理。

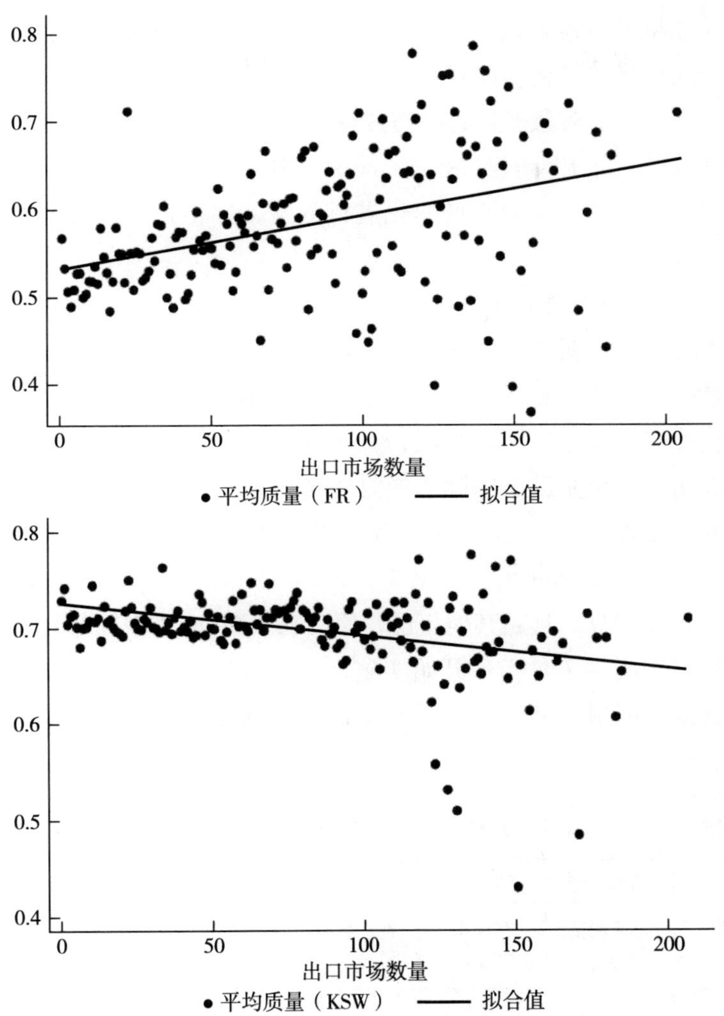


**图 4-26　企业出口产品质量与出口市场数量散点拟合图（FR&KSW）**

综合本部分的研究结论可以看出，企业出口深度与其产品质量提升表现出显著的正相关关系，而企业出口广度与其产品质量不仅没有体现出正相关，还在某些领域表现出负相关关系。也就是说，随着企业出口时间的延长和出口规模份额的提升，企业在某一领域的生产和出口经验不断得到积累，进而实现了产品质量的升级；而企业增加出口产品的种类反而可能由于资源要素的分散而导致产品质量的下降。可能的原因在于不同产品和不同目的地市场均存在差异性，企业要实现更大的出口广度，就只能将更多精力投入到开发新产品和开拓新市场当中，而无法专注于其产品质量的优化与提升。

## 六　出口产品质量变化的动态分解

本部分继续采用 Melitz 和 Polance（2015）提出的动态 Olley-Pakes（OP）方法对出口产品的质量变化进行分解，并将两种测算方法的分解结果进行对照。

### （一）企业进入退出市场与出口产品质量

首先考察样本期内的进入市场企业和退出市场企业的出口产品质量差异化特征（计算结果见表 4-25）。可以看出，每个样本期内都有很高比重的企业进入或退出国际市场，且不同样本期企业的进入退出率差异较大，表明大量企业进出国际市场是中国出口贸易的常态；绝大部分年份的进入企业数量超过退出企业数量（即进入率高于退出率），因此中国的出口企业总数量不断增长。其中，2004 年新进入企业达到 14997 家，进入率达到 65.5%，远超其他年份，原因在于 2004 年中国修订了《对外贸易法》并于当年 7 月 1 日开始实施，新法将外贸经营权的获得由审批制改为备案登记制，全面激发了各类企业特别是民营企业开拓国际市场的热情。

**表 4-25　　2000—2013 年企业进入退出国际市场情况**

| 样本期 | 存续企业（t-1&t 年） | | 进入企业（t 年） | | 退出企业（t-1 年） | |
|---|---|---|---|---|---|---|
| | 企业数量（家） | 存续率（%） | 企业数量（家） | 进入率（%） | 企业数量（家） | 退出率（%） |
| 2000—2001 年 | 12106 | 80.6 | 5459 | 36.3 | 2922 | 19.4 |
| 2001—2002 年 | 14545 | 82.8 | 4802 | 27.3 | 3020 | 17.2 |
| 2002—2003 年 | 16436 | 85.0 | 6454 | 33.4 | 2911 | 15.0 |
| 2003—2004 年 | 16325 | 71.3 | 14997 | 65.5 | 6565 | 28.7 |
| 2004—2005 年 | 25912 | 82.7 | 8242 | 26.3 | 5410 | 17.3 |
| 2005—2006 年 | 28261 | 82.7 | 12255 | 35.9 | 5893 | 17.3 |
| 2006—2007 年 | 27170 | 67.1 | 12223 | 30.2 | 13346 | 32.9 |
| 2010—2011 年 | 24886 | 62.9 | 18304 | 46.3 | 14675 | 37.1 |
| 2011—2012 年 | 37261 | 86.3 | 8820 | 20.4 | 5929 | 13.7 |
| 2012—2013 年 | 38712 | 84.0 | 9791 | 21.2 | 7369 | 16.0 |

资料来源：作者整理。

从出口产品质量来看（见表 4-26），两种方法的测算结果表现出基本一致的特征：存续企业的产品质量较为稳定且整体呈现上升态势，而进入退出企业的产品质量波动较大且整体水平明显低于存续企业。这一结果进一步说明：企业频繁地进入退出国际市场不利于中国出口产品整体质量水平的提升。值得注意的是，在 2011—2012 年样本期，退出企业的 FR 方法质量测算结果非常低，只有 0.313，大幅低于其他结果，也就是说在 2011 年出口 2012 年退出国际市场的企业，其出口产品的质量水平非常之低，进而拉低了 2011 年中国出口产品的整体质量水平，这也刚好解释了前文中 FR 方法测算的中国出口产品整体质量在 2011 年有一个明显低谷的原因。

**表 4-26　　2000—2013 年进入退出企业产品质量情况**

| 样本期 | 存续企业（t-1 年） | | 存续企业（t 年） | | 进入企业（t 年） | | 退出企业（t-1 年） | |
|---|---|---|---|---|---|---|---|---|
| | FR | KSW | FR | KSW | FR | KSW | FR | KSW |
| 2000—2001 年 | 0.510 | 0.715 | 0.520 | 0.714 | 0.467 | 0.691 | 0.499 | 0.693 |
| 2001—2002 年 | 0.514 | 0.710 | 0.529 | 0.711 | 0.492 | 0.685 | 0493 | 0.713 |
| 2002—2003 年 | 0.528 | 0.709 | 0.546 | 0.711 | 0.517 | 0.699 | 0.461 | 0.686 |
| 2003—2004 年 | 0.530 | 0.710 | 0.560 | 0.715 | 0.565 | 0.706 | 0.572 | 0.707 |
| 2004—2005 年 | 0.558 | 0.711 | 0.560 | 0.716 | 0.572 | 0.709 | 0.583 | 0.716 |
| 2005—2006 年 | 0.556 | 0.715 | 0.559 | 0.714 | 0.579 | 0.724 | 0.596 | 0.714 |
| 2006—2007 年 | 0.563 | 0.715 | 0.588 | 0.695 | 0.548 | 0.697 | 0.565 | 0.720 |
| 2010—2011 年 | 0.570 | 0.696 | 0.561 | 0.699 | 0.505 | 0.693 | 0.616 | 0.670 |
| 2011—2012 年 | 0.557 | 0.698 | 0.605 | 0.728 | 0.550 | 0.714 | 0.313 | 0.684 |
| 2012—2013 年 | 0.603 | 0.727 | 0.611 | 0.727 | 0.499 | 0.718 | 0.568 | 0.710 |

资料来源：作者整理。

### （二）中国出口产品质量的动态 OP 分解

表 4-27 和表 4-28 分别列出了 FR 方法和 KSW 方法的分解计算结果。总体来看，两种方法的测算结果基本一致：存续效应大部分为正且样本期内整体为正，而更替效应大部分为负且样本期内整体为负，表明中国出口产品质量的整体提升更多来自存续出口企业的正向贡献，而企业的进入和退出拉低了整体的质量水平。进一步来看存续效应，除了 KSW 方法测算结果的少数年份外，组内效应的数值基本为正且样本期内整体为

正；组间效应的数值虽然有正有负，但样本期内整体为正，表明存续企业自身产品质量的提升以及存续企业间的市场份额再分配均是中国出口产品质量水平提升的重要推动力。再来考察更替效应，进入效应的数值大部分为负且样本期内整体为负，表明新进入出口市场的企业产品质量相对较低，拉低了整体产品质量水平；而退出效应的整体方向并不明确。

**表 4-27　　2000—2013 年出口产品质量变化的动态分解（FR）**

| 样本期 | 存续效应 | | | 更替效应 | | | 总体效应 |
|---|---|---|---|---|---|---|---|
| | 组内效应 $\Delta\bar{q}_S$ | 组间效应 $\Delta cov_S$ | 整体 | 进入效应 $w_{E2}(TQ_{E2}-TQ_{S2})$ | 退出效应 $w_{Q1}(TQ_{S1}-TQ_{Q1})$ | 整体 | $TQ_2-TQ_1$ |
| 2000—2001 年 | 0.003 | 0.006 | 0.009 | -0.007 | 0.001 | -0.006 | 0.003 |
| 2001—2002 年 | 0.007 | 0.008 | 0.015 | -0.004 | 0.002 | -0.002 | 0.013 |
| 2002—2003 年 | 0.010 | 0.008 | 0.018 | -0.004 | 0.003 | -0.001 | 0.017 |
| 2003—2004 年 | 0.019 | 0.012 | 0.031 | 0.001 | -0.012 | -0.011 | 0.020 |
| 2004—2005 年 | 0.007 | -0.005 | 0.002 | 0.002 | -0.004 | -0.002 | 0.000 |
| 2005—2006 年 | 0.014 | -0.011 | 0.003 | 0.005 | -0.006 | -0.001 | 0.002 |
| 2006—2007 年 | 0.013 | 0.012 | 0.025 | -0.006 | -0.001 | -0.007 | 0.018 |
| 2010—2011 年 | 0.025 | -0.023 | 0.002 | -0.017 | -0.018 | -0.035 | -0.033 |
| 2011—2012 年 | 0.011 | 0.038 | 0.049 | -0.004 | 0.011 | 0.007 | 0.056 |
| 2012—2013 年 | 0.005 | 0.003 | 0.008 | -0.009 | 0.002 | -0.007 | 0.001 |
| 全样本期 | 0.114 | 0.048 | 0.162 | -0.043 | -0.022 | -0.065 | 0.097 |

注：由于缺少 2008 年、2009 年样本，因此全样本期内的总体效应与前文计算值无法准确对应。

资料来源：作者整理。

**表 4-28　　2000—2013 年出口产品质量变化的动态分解（KSW）**

| 样本期 | 存续效应 | | | 更替效应 | | | 总体效应 |
|---|---|---|---|---|---|---|---|
| | 组内效应 $\Delta\bar{q}_S$ | 组间效应 $\Delta cov_S$ | 整体 | 进入效应 $w_{E2}(TQ_{E2}-TQ_{S2})$ | 退出效应 $w_{Q1}(TQ_{S1}-TQ_{Q1})$ | 整体 | $TQ_2-TQ_1$ |
| 2000—2001 年 | -0.001 | 0.000 | -0.001 | -0.003 | 0.001 | -0.002 | -0.003 |
| 2001—2002 年 | 0.000 | 0.001 | 0.001 | -0.003 | 0.000 | -0.003 | -0.002 |

续表

| 样本期 | 存续效应 | | | 更替效应 | | | 总体效应 |
| --- | --- | --- | --- | --- | --- | --- | --- |
| | 组内效应 $\Delta\bar{q}_S$ | 组间效应 $\Delta\mathrm{cov}_S$ | 整体 | 进入效应 $w_{E2}(TQ_{E2}-TQ_{S2})$ | 退出效应 $w_{Q1}(TQ_{S1}-TQ_{Q1})$ | 整体 | $TQ_2-TQ_1$ |
| 2002—2003 年 | -0.002 | 0.003 | 0.001 | -0.001 | 0.001 | 0.000 | 0.001 |
| 2003—2004 年 | 0.001 | 0.004 | 0.005 | -0.003 | 0.001 | -0.002 | 0.003 |
| 2004—2005 年 | 0.002 | 0.003 | 0.005 | -0.001 | -0.001 | -0.002 | 0.003 |
| 2005—2006 年 | 0.001 | -0.002 | -0.001 | 0.002 | 0.000 | 0.002 | 0.001 |
| 2006—2007 年 | 0.002 | -0.020 | -0.018 | 0.000 | -0.002 | -0.002 | -0.020 |
| 2010—2011 年 | 0.001 | 0.003 | 0.004 | -0.002 | 0.004 | 0.002 | 0.006 |
| 2011—2012 年 | 0.000 | 0.030 | 0.030 | -0.001 | 0.000 | -0.001 | 0.029 |
| 2012—2013 年 | -0.001 | 0.001 | 0.000 | -0.001 | 0.001 | 0.000 | 0.000 |
| 全样本期 | 0.003 | 0.023 | 0.026 | -0.013 | 0.005 | -0.008 | 0.018 |

注：由于缺少 2008 年、2009 年样本，因此全样本期内的总体效应与前文计算值无法准确对应。

资料来源：作者整理。

## 第三节　本章小结

本章着眼于中国出口产品质量的测度与考察，将当前主流的两种质量测度方法：需求信息反推法和供需信息加总法统一到同一框架之中，并同时采用两种方法、运用 2000—2013 年海关数据和工业企业数据对中国出口产品质量进行测度和多角度分析，还重点考察了企业出口行为即出口深度与出口广度与其产品质量的关系，并采用 Melitz 和 Polance（2015）提出的动态 OP 方法对出口产品的质量变化进行分解，得到的主要结论如下：

第一，从不同测算方法的对比来看，FR 方法、KSW 方法以及 KSW 方法的不同回归方式得到的产品质量指标之间均存在正向的相关性，表明不同方法测算的质量指标具有相似的趋势特征，但将产品价格移到左边的回归方程的整体拟合效果不佳，在使用时应较为谨慎。另外，FR 方法由于在质量计算公式中包含了企业生产率，而中国工业企业数据库在2011年时统计口径的变化导致整体生产率水平出现突变，因此在使用FR方法考察2011年前后的中国整体出口产品质量变化时也应谨慎。

第二，从中国出口产品质量的整体发展趋势和特征来看，不同测算方法的结果均表明，2000—2013年中国出口产品质量实现了一定程度的提升，但提升幅度较为有限。其中，私营企业出口产品质量水平均显著低于国有企业和外资企业，但其提升速度较快，处于稳定的追赶态势；加工贸易出口产品的整体质量水平显著高于一般贸易，但一般贸易出口产品质量更快的提升速度使两者的差距逐渐消失；高技术出口产品质量相对更高，但低技术出口产品质量水平提升速度更快。

第三，从企业出口行为与产品质量的关系来看，企业出口深度与其产品质量提升表现出显著的正相关关系，而企业出口广度与其产品质量在出口产品种类领域表现出负相关性。也就是说，出口时间更长和出口规模份额更大的企业其产品质量也相对更高，而出口产品种类更多的企业表现出明显的质量劣势，即多产品出口企业整体产品质量低于单产品出口企业。

第四，从中国出口产品质量变化的动态分解来看，整体质量的提升更多来自存续出口企业的正向贡献，而企业的进入和退出拉低了整体的质量水平。其中，存续企业自身产品质量的提升以及存续企业间的市场份额再分配均是中国出口产品质量水平提升的重要推动力，而新进入出口市场的企业产品质量相对较低，拉低了整体产品质量水平。

# 第五章　中国出口企业成本加成的测算与分析

出口企业成本加成表示出口产品价格对边际成本的偏离，可以度量出口企业的市场势力和贸易利得。成本加成作为打开出口企业生产率“黑匣子”的一把钥匙，对于解释企业出口行为及其出口利得意义显著（De Loecker & Warzynski，2012）。因此，对出口企业成本加成进行准确测算和全面考察，特别是考察出口企业“低加成率陷阱”是否持续存在，有助于更好地了解中国出口企业的定价能力及其变化趋势，以及其背后隐含的中国出口产品竞争力。本章分别在企业层面和企业—产品层面，运用 De Loecker 和 Warzynski（2012）方法和 De Loecker 等（2016）方法，对中国工业企业和出口产品的成本加成进行微观测算。同时，全面分析不同企业特征、不同行业（市场集中度）、不同贸易方式、不同出口市场的成本加成情况，以及进入退出市场企业、多产品多市场企业等表现出的差异化加成率特征，还有行业层面、企业层面、产品层面的成本加成分布（离散度）情况，力图对中国出口企业成本加成的特征事实及演变趋势实现全景把握。

## 第一节　企业层面成本加成的测算与分析

De Loecker 和 Warzynski（2012）提出的生产函数方法（以下简称 DLW 方法）是近几年被学者们广泛使用的成本加成测算方法。本部分首先使用该方法和中国工业企业数据，从企业层面对中国工业企业加成率进行微观测算，同时给出会计法的测算结果进行对比，并开展全面的特征考察。

### 一　测算方法

#### （一）DLW 方法

假设企业 i 在 t 年的生产函数为：

$$Q_{it}=Q_{it}(K_{it},\ L_{it},\ M_{it},\ \Omega_{it}) \tag{5-1}$$

其中，$K_{it}$ 代表不变的资本投入，$L_{it}$ 和 $M_{it}$ 分别代表可变的劳动投入和中间品投入，$\Omega_{it}$ 代表企业的生产率。假设生产函数 $Q_{it}$（·）二阶连续且可微，企业生产率 $\Omega_{it}$ 满足希克斯中性。从成本最小化角度构建企业的拉格朗日函数为：

$$L(K_{it},\ L_{it},\ M_{it},\ \omega_{it},\ \lambda_{it})=r_{it}K_{it}+w_{it}L_{it}+p_{it}^{m}M_{it}+\lambda_{it}(Q_{it}-Q_{it}(\cdot)) \tag{5-2}$$

其中，$r_{it}$、$w_{it}$、$p_{it}^{m}$ 分别代表资本、劳动和中间投入品的要素价格，$\lambda_{it}$ 代表企业的边际成本。那么在企业产出 $Q_{it}$ 给定的情况下，企业要通过优化配置可变投入要素实现成本最小化，其可变要素投入必须满足一阶条件。在中国的现实情况下，劳动要素投入的调整相对缓慢和滞后，所以仅将中间品投入作为可变要素投入进行推导，其一阶条件为：

$$\frac{\partial L(\cdot)}{\partial M_{it}}=p_{it}^{m}-\lambda_{it}\frac{\partial Q_{it}(\cdot)}{\partial M_{it}}=0 \tag{5-3}$$

用 $P_{it}$ 表示企业的产品价格，将式（5-3）进行变换并在两边同时乘 $\frac{M_{it}}{Q_{it}}$ 得：

$$\frac{\partial Q_{it}(\cdot)}{\partial M_{it}}\frac{M_{it}}{Q_{it}}=\frac{p_{it}^{m}}{\lambda_{it}}\frac{M_{it}}{Q_{it}}=\frac{P_{it}}{\lambda_{it}}\frac{p_{it}^{m}M_{it}}{P_{it}Q_{it}} \tag{5-4}$$

可以看出，式（5-4）左边即为中间品的产出弹性，可以记为 $\theta_{it}^{m}$，右边包含两部分：$P_{it}/\lambda_{it}$ 为企业的成本加成，可以记为 $\mu_{it}$，$p_{it}^{m}M_{it}/P_{it}Q_{it}$ 为中间品投入占销售额的比重，可以记为 $\alpha_{it}^{m}$。因此，企业的成本加成可以表示为：

$$\mu_{it}=\theta_{it}^{m}(\alpha_{it}^{m})^{-1} \tag{5-5}$$

其中，中间品投入份额比重 $\alpha_{it}^{m}$ 可以通过数据库指标直接计算得出①，中间品的产出弹性需要通过估算生产函数得出。估算生产函数的方法较多，这里参考 De Loecker 和 Warzynski（2012）、Lu 和 Yu（2015）等的做法，选择具有较好柔性的超越对数（Translog）生产函数形式，使用 ACF（Ackerberg et al.，2015）两步法估计生产函数的参数，以避免可能的共线性问题。设定生产函数为：

---

① 参考 De Loecker 和 Warzynski（2012）的做法，我们使用第一阶段得到的期望产出估计值（即调整的总产出）而不是实际观测值，来计算中间品投入份额比重 $\alpha_{it}^{m}$。

$$y_{it}=\beta_l l_{it}+\beta_k k_{it}+\beta_m m_{it}+\beta_{ll} l_{it}^2+\beta_{kk} k_{it}^2+\beta_{mm} m_{it}^2+\beta_{lk} l_{it} k_{it}+\beta_{km} k_{it} m_{it}+\beta_{lm} l_{it} m_{it}+\beta_{lkm} l_{it} k_{it} m_{it}+\omega_{it}+\varepsilon_{it} \tag{5-6}$$

其中，$y_{it}$，$l_{it}$，$k_{it}$，$m_{it}$ 分别表示取自然对数后的企业总产出（企业工业总产值①）、劳动投入（员工人数）、资本投入（固定资产总额）和中间品投入（工业中间投入合计），$\beta$ 表示待估计的参数，$\omega_{it}$ 表示企业生产率，$\varepsilon_{it}$ 为残差项。借鉴 Levinsohn 和 Petrin（2003），假设中间投入函数为：

$$m_{it}=m_t(k_{it}, \omega_{it}, z_{it}) \tag{5-7}$$

其中，$\omega_{it}$ 表示企业的生产率，$z_{it}$ 表示影响企业投入需求的控制变量向量，包含企业出口状态等一些企业层面的特征变量。然后，利用中间投入函数的反函数得到生产率方程 $\omega_{it}=h_t(m_{it}, k_{it}, z_{it})$，并代入生产函数当中，得到估计方程：

$$y_{it}=\varphi_t(l_{it}, k_{it}, m_{it}, z_{it})+\varepsilon_{it} \tag{5-8}$$

第一步，估计方程式（5-8）得到期望产出的估计值 $\hat{\varphi}_{it}$ 和残差项 $\varepsilon_{it}$ 的估计值。期望产出为：

$$\hat{\varphi}_{it}=\beta_l l_{it}+\beta_k k_{it}+\beta_m m_{it}+\beta_{ll} l_{it}^2+\beta_{kk} k_{it}^2+\beta_{mm} m_{it}^2+\beta_{lk} l_{it} k_{it}+\beta_{km} k_{it} m_{it}+\beta_{lm} l_{it} m_{it}+\beta_{lkm} l_{it} k_{it} m_{it}+h_{it}(m_{it}, k_{it}, z_{it}) \tag{5-9}$$

第二步，假设生产率变化服从一阶马尔科夫性质：

$$\omega_{it}=g_t(\omega_{it-1})+\xi_{it} \tag{5-10}$$

用 $\beta=(\beta_l, \beta_k, \beta_m, \beta_{ll}, \beta_{kk}, \beta_{mm}, \beta_{lk}, \beta_{km}, \beta_{lm}, \beta_{lkm})$ 表示待估计的参数向量，令 $\omega_{it}(\beta)$ 对其滞后项 $\omega_{it-1}(\beta)$ 进行非参数回归，得到给定 $\beta$ 下的生产率冲击 $\xi_{it}(\beta)$。由于资本投入 $k$ 在初期决定，劳动投入 $l$ 和中间品投入 $m$ 与滞后 1 期的生产率无关，可以得到如下矩条件：

$$E[\xi_{it}(\beta)(l_{it-1}, k_{it}, m_{it-1}, l_{it-1}^2, k_{it}^2, m_{it-1}^2, l_{it-1}k_{it}, k_{it}m_{it-1}, l_{it-1}m_{it-1}, l_{it-1}k_{it}m_{it-1})']=0 \tag{5-11}$$

第三步，进行广义矩估计（GMM）得到参数向量 $\beta$，进而可以求出中间品投入的产出弹性为：

$$\theta_{it}^m=\hat{\beta}_m+2\hat{\beta}_{mm} m_{it}+\hat{\beta}_{lm} l_{it}+\hat{\beta}_{km} k_{it}+\hat{\beta}_{lmk} l_{it} k_{it} \tag{5-12}$$

---

① 使用工业总产值而不是工业销售产值，是因为工业总产值体现了企业当年生产的产品总量价值，而工业销售产值仅体现了当年销售的产品价值，而前者与中间投入品价值更具有对应关系，更能反映出中间投入的份额情况，不会受到外部环境因素可能导致的当年销售波动的影响。

第四步，根据式（5-5）计算企业层面的成本加成。

需要指出的是，生产函数的估计均在《国民经济行业分类》GB/T 4754—2002 的两位数行业层面分别进行，以尽可能反映不同行业的差异化特征。在具体的计算中，我们既采用上述的超越对数生产函数形式进行系数估计，同时也采用 Cobb-Douglas 生产函数形式进行估计来加以比较。

（二）会计方法

根据 Domowitz 等（1988）的方法，企业产品价格与边际成本的关系式为：

$$\left(\frac{p-c}{p}\right)_{it}=1-\frac{1}{\mu_{it}}=\left(\frac{va-pr}{va+ncm}\right)_{it} \tag{5-13}$$

其中，$\mu_{it}$ 为企业的成本加成，$p$ 表示企业的产品价格，$c$ 表示边际成本，$va$ 表示企业的工业增加值，$pr$ 表示企业支付的工资报酬，$ncm$ 表示中间投入要素成本。会计法需要的数据相对容易获取，且计算简单。

## 二 数据及处理：工业企业数据库

本部分测算的数据来自中国工业企业数据库，对数据库的处理方法与第三章基本相同，即首先进行跨年匹配构建面板数据，然后删除关键指标缺失和存在异常值的样本并对指标进行平减，由于 2009 年缺少本年应付工资（薪酬）这一关键指标（无法据以估算中间投入数据），因此剔除该年样本，最后得到 1998—2013 年 807310 家企业共 3493259 个观测值的非平衡面板数据。另外，借鉴 Brandt 等（2017）以及 De Loecker 和 Warzynski（2012）的做法，使用行业层面的价格指数对企业产出进行平减。

**表 5-1　主要变量的统计描述**

| 变量 | 样本观测值 | 均值 | 标准差 | 25%分位 | 75%分位 |
|---|---|---|---|---|---|
| ln*Gross output* | 3489820 | 10.394 | 1.461 | 9.377 | 11.287 |
| ln*Added value* | 3410407 | 9.020 | 1.534 | 8.008 | 9.947 |
| ln*Capital* | 3479921 | 8.682 | 1.783 | 7.548 | 9.776 |
| ln*Labor* | 3466287 | 4.894 | 1.144 | 4.094 | 5.642 |
| ln*Intermediate input* | 3440499 | 10.032 | 1.532 | 9.011 | 10.966 |
| ln*Wage* | 3478203 | 7.556 | 1.386 | 6.633 | 8.395 |
| ln*Export value* | 771044 | 9.685 | 1.797 | 8.744 | 10.789 |

资料来源：作者整理。

## 三　测算结果及整体趋势分析

图 5-1 绘出了 1998—2013 年中国工业企业成本加成的年度平均值，可以看出，三种方法的测算结果在整体趋势上非常一致，包括在 2004 年和 2008 年出现了两次明显抬升，随后又恢复平稳走势。鉴于这种一致性，本节后面的分析均依据超越对数生产函数形式的估计结果。表 5-2 给出了采用超越对数生产函数形式的测算结果。整体来看，1998—2013 年，中国工业企业的成本加成从 1. 284 上升到 1. 455，提升约 13. 3%，表现出稳步提升态势，表明中国工业企业的盈利能力显著增强。其中，2004 年和 2008 年出现了两次明显拔高①，特别是 2008 年出现的较高波峰，可能与 2008 年爆发的国际金融危机有较大关系。

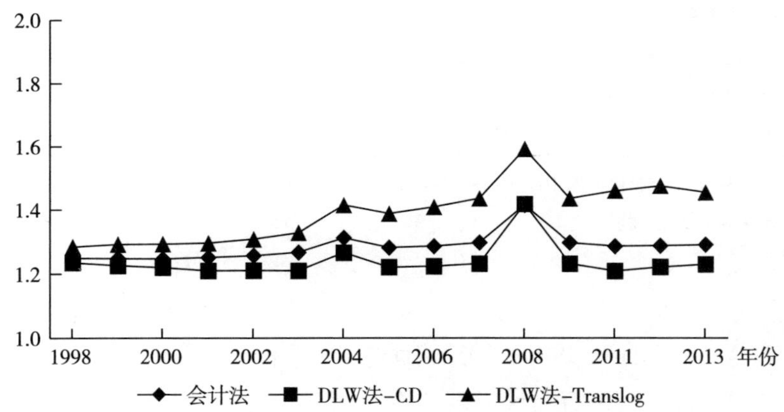


**图 5-1　1998—2013 年中国工业企业成本加成变化趋势**

**表 5-2　　1998—2013 年中国工业企业成本加成情况**

| 年份 | 整体 | 国有企业 | 私营企业 | 外资企业 | 出口企业 | 非出口企业 |
| --- | --- | --- | --- | --- | --- | --- |
| 1998 | 1. 284 | 1. 284 | 1. 255 | 1. 268 | 1. 220 | 1. 303 |
| 1999 | 1. 292 | 1. 285 | 1. 284 | 1. 263 | 1. 227 | 1. 311 |
| 2000 | 1. 293 | 1. 283 | 1. 293 | 1. 272 | 1. 240 | 1. 311 |
| 2001 | 1. 296 | 1. 304 | 1. 289 | 1. 272 | 1. 239 | 1. 315 |

① 2004 年的工业企业数据库中缺少出口交货值指标，而我们在生产函数的估计中加入了出口状态特征变量，因此本年的估计结果可能存在一定偏差。

续表

| 年份 | 整体 | 国有企业 | 私营企业 | 外资企业 | 出口企业 | 非出口企业 |
|---|---|---|---|---|---|---|
| 2002 | 1. 308 | 1. 329 | 1. 292 | 1. 292 | 1. 257 | 1. 326 |
| 2003 | 1. 328 | 1. 341 | 1. 322 | 1. 304 | 1. 275 | 1. 348 |
| 2004 | 1. 415 | 1. 507 | 1. 383 | 1. 423 | — | — |
| 2005 | 1. 389 | 1. 415 | 1. 379 | 1. 366 | 1. 349 | 1. 404 |
| 2006 | 1. 409 | 1. 443 | 1. 399 | 1. 386 | 1. 366 | 1. 424 |
| 2007 | 1. 436 | 1. 471 | 1. 428 | 1. 409 | 1. 378 | 1. 454 |
| 2008 | 1. 593 | 1. 885 | 1. 528 | 1. 703 | 1. 632 | 1. 582 |
| 2010 | 1. 436 | 1. 471 | 1. 427 | 1. 409 | 1. 378 | 1. 454 |
| 2011 | 1. 460 | 1. 619 | 1. 422 | 1. 506 | 1. 492 | 1. 450 |
| 2012 | 1. 477 | 1. 648 | 1. 438 | 1. 529 | 1. 519 | 1. 464 |
| 2013 | 1. 455 | 1. 646 | 1. 415 | 1. 527 | 1. 520 | 1. 437 |
| 1998—2013 | 1. 418 | 1. 390 | 1. 418 | 1. 427 | 1. 393 | 1. 426 |

注：中国工业企业数据库中缺少 2004 年的企业出口交货值指标，因此空缺。

资料来源：作者整理。

分企业类型来看，三种所有制类型企业的成本加成变化趋势与整体趋势基本一致，且在 1998—2013 年均实现了一定程度的提升（见图 5-2）。值得注意的一个有趣现象是，尽管国有企业的平均成本加成几乎在每个年度都高于私营企业和外资企业，但全部样本的成本加成平均值却处于三种类型企业的最低水平，这可能源于国有企业在成本加成较低的年份数量较多导致低加成的权重较大。从出口状态来看，样本期内出口企业的平均成本加成低于非出口企业，这一发现同大部分相关文献的结论一致，即存在“中国企业低价出口之谜”①。但是，通过进一步考察出口和非出口企业的成本加成变化趋势可以看出，2011 年之后出口企业的平均成本加成反超了非出口企业（见图 5-3），这表明随着中国外贸的转型升级，出口企业的定价能力在升级过程中实现了显著提升。

① 但是，这些文献的样本期限绝大多数都限制在 2007 年之前，因此无法对后续年份的情况进行考察。

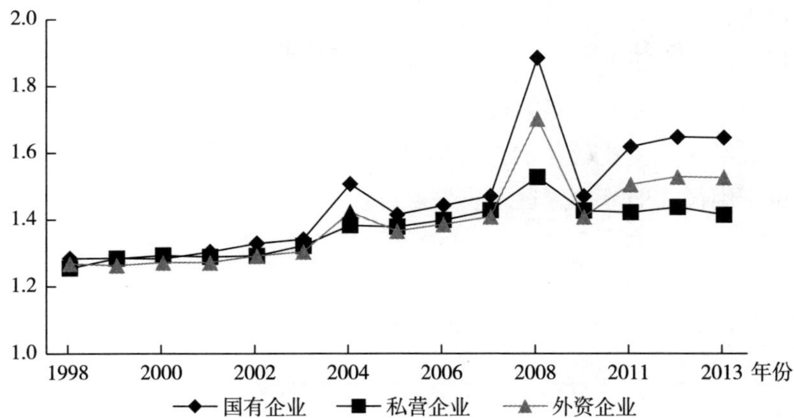


**图 5-2　1998—2013 年中国不同所有制工业企业成本加成变化趋势**

注：2009 年缺少关键指标，因此剔除该年数据。

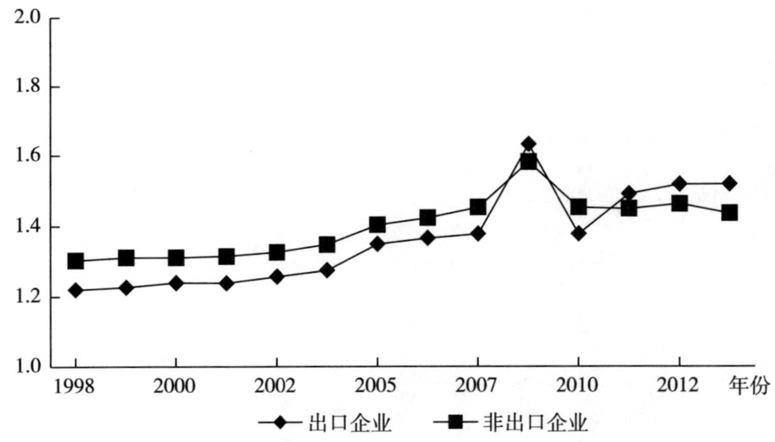


**图 5-3　1998—2013 年中国出口与非出口企业成本加成变化趋势**

注：2004 年、2009 年数据缺失，因此图中删除这两年数据。

另外，我们还考察了其他企业特征与成本加成的关系，结果如图 5-4、图 5-5 和图 5-6 所示。三幅图中，横坐标分别表示企业规模、资本密集度和企业年龄①，将这三个变量从小到大划分为 10 组，从 1 到 10 表示

① 企业规模用企业工业销售产值与所在行业平均值的比值来衡量，资本密集度用企业固定资产净值与企业员工人数的比值来衡量，企业年龄用样本所处年份减去企业开业时间加 1 来衡量，并且删除了年龄大于 100 的样本（多数为企业填报错误）。

逐渐增大。可以看出，规模更大的企业表现出更高的成本加成，资本密集度处于两端的企业表现出更高的成本加成，而企业年龄与成本加成没有表现出明显关联，但年龄最大的一组企业（25年以上）成本加成明显偏低，说明这些企业较长的开办时间并没有带来定价能力的提升，反而可能由于因循守旧等原因逐渐丧失定价优势。

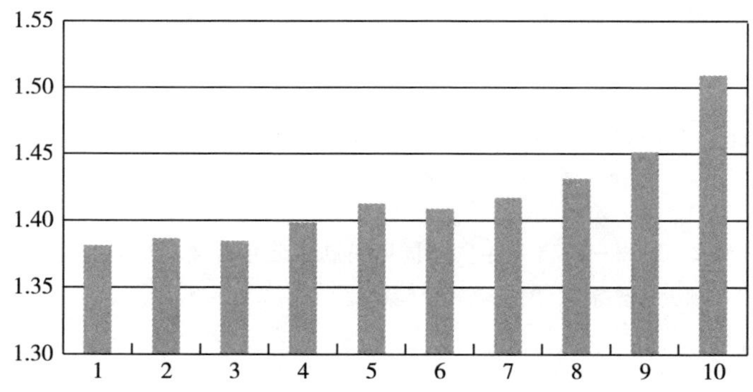


**图 5-4　企业成本加成率随企业规模变动趋势**

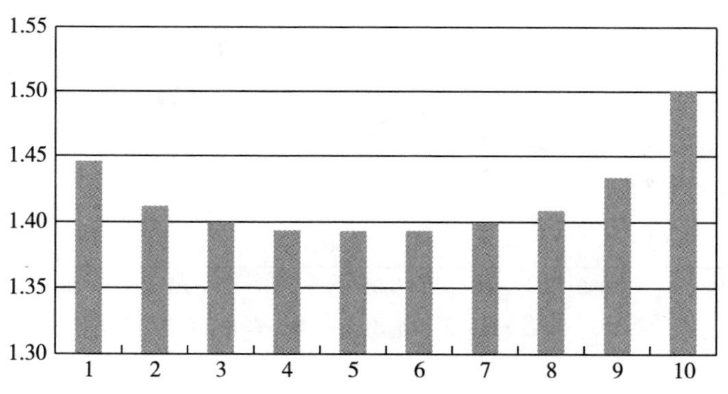


**图 5-5　企业成本加成率随资本密集度变动趋势**

## 四　工业企业成本加成的行业分析

表 5-3 列出了中国工业 2 位码行业层面的成本加成情况，包括行业平均值、1998—2013 年增幅、出口与非出口企业均值，以及行业的赫芬达尔-赫希曼指数（Herfindahl-Hirschman Index）①。首先，从行业均值来

① 赫芬达尔-赫希曼指数的计算公式为：$HHI=\sum_{i=1}^{N}(X_i/X)^2$，其中 $X_i$ 表示企业 $i$ 的规模（工业总产值），$X$ 表示市场的总规模。

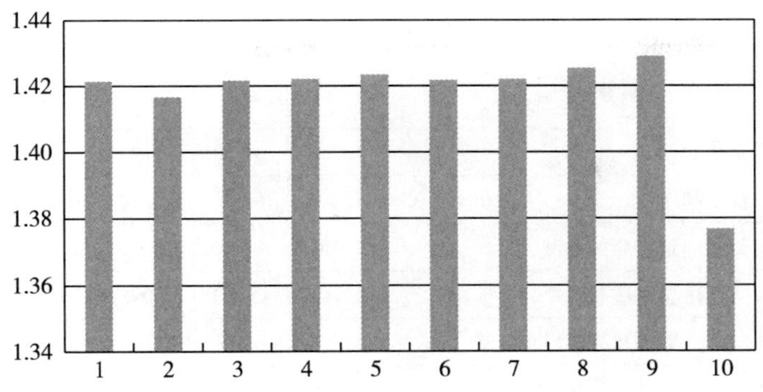


**图 5-6　企业成本加成率随企业年龄变动趋势**

看，大部分行业的加成率均值处于1—2之间，只有个别行业的平均加成率大于2或者小于1（见图5-7）。其中，烟草制品业的成本加成均值为2.352，这与我们的直觉相符，因为烟草行业的高度垄断性质，其行业内企业有能力制定较高的价格；其余具有较高成本加成的行业多为资本密集型行业，例如化学纤维制造业、电气机械及器材制造业等；而成本加成率较低的行业多为劳动密集型行业，例如皮革、毛皮、羽毛（绒）及其制品业、纺织业等。同时，我们注意到，行业的平均加成率与该行业的赫芬达尔-赫希曼指数表现出一定程度的正相关性，二者的相关系数为正的0.589，且在1%的显著性水平上显著，这表明：行业的市场集中程度越高（垄断程度越高），则该行业企业的平均加成率也越高。

**表 5-3　　　　1998—2013 年制造业 2 位码行业成本加成情况**

| 行业代码 | 行业名称 | 均值 | 增幅（%） | 出口企业 | 非出口企业 | HHI×100 |
|---|---|---|---|---|---|---|
| 13 | 农副食品加工业 | 1.213 | 2.75 | 1.218 | 1.209 | 0.00891 |
| 14 | 食品制造业 | 1.421 | -0.19 | 1.378 | 1.427 | 0.02029 |
| 15 | 饮料制造业 | 1.217 | 8.81 | 1.145 | 1.221 | 0.04127 |
| 16 | 烟草制品业 | 2.352 | 17.64 | 2.933 | 2.221 | 0.33754 |
| 17 | 纺织业 | 1.226 | 11.09 | 1.219 | 1.229 | 0.02776 |
| 18 | 纺织服装、鞋、帽制造业 | 1.324 | 20.28 | 1.309 | 1.352 | 0.01823 |
| 19 | 皮革、毛皮、羽毛（绒）及其制品业 | 0.820 | 0.27 | 0.797 | 0.842 | 0.01487 |
| 20 | 木材加工及木竹藤棕草制品业 | 1.151 | 14.79 | 2.161 | 2.154 | 0.01106 |

续表

| 行业代码 | 行业名称 | 均值 | 增幅（%） | 出口企业 | 非出口企业 | HHI×100 |
| --- | --- | --- | --- | --- | --- | --- |
| 21 | 家具制造业 | 1.212 | 14.10 | 1.195 | 1.225 | 0.01467 |
| 22 | 造纸及纸制品业 | 1.205 | 9.96 | 1.218 | 1.204 | 0.02662 |
| 23 | 印刷业和记录媒介的复制 | 1.352 | 8.46 | 1.387 | 1.349 | 0.01343 |
| 24 | 文教体育用品制造业 | 1.102 | 15.80 | 1.098 | 1.113 | 0.0202 |
| 25 | 石油加工、炼焦及核燃料加工业 | 1.193 | 6.05 | 1.173 | 1.186 | 0.1402 |
| 26 | 化学原料及化学制品制造业 | 1.214 | 11.05 | 1.196 | 1.215 | 0.01354 |
| 27 | 医药制造业 | 1.323 | 34.27 | 1.322 | 1.331 | 0.03446 |
| 28 | 化学纤维制造业 | 2.505 | 5.61 | 2.708 | 2.455 | 0.27259 |
| 29 | 橡胶制品业 | 2.305 | 18.79 | 2.346 | 2.296 | 0.06609 |
| 30 | 塑料制品业 | 0.817 | 2.11 | 0.812 | 0.819 | 0.00854 |
| 31 | 非金属矿物制品业 | 1.684 | 13.59 | 1.744 | 1.678 | 0.00517 |
| 32 | 黑色金属冶炼及压延加工业 | 1.894 | 7.17 | 2.018 | 1.876 | 0.06001 |
| 33 | 有色金属冶炼及压延加工业 | 1.318 | 7.52 | 1.311 | 1.317 | 0.04756 |
| 34 | 金属制品业 | 1.622 | 16.36 | 1.650 | 1.615 | 0.00652 |
| 35 | 通用设备制造业 | 1.286 | 14.53 | 1.294 | 1.285 | 0.00928 |
| 36 | 专用设备制造业 | 1.012 | 4.83 | 1.014 | 1.009 | 0.01503 |
| 37 | 交通运输设备制造业 | 1.109 | 1.59 | 1.072 | 1.116 | 0.07656 |
| 39 | 电气机械及器材制造业 | 2.271 | 68.14 | 2.281 | 2.283 | 0.04128 |
| 40 | 通信设备、计算机及电子设备制造业 | 1.893 | 26.12 | 1.972 | 1.845 | 0.03985 |
| 41 | 仪器仪表及文化、办公用机械制造业 | 1.217 | 18.19 | 1.148 | 1.278 | 0.12436 |
| 42 | 工艺品及其他制造业 | 1.627 | 16.28 | 1.648 | 1.613 | 0.04895 |
| 43 | 废弃资源和废旧材料回收加工业 | 1.490 | 9.74 | 1.492 | 1.482 | 0.0407 |

资料来源：作者整理。

其次，从变化趋势来看，1998—2013 年除食品制造业企业的平均成本加成略有下降外，其余所有行业的平均成本加成均有所提升，其中纺织服装、鞋、帽制造业、医药制造业、电气机械及器材制造业、通信设备、计算机及电子设备制造业的提升幅度均超过 20%，特别是电气机械及器材制造业的平均成本加成提升了 68.14%，表明该行业中企业的定价能力显著增强（见图 5-8）。

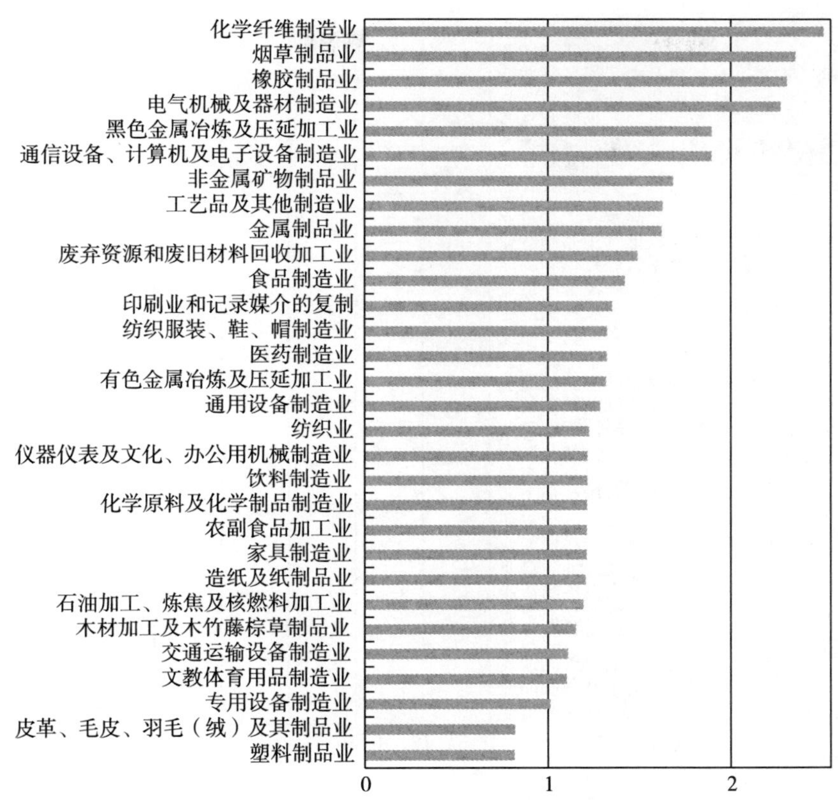


**图 5-7　1998—2013 年制造业 2 位码行业成本加成均值排序**

最后，从各行业出口和非出口企业的对比来看，成本加成的大小关系总体上并未表现出明显的特征，出口企业加成率均值大于非出口企业加成率均值的行业和相反的行业基本各占一半。但如果结合行业的 HHI 来看，大部分 HHI 较低的行业（即行业的市场集中度较低，竞争程度较高），其非出口企业的加成率均值低于出口企业，例如农副食品加工业、非金属矿物制品业、金属制品业、通用设备制造业等①，表明国内市场竞争程度较高的行业会倾向于在国外市场制定更高的加成率和价格。

## 五　工业企业成本加成的离散度分析

成本加成分布的离散程度可以反映资源配置的效率。首先通过核密度估计曲线来直观考察中国工业企业成本加成的离散情况。图 5-9、图

① 当然，也有少部分行业由于其特殊性而表现出不同的特征，例如烟草制品业等。

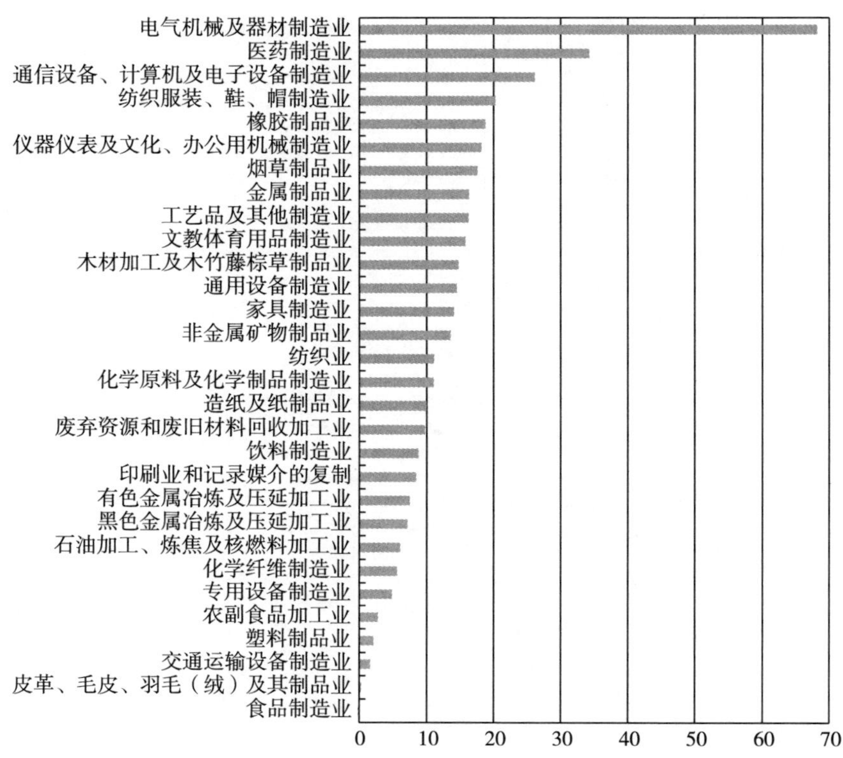


**图 5-8　1998—2013 年制造业 2 位码行业成本加成变化幅度排序**

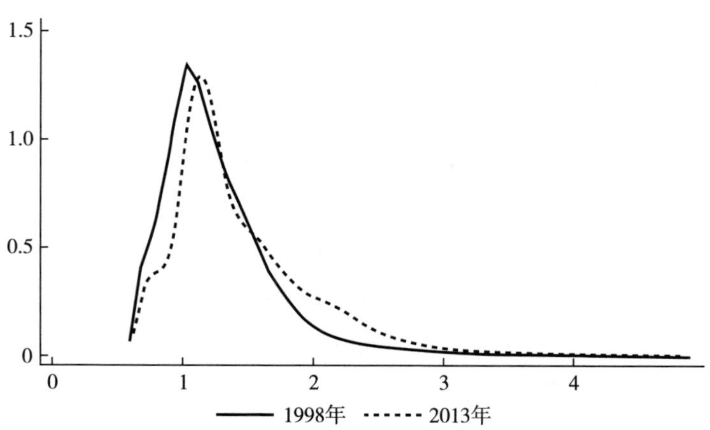


**图 5-9　1998 年和 2013 年中国制造业企业成本加成核密度**

5-10 和图 5-11 分别绘制了不同年份、不同出口状态和不同所有制类型企业的成本加成核密度图，可以看出，企业成本加成核密度估计曲线的形状由“高瘦”变得相对“矮胖”，表明成本加成分布变得更加分散，离散度上升；出口企业和非出口企业成本加成的离散度没有表现出明显差异；私营企业核密度估计曲线的形状比国有企业和外资企业更加“高瘦”，表明私营企业成本加成离散度相对较低，分布相对更为集中。

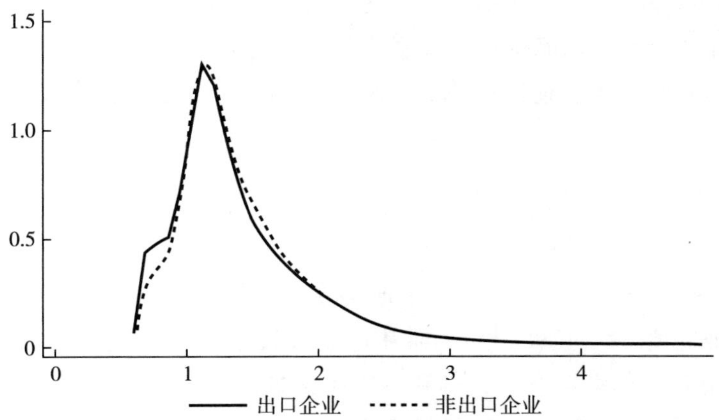


**图 5-10　出口企业和非出口企业成本加成核密度**

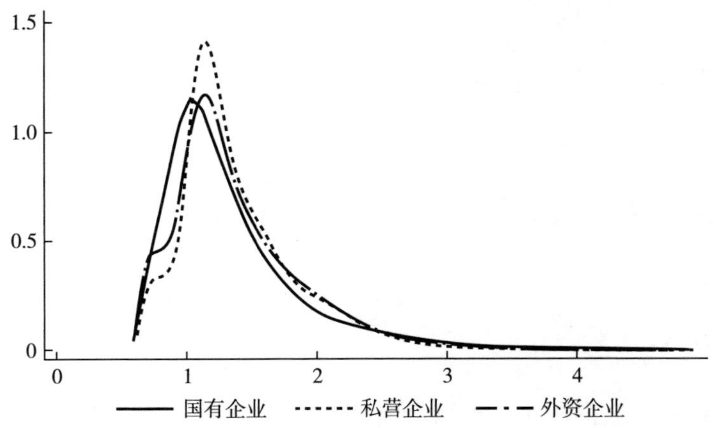


**图 5-11　国有、私营和外资企业成本加成核密度**

直观分析之后，我们重点测算行业内的加成率分布来考察各行业的资源配置情况。同一行业内企业的加成率分布越均衡，表明资源配置效率越高，在加成率完全相等时资源配置达到最优；如果同一行业内企业的加成率分布离散程度很高，则表明加成率较高的企业仅使用较少的要素资源进行生产，而加成率较低的企业使用的要素规模过大，导致资源出现错配。相关文献中使用较为广泛的分布测算方法是基尼系数（Gini index），尽管它有均值独立、对称等诸多优点，但也存在可分解性和统计可测试性等问题（Cowell，1995），因此学者们开发出许多熵测度方法来解决这些问题。其中，使用最为广泛的熵测度方法是泰尔指数（Theil index）。泰尔指数不仅满足总体规模独立性、达尔顿-庇古转移原理、强洛伦兹一致性等优点，还能测算分组样本的组内分布及组间分布。其计算公式为：

$$Theil_{jt} = \frac{1}{n_{jt}} \sum_{i=1}^{n_{jt}} \frac{\mu_{ijt}}{\bar{\mu}_{jt}} \log\left(\frac{\mu_{ijt}}{\bar{\mu}_{jt}}\right) \tag{5-14}$$

其中，$\mu_{ijt}$ 表示 $t$ 年 $j$ 行业中 $i$ 企业的成本加成，$\bar{\mu}_{jt}$ 表示 $t$ 年 $j$ 行业的成本加成均值，$n_{jt}$ 表示 $t$ 年 $j$ 行业中的企业数量。除泰尔指数外，我们还分别使用对数离差均值（也称泰尔零阶指数，MLD）、变异系数（CV）、相对平均离差（RMD）三项指标来进行对照和稳健性检验。对数离差均值的计算公式为：

$$MLD_{jt} = \frac{1}{n_{jt}} \sum_{i=1}^{n_{jt}} \log\left(\frac{\bar{\mu}_{jt}}{\mu_{ijt}}\right) \tag{5-15}$$

变异系数的计算公式为：

$$CV_{jt} = \frac{Std\_\mu_{jt}}{\bar{\mu}_{jt}} \tag{5-16}$$

其中，$Std\_\mu_{jt}$ 表示 $t$ 年 $j$ 行业加成率的标准差。相对平均离差的计算公式为：

$$RMD_{jt} = \frac{1}{n_{jt}} \sum_{i=1}^{n_{jt}} \left|\frac{\mu_{ijt}}{\bar{\mu}_{jt}} - 1\right| \tag{5-17}$$

表 5-4 列出了中国工业 2 位码行业成本加成离散情况的四项指标值。可以看出，四项指标基本表现出同样的特征，因此我们可以据其作出一致的离散情况判断。加成率离散度较高的行业包括医药制造业、烟草制品业、仪器仪表及文化和办公用机械制造业、专用设备制造业、饮料制造业等，离散度较低的行业包括化学纤维制造业、木材加工及木竹藤棕

草制品业、黑色金属冶炼及压延加工业、橡胶制品业、电气机械及器材制造业等。整体来看，垄断型、技术密集型行业的加成率离散程度较高，表明其资源配置效率相对较低；而资源密集型、劳动密集型行业的加成率离散程度较低，表明其资源配置效率相对较高（见图 5-12）。

表 5-4　　1998—2013 年制造业 2 位码行业成本加成离散情况

| 行业代码 | 行业名称 | Theil | MLD | CV | RMD |
|---|---|---|---|---|---|
| 13 | 农副食品加工业 | 0.025 | 0.021 | 0.252 | 0.144 |
| 14 | 食品制造业 | 0.032 | 0.028 | 0.282 | 0.172 |
| 15 | 饮料制造业 | 0.047 | 0.041 | 0.342 | 0.213 |
| 16 | 烟草制品业 | 0.057 | 0.057 | 0.347 | 0.279 |
| 17 | 纺织业 | 0.022 | 0.019 | 0.231 | 0.133 |
| 18 | 纺织服装、鞋、帽制造业 | 0.031 | 0.027 | 0.274 | 0.165 |
| 19 | 皮革、毛皮、羽毛（绒）及其制品业 | 0.034 | 0.027 | 0.315 | 0.158 |
| 20 | 木材加工及木竹藤棕草制品业 | 0.016 | 0.015 | 0.184 | 0.127 |
| 21 | 家具制造业 | 0.025 | 0.022 | 0.250 | 0.148 |
| 22 | 造纸及纸制品业 | 0.025 | 0.022 | 0.248 | 0.147 |
| 23 | 印刷业和记录媒介的复制 | 0.038 | 0.033 | 0.309 | 0.186 |
| 24 | 文教体育用品制造业 | 0.030 | 0.025 | 0.277 | 0.156 |
| 25 | 石油加工、炼焦及核燃料加工业 | 0.027 | 0.023 | 0.261 | 0.152 |
| 26 | 化学原料及化学制品制造业 | 0.031 | 0.027 | 0.274 | 0.166 |
| 27 | 医药制造业 | 0.063 | 0.055 | 0.400 | 0.247 |
| 28 | 化学纤维制造业 | 0.015 | 0.014 | 0.176 | 0.129 |
| 29 | 橡胶制品业 | 0.019 | 0.018 | 0.200 | 0.144 |
| 30 | 塑料制品业 | 0.031 | 0.024 | 0.301 | 0.148 |
| 31 | 非金属矿物制品业 | 0.024 | 0.022 | 0.237 | 0.154 |
| 32 | 黑色金属冶炼及压延加工业 | 0.018 | 0.017 | 0.203 | 0.141 |
| 33 | 有色金属冶炼及压延加工业 | 0.023 | 0.020 | 0.233 | 0.144 |
| 34 | 金属制品业 | 0.022 | 0.020 | 0.228 | 0.145 |
| 35 | 通用设备制造业 | 0.026 | 0.023 | 0.254 | 0.151 |
| 36 | 专用设备制造业 | 0.049 | 0.040 | 0.362 | 0.204 |
| 37 | 交通运输设备制造业 | 0.036 | 0.030 | 0.308 | 0.170 |
| 39 | 电气机械及器材制造业 | 0.020 | 0.019 | 0.205 | 0.149 |

续表

| 行业代码 | 行业名称 | Theil | MLD | CV | RMD |
|---|---|---|---|---|---|
| 40 | 通信设备、计算机及电子设备制造业 | 0.027 | 0.025 | 0.248 | 0.167 |
| 41 | 仪器仪表及文化、办公用机械制造业 | 0.052 | 0.046 | 0.359 | 0.230 |
| 42 | 工艺品及其他制造业 | 0.028 | 0.025 | 0.257 | 0.164 |
| 43 | 废弃资源和废旧材料回收加工业 | 0.026 | 0.023 | 0.253 | 0.151 |

资料来源：作者整理。

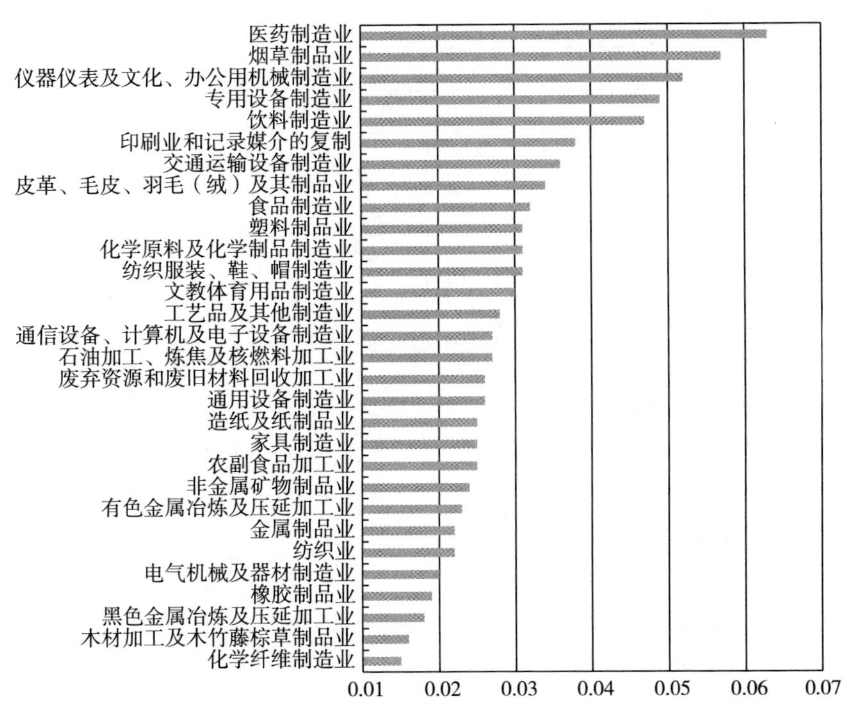


**图 5-12　1998—2013 年制造业 2 位码行业成本加成离散度（Theil）排序**

图 5-13 进一步绘出了 1998—2013 年各行业加成率泰尔指数均值的变化趋势，其中我们不仅计算了 2 位码行业的加成率泰尔指数均值，还计算了 3 位码和 4 位码行业的加成率泰尔指数均值，以求更准确地判断其发展演变趋势。可以看出，样本期内行业内加成率泰尔指数整体并没有表现出明显的上升或下降趋势，仅 3 位码和 4 位码行业的加成率泰尔指数均值出现了小幅下降，这表明行业内企业间资源配置效率没有发生非常明显的改善。其中，2004 年和 2008 年的泰尔指数均值出现了较大的波

动，这与图 5-1 中整体成本加成率的变化趋势非常相似，这既有可能是与前述相同的原因所致，也有可能是数据本身的异常所致，在后面的分析中需要有所甄别。

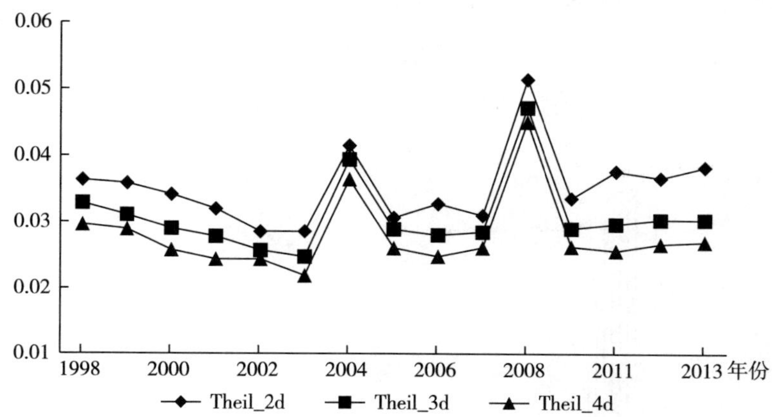


**图 5-13　1998—2013 年中国工业行业加成率泰尔指数均值变化趋势**

## 六　企业进入退出与成本加成

新进入企业、将退出企业以及持续经营企业的成本加成是否存在显著的差异化特征？企业的进入和退出是否会对整体的成本加成水平产生影响？影响的方向和程度如何？本部分将对这些问题进行分析和探讨。

首先考察不同经营时间企业的成本加成特征。这里着重考察两个指标，一是企业存活年数，即企业从设立到样本年份的时间；二是样本期内企业持续经营年数，即 1998—2013 年企业出现的次数。从企业存活年数来看，由于我们删除了成立时间在 1900 年之前的样本，因此样本中存活时间最长为 113 年，图 5-14 绘出了不同存活年数企业的占比情况，可以看出，绝大部分企业的存活时间在 50 年以内，其中大部分企业在 10 年以内。图 5-14 还绘出了存活年数在 0—50 年的企业的平均加成率，可以看出，存活时间在 0—20 年的企业平均加成率变化较为平稳，而超过 20 年后企业的平均加成率起伏较大，这可能与超过 20 年企业的样本数量较少有很大关系。从企业在样本期内的经营年数来看①，仅经营 1 年的企业

---

① 需要指出的是，中国工业企业数据库的统计范围是所有国有企业和规模以上的非国有工业企业，2011 年之前的规模标准为年主营业务收入 500 万元，2011 年之后提升到 2000 万元。因此，企业在数据库中不再出现，既有可能是退出市场，也有可能是规模降到标准以下。

占比最大，接近 1/4，而随着经营持续时间的延长，企业数量和占比逐渐减少，样本期内持续经营超过 10 年的企业总占比低于 1/10（见图 5-15）。图 5-15 还绘出了不同持续经营年数企业的平均成本加成，可以看出，随着持续经营时间的延长，企业的整体加成率反而呈现下降的趋势。① 也就是说，经营时间较短的企业会制定较高的加成率，但它们会很

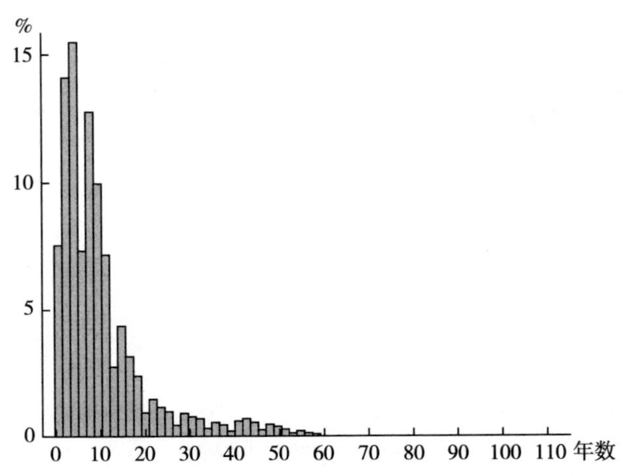


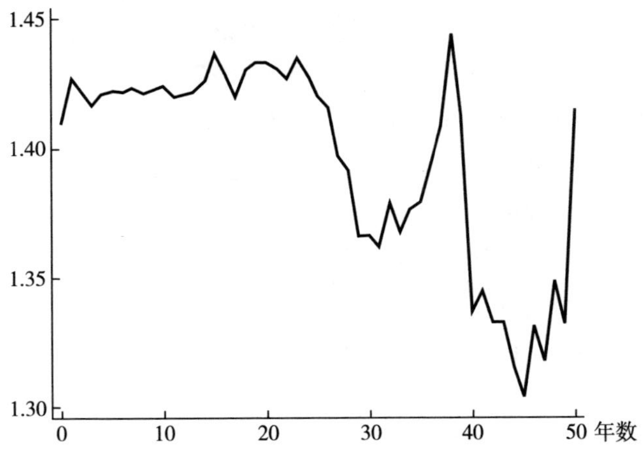


**图 5-14　不同存活年数工业企业占比及平均成本加成**

① 不同持续经营年数企业平均成本加成的计算方式是：对企业在样本中出现的次数进行赋值（1-15），然后根据赋值结果进行分组求均值。也就是说，对某一赋值的企业组别，会将它们不同年份的成本加成混合在一起求均值。

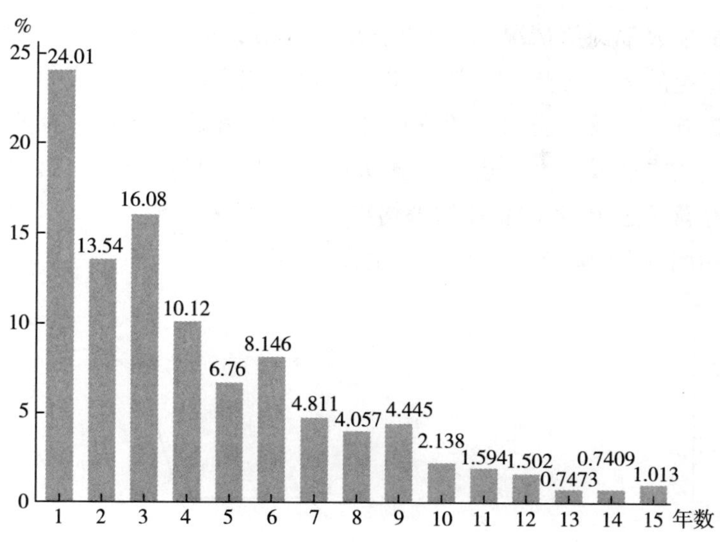


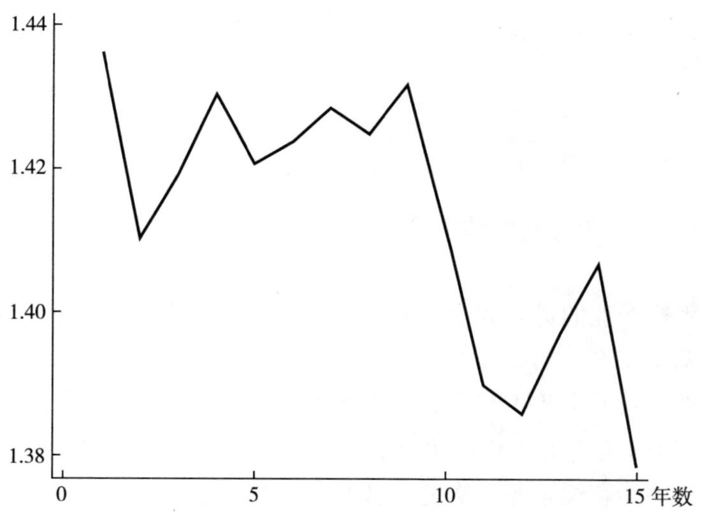


**图 5-15　样本期内不同持续经营年数企业占比及平均成本加成**

快退出市场或者被市场淘汰，其行为模式有“赚短钱赚快钱”的短视意味；而经营时间更长的企业为了长远发展考虑，反而会制定相对较低也更加合理的加成率，以获取市场销量和企业稳定发展。那么，我们希望进一步考察，对于那些持续经营时间较长的企业，其经营期内的成本加成如何变化？图 5-16 绘出了持续整个样本期（持续经营 15 年）的企业各年度的加成率均值情况①，可以看出，持续经营15年企业的成本加成呈现出稳定的上升态势，也就是说，随着企业产品的日趋成熟、知名度的不断提升，以及可能的生产率提升带来的边际成本降低，企业能够稳步提升其成本加成。为了进一步确认这种趋势，我们同时绘出了样本期内持续经营超过10年的企业的平均成本加成变化情况（图5-17），表现出基本相同的趋势，进一步验证了上面的推论。

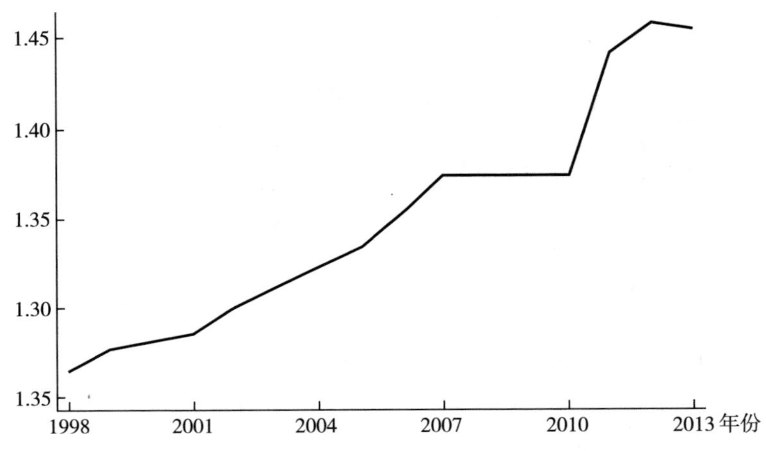


**图5-16　样本期内持续经营15年企业的平均成本加成变化情况**

继续考察企业的进入和退出对成本加成的差异化影响，由于进入和退出涉及两个年度，因此以每两个连续年份作为一个样本期分别进行考察。若企业在第 $t$-1 年不存在，而在第 $t$ 年存在，则为第 $t$ 年进入企业；若企业在第 $t$-1 年存在，而在第 $t$ 年不存在，则为第 $t$ 年退出企业；若两年都存在，则为存续企业。从进入退出率来看（见表5-5），每年都有一定比重的企业进入或退出市场，且比重变动较大，最高时超过40%，表明企业进入退出行为较为频繁。其中，2001年、2004年、2008年的进入率均超过20%，特别是2004年的进入率达到40.9%，退出率也达到20.2%，与前文“经营时间较短的企业会制定较高的加成率”的结论相结合，可以推断较高的进入和退出率很有可能是2004年和2008年企业平

① 因为如前所述的原因，我们剔除了2004年和2008年的异常年份均值数据以排除趋势分析的干扰，但样本仍为贯穿15年（即在2004年和2008年也出现）的样本。

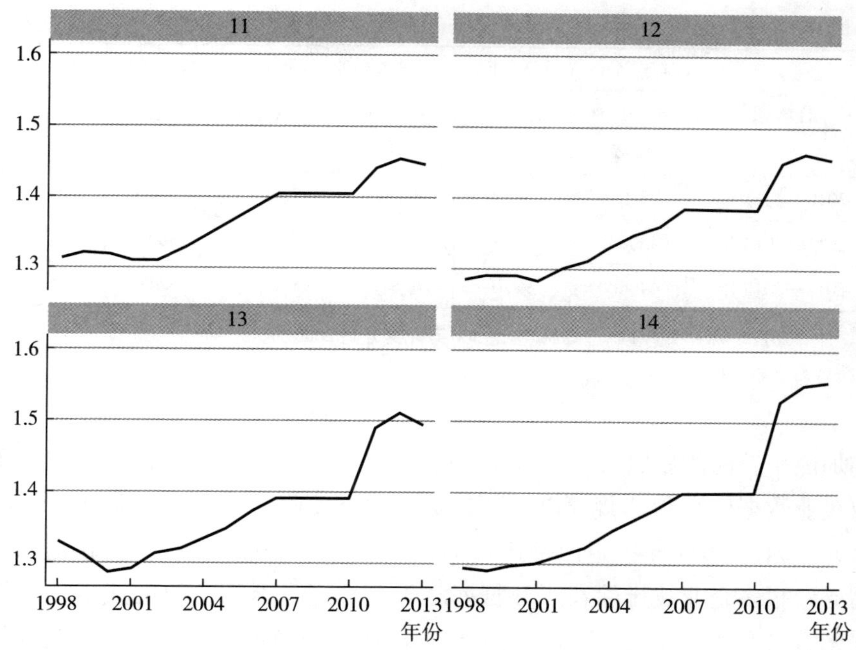


**图 5-17　样本期内持续经营超 10 年企业的平均成本加成变化情况**

**表 5-5　　1998—2013 年企业进入退出市场情况**

| 样本期 | 存续企业（t-1&t 年） | | 进入企业（t 年） | | 退出企业（t-1 年） | |
|---|---|---|---|---|---|---|
| | 企业数量（家） | 存续率（%） | 企业数量（家） | 进入率（%） | 企业数量（家） | 退出率（%） |
| 1998—1999 年 | 182210 | 86. 1 | 30673 | 14. 5 | 29479 | 13. 9 |
| 1999—2000 年 | 188380 | 87. 2 | 34625 | 16. 0 | 27588 | 12. 8 |
| 2000—2001 年 | 185316 | 83. 7 | 52707 | 23. 8 | 36157 | 16. 3 |
| 2001—2002 年 | 234646 | 89. 3 | 36425 | 13. 9 | 28042 | 10. 7 |
| 2002—2003 年 | 248968 | 89. 5 | 50688 | 18. 2 | 29264 | 10. 5 |
| 2003—2004 年 | 232772 | 79. 8 | 119157 | 40. 9 | 58786 | 20. 2 |
| 2004—2005 年 | 381856 | 89. 5 | 55148 | 12. 9 | 44615 | 10. 5 |
| 2005—2006 年 | 431536 | 93. 4 | 58729 | 12. 7 | 30308 | 6. 6 |
| 2006—2007 年 | 485692 | 93. 9 | 64480 | 12. 5 | 31651 | 6. 1 |
| 2007—2008 年 | 465390 | 86. 2 | 123271 | 22. 8 | 74631 | 13. 8 |

续表

| 样本期 | 存续企业（t-1&t 年） | | 进入企业（t 年） | | 退出企业（t-1 年） | |
|---|---|---|---|---|---|---|
| | 企业数量（家） | 存续率（%） | 企业数量（家） | 进入率（%） | 企业数量（家） | 退出率（%） |
| 2010—2011 年 | 255936 | 58.9 | 104049 | 23.9 | 178693 | 41.1 |
| 2011—2012 年 | 430832 | 96.3 | 43125 | 9.6 | 16601 | 3.7 |
| 2012—2013 年 | 440600 | 92.0 | 62812 | 13.1 | 38241 | 8.0 |

注：2011 年将“规模以上”的标准由 500 万元提升到 2000 万元。

资料来源：作者整理。

均加成率较高的原因之一。另外，由于 2011 年开始国家统计局（中国工业企业数据库）将“规模以上”的标准由营业收入 500 万元提升到 2000 万元，因此 2011 年的退出率达到 41.1%，实际上是由于统计门槛值的提高导致很多企业被排除在了数据库之外。从进入退出企业的成本加成情况来看（见表 5-6），存续企业的成本加成较为稳定且呈现明显的提升趋势，而进入退出企业的成本加成波动较大，且进入企业的加成率大部分高于退出企业。值得注意的是，2003—2004 年，进入企业的加成率明显高于存续企业和退出企业，再加上当年较高的进入率，导致 2004 年的平均加成率有一个明显跃升，2008 年的情况与此类似。

**表 5-6　　1998—2013 年进入退出企业成本加成情况**

| 样本期 | 存续企业（t-1 年） | 存续企业（t 年） | 进入企业（t 年） | 退出企业（t-1 年） |
|---|---|---|---|---|
| 1998—1999 年 | 1.284 | 1.286 | 1.308 | 1.283 |
| 1999—2000 年 | 1.298 | 1.296 | 1.286 | 1.269 |
| 2000—2001 年 | 1.300 | 1.296 | 1.296 | 1.276 |
| 2001—2002 年 | 1.303 | 1.314 | 1.287 | 1.264 |
| 2002—2003 年 | 1.310 | 1.324 | 1.340 | 1.297 |
| 2003—2004 年 | 1.331 | 1.399 | 1.432 | 1.322 |
| 2004—2005 年 | 1.414 | 1.391 | 1.381 | 1.423 |
| 2005—2006 年 | 1.386 | 1.409 | 1.407 | 1.406 |
| 2006—2007 年 | 1.404 | 1.435 | 1.441 | 1.441 |

续表

| 样本期 | 存续企业（t-1 年） | 存续企业（t 年） | 进入企业（t 年） | 退出企业（t-1 年） |
|---|---|---|---|---|
| 2007—2008 年 | 1.415 | 1.515 | 1.551 | 1.505 |
| 2010—2011 年 | 1.431 | 1.467 | 1.452 | 1.440 |
| 2011—2012 年 | 1.456 | 1.474 | 1.492 | 1.515 |
| 2012—2013 年 | 1.470 | 1.455 | 1.454 | 1.514 |

资料来源：作者整理。

## 第二节　企业—产品层面成本加成的测算与分析

上一节中的 De Loecker 和 Warzynski（2012）成本加成估算方法由于不需要设定严格的市场结构和生产函数类型，因而具有较广泛的适用性。但是，这种方法没有考虑企业内部产品的差异性，也就是对于生产多种产品的企业，无法精确测算企业—产品层面的成本加成。一些学者（Lu & Yu，2015）结合工业企业产品产量数据，基于投入产出数据的数量信息测算加成率，也被称为数量法成本加成，但由于根据现有数据无法获取多产品企业在各种产品上的要素投入情况，因此该方法只适用于单产品企业。为了更深入地考察中国多产品出口企业的成本加成情况，本节借鉴 De Loecker 等（2016）和 Fan 等（2017）的测算方法，使用工业企业数据库和海关数据库的匹配样本进行出口企业—产品层面的成本加成测算。

### 一　测算方法

与企业层面加成率类似，第 $t$ 年企业 $i$ 在产品 $j$ 上的加成率可以表示为：

$$\mu_{it}=\theta_{ijt}^{m}(\alpha_{ijt}^{m})^{-1} \tag{5-18}$$

其中，$\theta_{ijt}^{m}$ 表示可变要素 $m$ 生产 $i$ 企业的 $j$ 产品的产出弹性，$\alpha_{ijt}^{m}=p_{ijt}^{m}M_{ijt}/P_{ijt}Q_{ijt}$ 表示 $i$ 企业用于生产产品 $j$ 的可变要素 $m$ 的支出额占该产品销售额的比例。因此，需要首先计算出产出弹性 $\theta_{ijt}^{m}$ 和要素支出份额 $\alpha_{ijt}^{m}$。

首先，考察如下的超越对数生产函数：

$$q_{ijt}=f(x_{ijt};\ \beta)+\varphi_{it}+\varepsilon_{ijt} \tag{5-19}$$

式中小写字母表示对应大写字母变量的对数形式。$q_{ijt}$ 表示 $t$ 年企业 $i$ 生产的 $j$ 产品的产量，$x_{ijt}$ 表示生产 $q_{ijt}$ 产量的产品需要使用的投入要素，$\varepsilon_{ijt}$ 为误差项，表示产出变量的测量误差以及其他不可预测的冲击，$\varphi_{it}$ 表示企业层面的希克斯中性生产率。

对于多产品生产企业，我们无法从数据库中获取生产特定产品的要素投入情况。假设企业 $i$ 生产产品 $j$ 使用的投入要素 $X$（包括 $L$，$M$ 和 $K$）的比例为 $Share_{ijt}^{X}=\widetilde{X}_{ijt}/\widetilde{X}_{it}$，其中，$\widetilde{X}_{it}$ 和 $\widetilde{X}_{ijt}$ 分别表示可观测的企业层面要素投入量（可以用价格平减后的要素投入量表示）和不可观测的企业—产品层面要素投入量。借鉴 Fan 等（2017）的设定，假定不同产品的生产要素投入结构是相同的，即不同产品的要素投入比例 $Share_{ijt}^{X}$ 相等。对 $Share_{ijt}^{X}$ 取对数可得：

$$\ln Share_{ijt}^{X}=\ln(\widetilde{X}_{ijt}/\widetilde{X}_{it})=\ln\widetilde{X}_{ijt}-\ln\widetilde{X}_{it}=x_{ijt}-x_{it}=\rho_{ijt}^{X} \tag{5-20}$$

将式（5-20）代入式（5-19）可得：

$$q_{ijt}=f(x_{it};\ \beta)+\varphi_{it}+A_{ijt}(\rho_{ijt}^{X};\ x_{it};\ \beta)+\varepsilon_{ijt} \tag{5-21}$$

其中，$A_{ijt}$（·）是三个变量的函数：无法观测的要素投入份额（对数）$\rho_{ijt}^{X}$，企业层面的要素投入量（对数）$x_{it}$ 和企业层面的生产函数系数（即要素产出弹性）$\beta$。企业层面的要素产出弹性 $\beta$ 的估计与第一节中相同①，下面重点介绍要素投入份额（对数）$\rho_{ijt}^{X}$ 的估计。

为了控制企业产出的测量误差和不可预测冲击的影响，借鉴 Fan et al.（2017）的做法，将出口数量 $q_{ijt}$ 对投入要素、进口关税、出口价格、加工贸易虚拟变量、加工贸易与进口关税的交互项、地区—行业—产品虚拟变量和年份固定效应回归，得到出口数量的拟合值 $\hat{q}_{ijt}$。那么，企业—产品层面生产率可以表示为：

$$\hat{\varphi}_{ijt}=\hat{q}_{ijt}-f(x_{it},\ \hat{\beta}) \tag{5-22}$$

---

① 与第一节稍有区别的是，本部分设定的超越对数生产函数与 Fan 等（2017）、诸竹君等（2017）等相同，只包含 $L$、$M$ 和 $K$ 的一次项和二次项，不包括三者相乘的三次项。做出这种处理有如下考虑：依据泰勒展开算法，一般意义上的三要素超越对数生产函数并不包含三要素交互项，双因素两两交互项已经在相当程度上囊括了三重项的信息，因此引入三重交互很可能会产生不必要的多重共线问题；更为关键的是，虽然引入三重项可以在计算投入份额 $\rho_{ijt}^{X}$ 时提供更高阶（3 阶）拟合可能，但同时面临求解高次方程面临的多根、虚根问题。

根据式（5-21）可以进一步得到：

$$\hat{\varphi}_{ijt}=\varphi_{it}+A_{ijt}(\rho_{ijt};\ x_{it},\ \hat{\beta})=\varphi_{it}+\hat{a}_{it}\rho_{ijt}+\hat{b}_{it}\rho_{ijt}^{2} \tag{5-23}$$

其中，$\rho_{ijt}$ 的二阶多项式是 $A_{ijt}$（·）的超越对数生产函数形式，系数 $\hat{a}_{it}$、$\hat{b}_{it}$ 均为估计的参数向量 $\hat{\beta}$ 的函数，分别为：

$$\hat{a}_{it}=\hat{\beta}_l+\hat{\beta}_m+\hat{\beta}_k+2(\hat{\beta}_{ll}l_{it}+\hat{\beta}_{mm}m_{it}+\hat{\beta}_{kk}k_{it})+\hat{\beta}_{lm}(l_{it}+m_{it})+\hat{\beta}_{lk}(l_{it}+k_{it})+\hat{\beta}_{mk}(m_{it}+k_{it}) \tag{5-24}$$

$$\hat{b}_{it}=\hat{\beta}_{ll}+\hat{\beta}_{mm}+\hat{\beta}_{kk}+\hat{\beta}_{lm}+\hat{\beta}_{lk}+\hat{\beta}_{mk} \tag{5-25}$$

给定 $\hat{\varphi}_{ijt}$、$\hat{a}_{it}$ 和 $\hat{b}_{it}$，可以求解 $\varphi_{it}$ 和 $\rho_{ijt}$。但不同于 De Loecker 等（2016）中使用的企业样本，本书工企和海关匹配数据库中的企业样本大部分都不是纯出口企业，而是同时有国内销售部分，因此我们不能使用企业内不同产品要素投入份额之和等于 1 的设定，而是借鉴 Kee 和 Tang（2016）的做法，假设企业出口产品要素投入占比与出口额占比一致，即要素投入份额之和=出口额/总产出。

假设企业出口 $J$ 种产品，对应有 $J$ 个要素份额 $\rho_{ijt}$ 和 $J$ 个方程式，再加上前面的要素投入份额和条件，我们构建出包含 $J$+1 个方程的方程组来求解 $\varphi_{it}$ 和 $\rho_{ijt}$。然后，根据式（5-18），得到出口企业—产品层面的成本加成表达式：

$$\hat{\mu}_{it}=\hat{\theta}_{ijt}^{m}\frac{P_{ijt}Q_{ijt}}{\exp(\hat{\rho}_{ijt})P_{it}^{m}M_{it}} \tag{5-26}$$

同前文一样，将中间品投入作为可变要素，式（5-26）中 $P_{ijt}Q_{ijt}$ 为 $i$ 企业 $j$ 产品的出口额，exp（$\hat{\rho}_{ijt}$）$P_{it}^{m}M_{it}$ 是 $i$ 企业生产产品 $j$ 的中间品投入额，$\hat{\theta}_{ijt}^{m}$ 表示中间品投入 $M$ 生产产品 $j$ 的产出弹性，其表达式为：

$$\hat{\theta}_{ijt}^{M}=\hat{\beta}_m+2\hat{\beta}_{mm}(\hat{\rho}_{ijt}+m_{it})+\hat{\beta}_{lm}(\hat{\rho}_{ijt}+l_{it})+\hat{\beta}_{mk}(\hat{\rho}_{ijt}+k_{it}) \tag{5-27}$$

## 二　数据及处理：工业企业与海关数据库

本部分测算的数据来自中国工业企业数据库与海关数据库的匹配数据，使用同第四章相同的方法进行匹配，即采用企业名称和邮政编码+电话号码后 7 位两组关键词进行匹配，得到 2000—2013 年（2009 年缺少关键指标，舍去）8419194 个企业—产品—进口国—年份四维度的样本观测值。

表 5-7　　主要变量的统计描述

| 变量 | 样本观测值[①] | 均值 | 标准差 | 25%分位 | 75%分位 |
| --- | --- | --- | --- | --- | --- |
| ln*Quantity* | 2577274 | 8. 946 | 2. 744 | 7. 208 | 10. 714 |
| ln*Price* | 2577274 | 0. 603 | 1. 401 | -0. 077 | 1. 469 |
| *Tariff*[②] | 2477057 | 0. 134 | 0. 067 | 0. 093 | 0. 175 |
| ln*Gross output* | 2577274 | 10. 404 | 0. 995 | 9. 742 | 10. 992 |
| ln*Capital* | 2577274 | 8. 539 | 1. 460 | 7. 591 | 9. 482 |
| ln*Labor* | 2577274 | 5. 339 | 0. 994 | 4. 700 | 5. 986 |
| ln*Intermediate input* | 2577274 | 10. 060 | 1. 038 | 9. 381 | 10. 682 |

资料来源：作者整理。

## 三　测算结果及整体趋势分析

表 5-8 列出了 2000—2013 年中国出口企业—产品层面成本加成的年度平均值，以及不同所有制企业、不同贸易方式出口产品的成本加成年度平均值。图 5-18 绘出了 2000—2013 年中国出口企业—产品层面成本加成均值的变化情况，同时绘出前文估算的企业层面成本加成进行比较。可以看出，企业—产品层面的测算结果值比企业层面的测算值略低，但二者表现出非常一致的变化趋势，包括在 2004 年和 2008 年出现了两次明显抬升，这也进一步印证了我们对于 21 世纪以来中国企业成本加成发展演化趋势的判断。分企业类型来看，国有、私营和外资企业出口产品成本加成的变化趋势同整体趋势基本一致，国有企业出口产品的成本加成波动稍大，可能与国有出口企业样本数量较少（占全部样本的比重不到 1%）有关，部分年份国有企业样本数量仅为几百个，导致国有出口企业的加成率平均值可能受到部分极端值的影响，呈现较大波动（见图 5-19）。另外，私营企业出口产品的成本加成明显低于国有和外资企业出口产品，表明私营出口企业定价能力相对较弱。分贸易方式来看，加工贸易产品的成本加成高于一般贸易，这与我们的预期正好相反。但从变化趋势来看，一般贸易产品的成本加成表现出更快的增速，2013 年比 2000

① 估算出的 $\rho_{ijt}$ 存在大量负值解，需要舍去，因此最终的样本数量大大小于上文合并得到的样本数量。

② WTO 关税数据库中缺少 1998—2000 年的数据，因此 2000 年进口关税数据用 1997 年数据代替。

年提高 10.8%，而加工贸易为 9.4%，而且在样本期末期，一般贸易的成本加成水平基本追平了加工贸易。这表明，随着一般贸易企业品牌知名度的提升和国际市场经验的丰富，其定价能力也实现了明显提升，且提升速度显著高于加工贸易企业（见图 5-20）。

**表 5-8　　2000—2013 年中国出口产品成本加成情况**

| 年份 | 整体 | 国有企业出口产品企业 | 私营企业出口产品 | 外资企业出口产品 | 加工贸易产品 | 一般贸易产品 |
|---|---|---|---|---|---|---|
| 2000 | 1.185 | 1.131 | 1.136 | 1.190 | 1.187 | 1.164 |
| 2001 | 1.176 | 1.165 | 1.139 | 1.183 | 1.186 | 1.169 |
| 2002 | 1.190 | 1.171 | 1.144 | 1.201 | 1.212 | 1.174 |
| 2003 | 1.189 | 1.315 | 1.146 | 1.196 | 1.202 | 1.182 |
| 2004 | 1.246 | 1.270 | 1.178 | 1.267 | 1.296 | 1.221 |
| 2005 | 1.204 | 1.235 | 1.157 | 1.220 | 1.241 | 1.186 |
| 2006 | 1.207 | 1.261 | 1.164 | 1.226 | 1.250 | 1.189 |
| 2007 | 1.219 | 1.209 | 1.181 | 1.237 | 1.261 | 1.204 |
| 2008 | 1.426 | 1.434 | 1.327 | 1.483 | 1.546 | 1.394 |
| 2010 | 1.209 | 1.295 | 1.173 | 1.230 | 1.259 | 1.193 |
| 2011 | 1.284 | 1.378 | 1.215 | 1.337 | 1.366 | 1.260 |
| 2012 | 1.288 | 1.425 | 1.237 | 1.334 | 1.292 | 1.285 |
| 2013 | 1.294 | 1.346 | 1.258 | 1.337 | 1.299 | 1.290 |
| 2000—2013 | 1.245 | 1.233 | 1.211 | 1.262 | 1.272 | 1.231 |

资料来源：作者整理。

## 四　出口市场与成本加成

不同类型的出口市场是否会表现出不同的成本加成特征？企业—产品层面的成本加成数据使分析出口市场加成率异质性成为可能。表 5-9 列出了 2000—2013 年匹配数据库中出口记录数最多的前六大目的地的成本加成情况[①]，这些国家和地区进口中国产品体量较大，因此其成本加成

① 中国香港为 2000—2013 年海关数据库中出口记录数第二多的地区，但中国内地对其出口主要是转口贸易，因此不在表中列出结果，但在图 5-21 中有所展示。

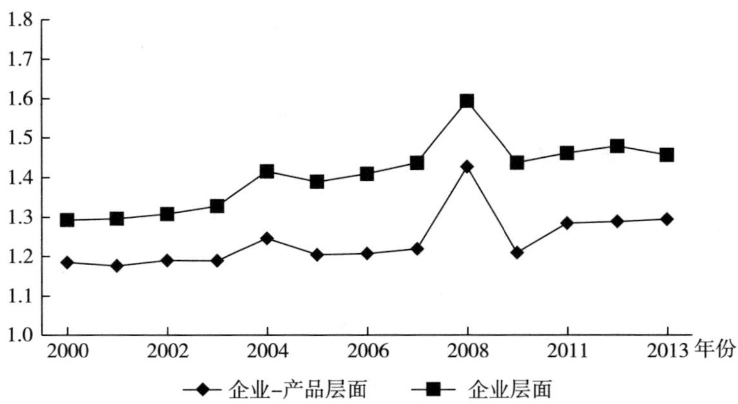


**图 5-18　2000—2013 年中国出口企业（产品）成本加成变化趋势**

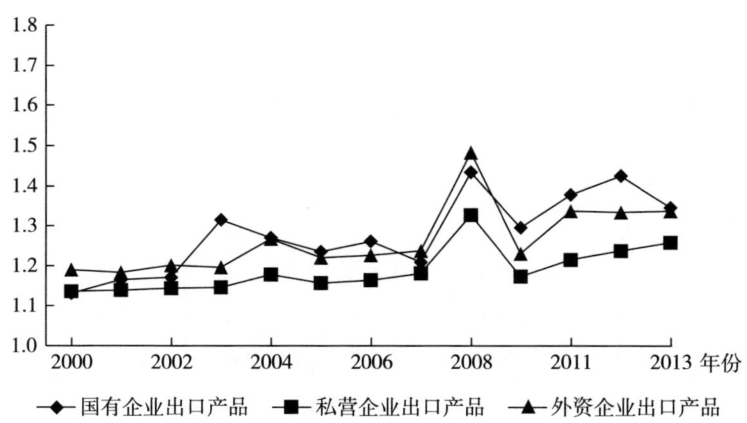


**图 5-19　2000—2013 年不同所有制企业出口产品成本加成变化趋势**

变动趋势较有代表性。可以看出，这些出口市场产品加成率的变动趋势同整体趋势基本一致，样本期内且均实现了 10%左右的提升。图 5-21 进一步给出了 2000—2013 年数据库中出口记录数前 20 位国家和地区的加成率变化趋势，进一步验证了这种趋势性判断，表明在剔除出口的市场结构因素后，出口产品的加成率变化趋势依然稳健。从不同出口市场的横向比较来看，大体可以分为几个档次，第一档主要为日本、韩国以及中国香港和中国台湾等周边地区市场，对其出口产品的成本加成最高，可能的原因是这些市场居民收入水平较高进而产品能够制定较高的价格，

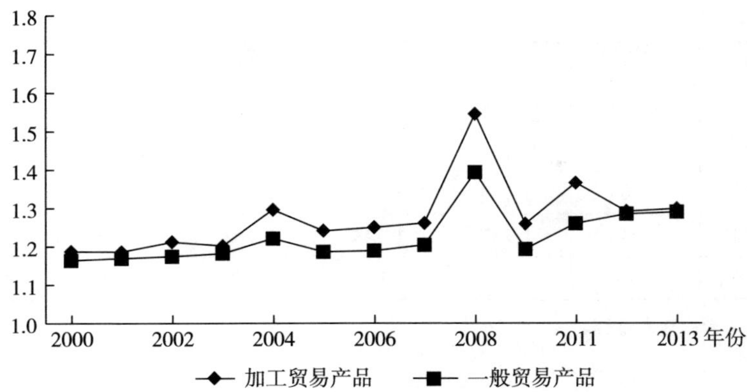


**图 5-20　2000—2013 年加工贸易与一般贸易产品成本加成变化趋势**

且地理距离和文化距离相近，导致运输成本和营销成本较低；第二档主要为美国、英国、德国、法国等欧美发达国家市场，出口产品的成本加成处于中间水平，这些市场虽然收入水平较高，但地理距离和文化距离相对较远，运输成本和市场推广等成本相对较高，导致加成率较第一档有所降低；第三档主要为印度、印度尼西亚、南非等发展中国家和地区市场，对这些市场出口产品的成本加成相对较低，因为这些市场的收入水平整体较低，居民消费能力有限（见表 5-10）。

**表 5-9　　2000—2013 年中国对主要市场出口产品成本加成情况**

| 年份 | 美国 | 日本 | 德国 | 韩国 | 英国 | 澳大利亚 |
|---|---|---|---|---|---|---|
| 2000 | 1.170 | 1.237 | 1.164 | 1.176 | 1.166 | 1.191 |
| 2001 | 1.160 | 1.209 | 1.160 | 1.155 | 1.160 | 1.175 |
| 2002 | 1.177 | 1.226 | 1.177 | 1.191 | 1.181 | 1.186 |
| 2003 | 1.180 | 1.239 | 1.173 | 1.191 | 1.174 | 1.187 |
| 2004 | 1.240 | 1.310 | 1.233 | 1.256 | 1.230 | 1.242 |
| 2005 | 1.208 | 1.273 | 1.189 | 1.244 | 1.200 | 1.205 |
| 2006 | 1.204 | 1.288 | 1.200 | 1.239 | 1.197 | 1.200 |
| 2007 | 1.221 | 1.218 | 1.217 | 1.223 | 1.219 | 1.208 |
| 2008 | 1.434 | 1.431 | 1.426 | 1.436 | 1.417 | 1.420 |
| 2010 | 1.214 | 1.217 | 1.212 | 1.215 | 1.205 | 1.204 |

续表

| 年份 | 美国 | 日本 | 德国 | 韩国 | 英国 | 澳大利亚 |
|---|---|---|---|---|---|---|
| 2011 | 1.304 | 1.348 | 1.294 | 1.308 | 1.315 | 1.302 |
| 2012 | 1.312 | 1.343 | 1.313 | 1.301 | 1.314 | 1.299 |
| 2013 | 1.309 | 1.336 | 1.310 | 1.296 | 1.309 | 1.304 |
| 2000—2013 | 1.248 | 1.282 | 1.248 | 1.260 | 1.243 | 1.239 |
| 增长（%） | 11.9 | 8.0 | 12.5 | 10.2 | 12.3 | 9.5 |

资料来源：作者整理。

**表 5-10　　中国对主要市场出口产品平均成本加成情况**

| 档次 | 出口市场 | 加成率 | 档次 | 出口市场 | 加成率 | 档次 | 出口市场 | 加成率 |
|---|---|---|---|---|---|---|---|---|
| 第一档 | | | 第二档 | | | 第三档 | 巴西 | 1.240 |
| | | | | 美国 | 1.248 | | 澳大利亚 | 1.239 |
| | 日本 | 1.282 | | 德国 | 1.248 | | 印度 | 1.238 |
| | 中国台湾 | 1.267 | | 越南 | 1.248 | | 哈萨克斯坦 | 1.236 |
| | 中国香港 | 1.266 | | 英国 | 1.243 | | 荷兰 | 1.236 |
| | 韩国 | 1.260 | | 泰国 | 1.243 | | 菲律宾 | 1.235 |
| | 瑞士 | 1.258 | | 法国 | 1.242 | | 俄罗斯 | 1.234 |
| | 新加坡 | 1.253 | | 马来西亚 | 1.242 | | 印度尼西亚 | 1.233 |
| | | | | 意大利 | 1.242 | | 阿根廷 | 1.228 |
| | | | | 加拿大 | 1.241 | | 南非 | 1.226 |
| | | | | | | | 沙特阿拉伯 | 1.222 |
| | | | | | | | 尼日利亚 | 1.195 |

资料来源：作者整理。

## 五　产品内和企业内成本加成分布

在前文中，我们基于企业层面成本加成指标测算了行业内企业间的加成率分布情况。本部分中，在企业—产品层面成本加成指标的基础上，我们可以进一步测算产品内企业间和企业内产品间的加成率分布情况，考察更细分的产品单元和企业单元的资源有效配置程度。根据分布离散度的定义可知，当生产相同产品的企业具有相等的加成率时，资源配置达到最优；当企业间加成率不相等时，表明加成率较高的企业使用的要素资源偏少，而加成率较低的企业使用的要素规模偏高，存在资源错配。

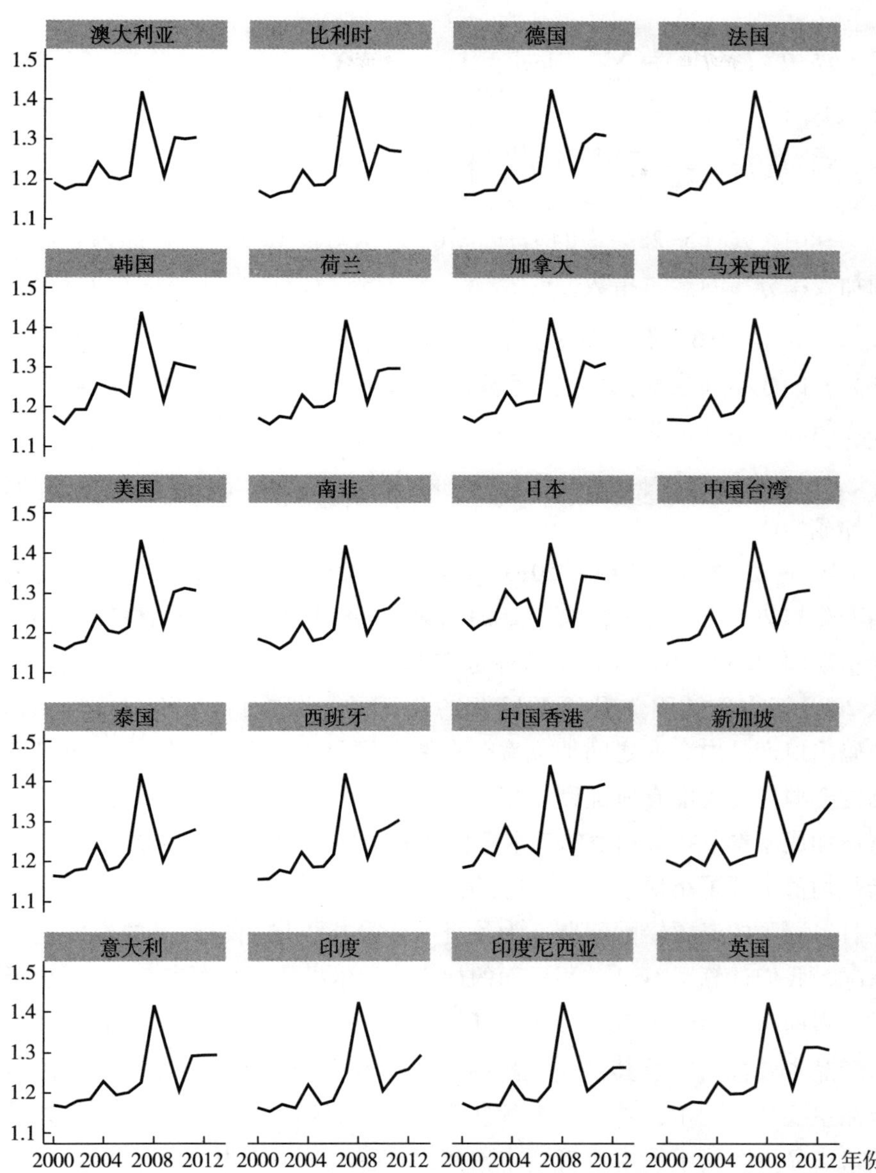


**图 5-21 2000—2013 年中国对主要市场出口产品成本加成变化趋势**

与此相类似，当同一企业内不同产品之间的加成率相等时，企业内的资源配置达到最优。本部分也使用泰尔指数来衡量产品内企业间和企业内产品间的加成率分布离散程度，测算公式分别为：

$$Theil\_\ hs6d = \frac{1}{n_{gt}} \sum_{i=1}^{n_{gt}} \frac{\mu_{igt}}{\overline{\mu}_{gt}} \log\left(\frac{\mu_{igt}}{\overline{\mu}_{gt}}\right) \tag{5-28}$$

$$Theil\_\ firm = \frac{1}{n_{it}} \sum_{g=1}^{n_{it}} \frac{\mu_{igt}}{\overline{\mu}_{it}} \log\left(\frac{\mu_{igt}}{\overline{\mu}_{it}}\right) \tag{5-29}$$

其中，式（5-28）中的 *Theil_hs6d* 表示衡量 HS6 位码产品内企业之间加成率分布的泰尔指数，$n_{gt}$ 表示 $t$ 年 HS6 位码产品 $g$ 内的企业数量，$\mu_{igt}$ 表示 $t$ 年 HS6 位码产品 $g$ 内企业 $i$ 的成本加成，$\overline{\mu}_{gt}$ 表示 $t$ 年 HS6 位码产品 $g$ 的成本加成均值。式（5-29）中的 *Theil_firm* 表示衡量企业内产品之间加成率分布的泰尔指数，$n_{it}$ 表示 $t$ 年 $i$ 企业的 HS6 位码产品数量，$\mu_{igt}$ 表示 $t$ 年企业 $i$ 内 HS6 位码产品 $g$ 的成本加成，$\overline{\mu}_{it}$ 表示 $t$ 年企业 $i$ 的成本加成均值。

图 5-22 绘出了 2000—2013 年 HS6 位码产品成本加成泰尔指数均值的变化趋势。可以看出，除了 2004 年和 2008 年两个较为异常的峰值外，样本期内 HS6 位码产品内加成率泰尔指数均值呈现出明显的上升趋势，从 2000 年的 0. 0059 上升到 2013 年的 0. 0090，提高了 52. 5%，表明 HS6 位码出口产品内企业之间加成率分布离散度呈上升趋势，即细分出口产品内资源错配程度有所加剧。相比于上文中我们计算的国民经济 2 位码行业加成率泰尔指数均值的基本平稳（3 位码和 4 位码行业的加成率泰尔指数均值出现了小幅下降），这种结果表明我国在细分出口产品的市场存在日益严重的资源错配问题。为了进一步分析不同出口产品的资源配置情况，我们计算了 HS2 位码层面的加成率泰尔指数，并在表 5-11 列出了排名靠前和靠后的各 20 个 HS2 位码产品。可以看出，泰尔指数较高的出口产品主要包括铅及其制品、药品、珠宝首饰等，泰尔指数较低的出口产品主要包括动植物油脂、各种纺织品等。总体来看，泰尔指数较高的出口产品更多属于技术或者资本密集型产品，而泰尔指数较低的出口产品基本属于劳动密集型产品。图 5-23 绘出了 2000—2013 年企业内产品间成本加成泰尔指数均值的变化趋势。可以看出，样本期内企业内加成泰尔指数均值呈现出明显的下降趋势，从 2000 年的 0. 00059 下降到 2013 年的 0. 000035，下降了 40. 7%，表明企业内加成率分布离散度显著下降，即企业内不同产品间的资源配置效率实现优化提升。

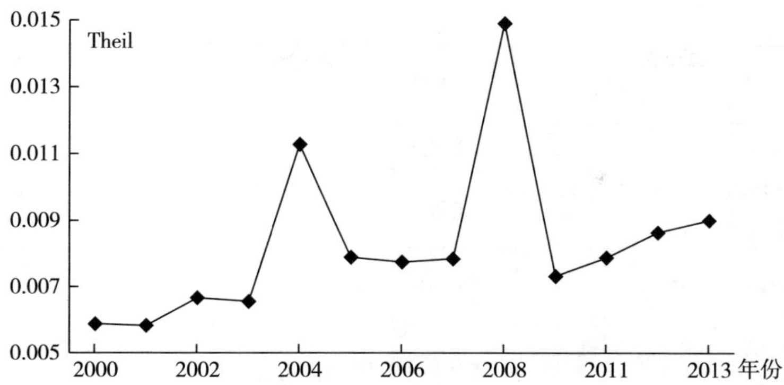


**图 5-22　2000—2013 年 HS6 位码产品内加成率泰尔指数均值变化趋势**

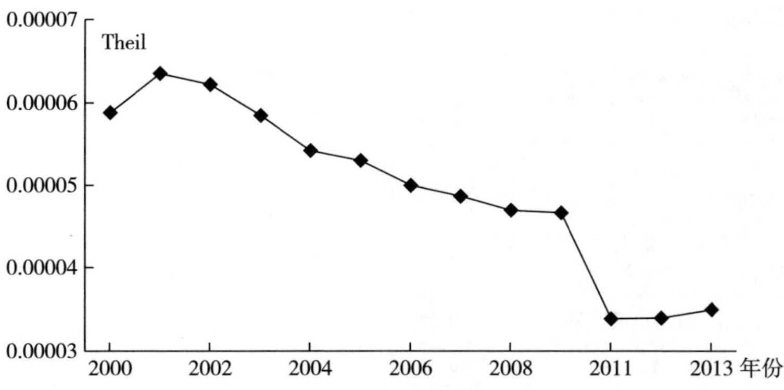


**图 5-23　2000—2013 年企业内加成率泰尔指数均值变化趋势**

**表 5-11　HS2 位码产品加成率分布泰尔指数排序**

| HS2 位码 | 产品名称 | Theil | HS2 位码 | 产品名称 | Theil |
|---|---|---|---|---|---|
| 78 | 铅及其制品 | 0.038 | 15 | 动、植物油、脂、蜡；精制食用油脂 | 0.000 |
| 30 | 药品 | 0.036 | 89 | 船舶及浮动结构体 | 0.001 |
| 71 | 珠宝、贵金属及制品；仿首饰；硬币 | 0.027 | 80 | 锡及其制品 | 0.003 |
| 36 | 炸药；烟火；引火品；易燃材料制品 | 0.023 | 93 | 武器、弹药及其零件、附件 | 0.004 |
| 79 | 锌及其制品 | 0.021 | 45 | 软木及软木制品 | 0.008 |

续表

| HS2位码 | 产品名称 | Theil | HS2位码 | 产品名称 | Theil |
|---|---|---|---|---|---|
| 31 | 肥料 | 0.021 | 41 | 生皮（毛皮除外）及皮革 | 0.009 |
| 49 | 印刷品；手稿、打字稿及设计图纸 | 0.020 | 46 | 编结材料制品；篮筐及柳条编结品 | 0.009 |
| 37 | 照相及电影用品 | 0.020 | 66 | 伞、手杖、鞭子、马鞭及其零件 | 0.009 |
| 11 | 制粉工业产品；麦芽；淀粉等；面筋 | 0.019 | 67 | 加工羽毛及制品；人造花；人发制品 | 0.010 |
| 90 | 光学、照相、医疗等设备及零附件 | 0.019 | 54 | 化学纤维长丝 | 0.010 |
| 74 | 铜及其制品 | 0.018 | 59 | 特种机织物；簇绒织物；刺绣品等 | 0.010 |
| 88 | 航空器、航天器及其零件 | 0.018 | 60 | 针织物及钩编织物 | 0.010 |
| 22 | 饮料、酒及醋 | 0.018 | 43 | 毛皮、人造毛皮及其制品 | 0.010 |
| 33 | 精油及香膏，芳香料制品，化妆盥洗品 | 0.018 | 35 | 蛋白类物质；改性淀粉；胶；酶 | 0.011 |
| 86 | 铁道车辆；轨道装置；信号设备 | 0.017 | 52 | 棉花 | 0.011 |
| 97 | 艺术品、收藏品及古物 | 0.017 | 55 | 化学纤维短纤 | 0.011 |
| 38 | 杂项化学产品 | 0.017 | 50 | 蚕丝 | 0.011 |
| 81 | 其他贱金属、金属陶瓷及其制品 | 0.017 | 64 | 鞋靴、护腿和类似品及其零件 | 0.011 |
| 25 | 盐；硫黄；土及石料；石灰及水泥等 | 0.017 | 56 | 絮胎、毡呢及无纺织物；线绳制品等 | 0.012 |
| 75 | 镍及其制品 | 0.017 | 96 | 杂项制品 | 0.012 |

资料来源：作者整理。

## 六　多产品出口企业与成本加成

在本部分使用的样本中①，样本期内出口产品种类最多的企业是上海协通集团，其出口产品数量达到755种。样本中出口产品种类较多的企业

① 需要说明的是，为了估算加成率，本部分的样本数量仅为工企数据库与海关数据库匹配后样本的30%，可能无法完全准确地反映中国出口企业某些特征（更准确完整的出口企业特征分析可见第三章），但可以用来分析企业特征与加成率的关系。

大致可以分为两类，一类是未被筛除的大型贸易中间商企业，另一类是生产领域较广的大型企业。从出口不同产品种类数的企业比重来看，样本中仅出口 1 种产品的企业数量占比为 26.64%，而其余的 73.36%均为多产品出口企业，其中，出口 2 种产品的企业数量占比为 16.12%，出口 3 种产品的企业数量占比为 10.77%（见表 5-12）。从成本加成情况来看，单产品出口企业的平均加成率为 1.227，而多产品出口企业的平均加成率为 1.246，多产品出口企业的加成率明显高于单产品出口企业；而且，从大的趋势看，出口更多种类产品的企业其平均的加成率也相对更高（见表 5-12 和图 5-24）。

**表 5-12　　不同出口产品种类数的企业数量比重和加成率**

| 出口产品种类数量 | 企业数量 | | 平均加成率 |
|---|---|---|---|
| | 比重（%） | 累计比重（%） | |
| 1（单产品） | 26.64 | 26.64 | 1.227 |
| 2 | 16.12 | 42.75 | 1.216 |
| 3 | 10.77 | 53.52 | 1.220 |
| 4 | 7.89 | 61.40 | 1.211 |
| 5 | 5.89 | 67.29 | 1.213 |
| 10 | 1.98 | 82.30 | 1.212 |
| 20 | 0.53 | 92.25 | 1.237 |
| 30 | 0.22 | 95.78 | 1.258 |
| 40 | 0.13 | 97.50 | 1.270 |
| 50 | 0.07 | 98.50 | 1.349 |
| 100 | 0.01 | 99.88 | 1.509 |
| 多产品整体 | 73.36 | — | 1.246 |

资料来源：作者整理。

在多产品出口企业中，通常会存在一种主要出口产品，或者称为核心出口产品。根据已有文献的界定，将企业内出口额最高的产品称为核心出口产品，其他产品为非核心出口产品（Eckel & Neary，2010；Mayer et al.，2014）。样本中出口企业核心产品出口额比重的平均数为 0.59，中位数为 0.58。从总的出口额比重来看，样本中全部核心产品的出口额

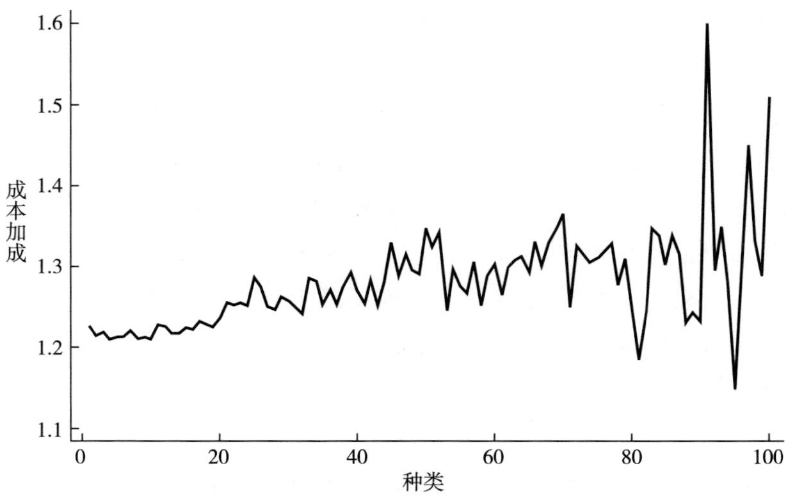


**图 5-24　不同出口产品种类数企业的成本加成情况**

占全部出口额的比重达到 68.5%，其他全部非核心产品出口额的比重为 31.5%，表明中国多产品出口企业确实存在核心产品，且其核心产品出口额明显大于其他产品。分年度看，各年度核心产品的出口额占全部出口额的比重基本在 70%左右，且整体呈现出提升态势（见图 5-25），表明出口企业越来越专注于其核心产品业务。再来看成本加成情况，全部样本中多产品出口企业核心产品的平均加成率为 1.221，非核心产品的平均加成率为 1.259。从企业层面看，核心产品加成率大于非核心产品加成率的企业数量占比为 48.8%，基本占据一半。分年度看，同整体样本情况相似，各年度多产品出口企业核心产品的平均加成率均小于非核心产品，但核心产品加成率表现出更快的提升速度，到样本期末已基本追平非核心产品加成率（见图 5-26），表明出口企业在逐渐专注于其核心产品业务后，其议价能力和利润空间有所提高。

## 七　多市场出口企业与成本加成

在本部分使用的样本中，样本期内出口市场最多的企业是温州市爱好笔业有限公司，其出口市场达到 135 个。从不同出口市场数量的企业比重来看，样本中仅出口到 1 个市场的企业数量占比为 20.75%，而其余的 79.25%均为多市场出口企业，其中，出口到 2 个市场的企业数量占比为 11.95%，出口到 3 个市场的企业数量占比为 8.15%（见表 5-13），这些

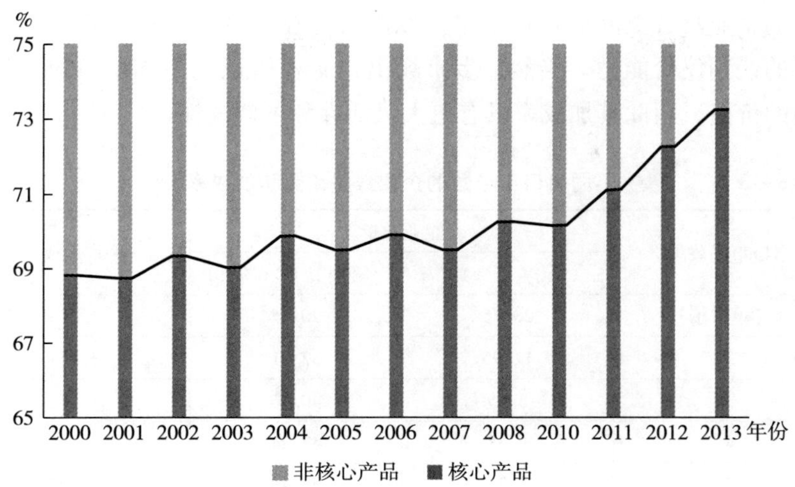


**图 5-25　2000—2013 年中国多产品出口企业核心产品出口比重**

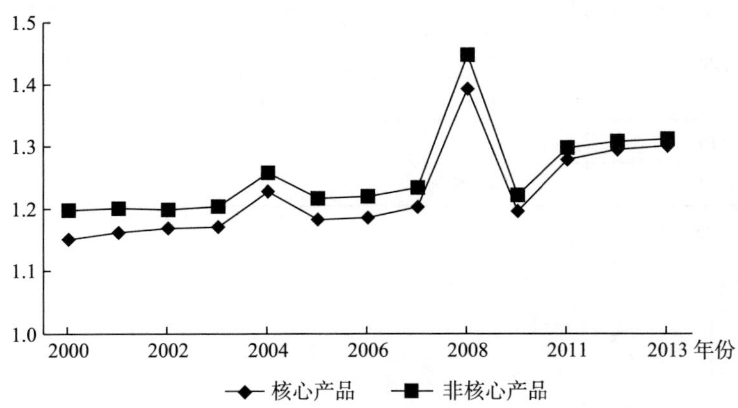


**图 5-26　2000—2013 年中国多产品出口企业核心与非核心产品加成率**

特征与第三章中对全样本的分析结果基本吻合，表明本部分使用的不完全样本仍具有较好代表性。从成本加成情况来看，单市场出口企业的平均加成率为 1.256，而多市场出口企业的平均加成率为 1.245，单市场出口企业平均加成率高于多市场出口企业；而且，从表 5-13 可以看出，对于不同出口市场数量的多市场出口企业，大部分的平均加成率都低于单市场出口企业。从图 5-27 绘制出的整体趋势来看，随着出口市场数量的增加，出口企业的加成率整体呈现向下的走势。这说明，仅向单一市场出口的企业具有更高的定价水平，原因可能在于其深耕单一市场带来的更高的谈判议价能力。当然，多市场出口企业可以在不同出口市场制定不同的价格，因此其加成率具有更大灵活性和可调整性。

**表 5-13　　不同出口市场数的企业数量比重和加成率**

| 出口市场数量 | 企业数量 | | 平均加成率 |
|---|---|---|---|
| | 比重（%） | 累计比重（%） | |
| 1（单市场） | 20. 75 | 20. 75 | 1. 256 |
| 2 | 11. 95 | 32. 71 | 1. 251 |
| 3 | 8. 15 | 40. 86 | 1. 261 |
| 4 | 6. 38 | 47. 24 | 1. 245 |
| 5 | 5. 25 | 52. 49 | 1. 241 |
| 10 | 2. 63 | 69. 02 | 1. 247 |
| 20 | 1. 11 | 84. 38 | 1. 249 |
| 30 | 0. 55 | 91. 85 | 1. 239 |
| 40 | 0. 28 | 95. 93 | 1. 227 |
| 50 | 0. 14 | 98. 03 | 1. 285 |
| 100 | 0. 01 | 99. 98 | 1. 290 |
| 多市场整体 | 79. 25 | — | 1. 245 |

资料来源：作者整理。

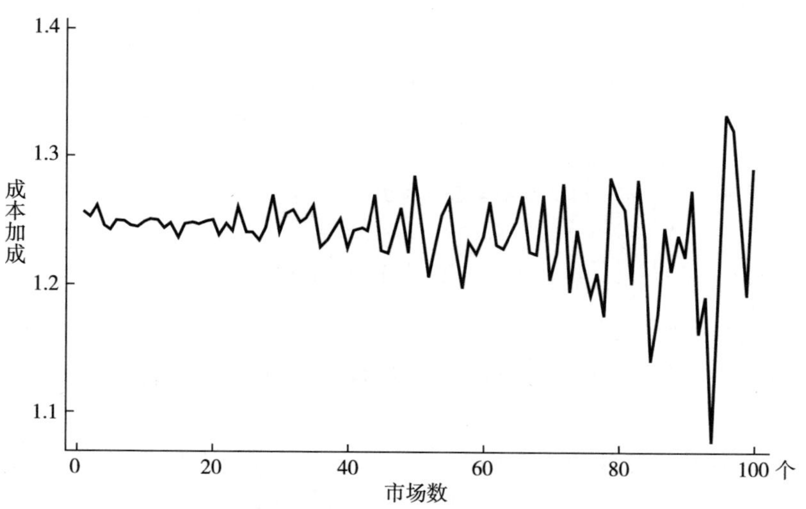


**图 5-27　不同出口市场数企业的成本加成情况**

与多产品出口企业类似，多市场出口企业通常也会存在一个主要出口市场，或者称为核心出口市场。同样地，我们将企业内出口额最高的市场定义为核心市场，其他为外围市场。样本中出口企业核心市场出口额比重的平均数为43%，中位数为38%。从总的出口额比重来看，样本中全部企业核心市场的出口额占全部出口额的比重为50.0%。也就是说，出口企业对核心市场的出口额等于对其他全部市场出口额之和。因此可以说，中国多市场出口企业也在一定程度上存在核心市场，尽管其表现不如多产品企业中核心产品那么突出。分年度来看，各年度核心市场的出口额占全部出口额的比重呈现V形走势，表明企业层面的出口市场从最初的相对集中到趋于分散化再到趋于集中的演变态势，但整体仍表现出一定的下降幅度（见图5-28），表明出口企业的市场策略整体上趋于多元化。继续考察成本加成情况，全部样本中多市场出口企业核心市场的平均加成率为1.259，明显高于外围市场的平均加成率1.241。从企业层面看，核心市场加成率大于外围市场加成率的企业数量占比为46.9%，基本占据一半。分年度看，同整体样本情况相似，各年度多市场出口企业核心市场的平均加成率均大于外围市场（见图5-29），表明出口企业在核心市场的议价能力更强，利润空间也更大。

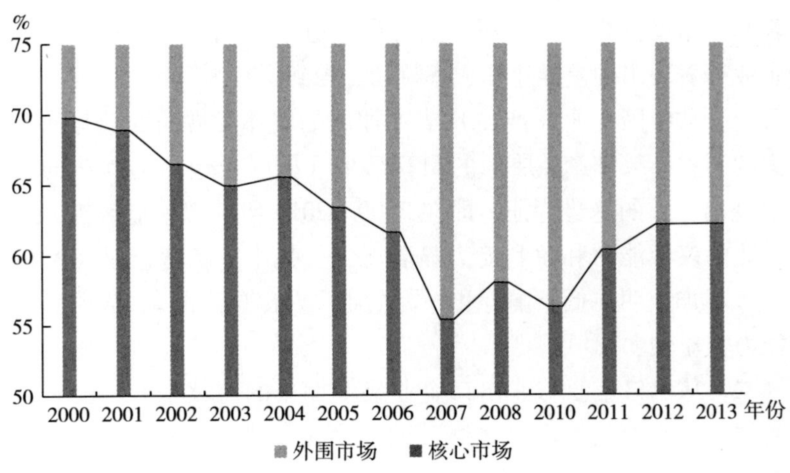


**图5-28　2000—2013年中国多市场出口企业核心市场出口比重**

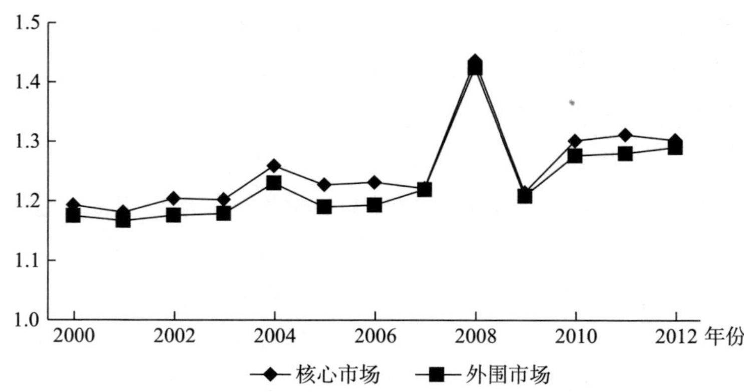


**图 5-29　2000—2013 年中国多市场出口企业核心与外围市场加成率**

## 第三节　本章小结

本章着眼于中国出口企业成本加成的测度与考察，分别运用 De Loecker 和 Warzynski（2012）方法和 De Loecker 等（2016）方法，从企业层面和企业—产品层面对中国工业企业和中国出口企业—产品的加成率进行测算和多角度分析，同时还重点考察了进入退出市场企业、多产品多市场企业等表现出的差异化加成率特征，得到了较为丰富的结论。

第一，从中国企业（产品）成本加成的整体发展演变趋势来看，企业层面的测算结果和产品层面的测算结果（同时也包括会计法的测算结果）表现出一致的趋势特征，即在 2000—2013 年实现了显著提升，表明中国企业的议价能力和盈利能力显著增强。其中，私营企业（及出口产品）的成本加成明显低于国有和外资企业（及出口产品），表明私营企业定价能力相对较弱。

第二，从出口企业与非出口企业成本加成的比较来看，已有研究中发现的“中国企业低价出口之谜”的确存在，即样本期内出口企业的平均成本加成低于非出口企业。但是，得益于样本期的延长，我们发现 2011 年之后出口企业的平均成本加成反超了非出口企业，表明随着中国外贸的转型升级，出口企业的定价能力也实现了显著提升，出口企业“低加成率陷阱”逐渐消失。

第三，从加工贸易与一般贸易成本加成的比较来看，加工贸易产品的成本加成高于一般贸易。但从变化趋势来看，一般贸易产品的成本加成表现出更快的增速，且在样本期末基本追上了加工贸易的加成率。

第四，分行业看，具有较高成本加成的行业多为资本密集型行业，而成本加成较低的行业多为劳动密集型行业。同时，行业的平均加成率与该行业的赫芬达尔—赫希曼指数表现出一定程度的正相关性，这表明行业的市场集中程度越高，则该行业企业的平均加成率也越高。分出口市场看，中国对日本、韩国以及中国香港和中国台湾等周边地区市场出口产品的加成率最高；对美国、英国、德国、法国等欧美发达国家市场出口产品的成本加成处于中间水平，对印度、印度尼西亚、南非等发展中国家和地区市场出口产品的成本加成相对较低。

第五，从企业的进入退出行为来看，存续企业的成本加成较为稳定且呈现明显的提升趋势，而进入退出企业的成本加成波动较大，且进入企业的加成率大部分高于退出企业。

第六，多产品、多市场企业的成本加成也表现出明显的差异化特征。多产品出口企业的平均加成率明显高于单产品出口企业，且在多产品出口企业中，核心产品平均加成率低于非核心产品，但表现出更快的提升速度，到样本期末已基本追上非核心产品加成率；单市场出口企业平均加成率高于多市场出口企业，且在多市场出口企业中，核心市场的平均加成率明显高于外围市场，表明出口企业在核心市场中具有更强的议价能力。

# 第六章　出口产品质量对成本加成的影响效应

成本加成的产生是市场不完全竞争的结果，因此市场环境的变化会影响企业的成本加成，包括贸易和产业政策、市场竞争程度、出口市场特征等。同时，根据异质性企业贸易理论，企业自身的异质性特征及其行为模式也会直接影响其加成率水平。在影响企业成本加成的众多因素中，产品质量扮演什么样的角色？现实情况中，“低质量”和“低价格”往往被联系在一起，而“高质量”更多意味着“高价格”。那么在理论上，产品质量和价格水平，以及产品质量和成本加成，是否确实存在着正向影响关系？其影响程度、影响机制到底如何？本章将就此寻找答案。具体来说，在上一章分别估算了企业层面和企业—产品层面的成本加成的基础上，本章的影响效应分析也分别考察企业层面质量水平对企业成本加成的影响、产品层面质量水平对产品成本加成的影响。除了核心自变量出口产品质量以外，本章还同时考察了全要素生产率、企业规模、年龄、工资水平等企业层面变量，以及行业竞争程度、技术水平、要素密集度等行业层面变量对成本加成的影响，并进一步展开了多重异质性分析、影响机制分析，重点关注了多产品、多市场企业及其核心产品、核心市场的差异化表现，还对产品质量影响成本加成分布离散度的效应进行了考察，以挖掘和获取更加丰富的结论。

## 第一节　理论模型

在 Melitz 和 Ottaviano（2008）模型的基础上，借鉴 Bertoletti 和 Etro（2017）的理论模型，引入间接可加性效用函数，将出口产品质量这一核心变量以及出口市场收入水平、汇率等影响成本加成的其他变量纳入到同一个框架内进行分析，以更全面地考察出口企业成本加成的决定因素。

## 一　封闭经济情形

首先在封闭经济环境下考察消费者和企业行为。假设本国市场中有 $L$ 数量的同质化消费者，每个消费者的收入 $E>0$ 消费于 $n$ 种异质性的产品上。假设劳动力市场为完全竞争市场，且工资为单位（*numeraire*）工资，因此消费者的收入 $E$ 可以直接表示其劳动禀赋。消费者的间接效用函数为：

$$V=\int_0^n v\left(\frac{p_j}{E}\right)dj \tag{6-1}$$

其中，$p_j>0$ 表示 $j$ 产品的价格。等号右边的项表示间接效用的零度同质性，并且假设分离可加，即"间接可加"。令 $s=p/E$ 表示标准化的价格，为了使式(6-1)满足间接效用函数的条件，我们假设间接次效用函数 $v(s)$ 是至少三阶可导的，并且当 $s<\bar{s}$ 时，$v(s)>0$，$v(s)'<0$，$v(s)''>0$；当 $s\geqslant\bar{s}$ 时，$v(s)=0$，并且 $\lim_{s\to\bar{s}}v(s)$，$v'(s)=0$。这里的 $\bar{s}=\alpha$ 表示标准化价格的最大值，即消费者愿意支付的最高价格为 $\alpha E$。这些假设意味着未消费商品的需求和额外效用为 0。

根据罗伊等式（Roy identity），可以得到消费者对于商品 $i$ 的需求函数为：

$$x_i(p_i,\ E,\ \mu)=\frac{v'(p_i/E)}{\mu}=\frac{v'(s)}{\mu} \tag{6-2}$$

$$\text{其中}，\mu=\int_0^n v'\left(\frac{p_j}{E}\right)\frac{p_j}{E}dj=\int_0^n v'(s)s\,dj \tag{6-3}$$

式（6-3）表示收入的边际效用，其效用大小取决于商品价格和消费的商品种类。可知，消费者的需求量是商品价格 $p_j$ 的减函数，并且 $p_j\leqslant\bar{p}=\alpha E$。

企业方面，假设企业进入本国市场需要承担固定成本 $f$，每一种商品由一家企业生产，其生产的边际成本为 $c$。沿用 MO 模型的假设，边际成本服从帕累托分布，即 $c\sim G$（$c$）。企业在进入市场之后获取其边际成本 $c$ 的信息，且 $c\in$（0，$\bar{c}$），同样可以将其标准化为单位劳动力禀赋。

在封闭经济情形下，根据消费者效用函数和企业生产函数，可以求出企业的利润函数为：

$$\pi(c)=\frac{[p(c)-c]v'[p(c)/E]L}{\mu} \tag{6-4}$$

因为单一企业不会对 $\mu$ 产生影响，所以可以进一步得到企业面临的价格函数：

$$p(c)=c\{[-sv''(s)/v'(s)]/-sv''(s)/v'(s)-1\} \tag{6-5}$$

将$-sv''(s)/v'(s)$记作 $\theta(s)$，并且假设 $\theta(s)>1$，$2\theta(s)>\xi(s)=-sv'''(s)/v''(s)$。根据成本加成的定义可知 $mkp(c)=\frac{[p(c)-c]}{c}$①，进一步计算可得 $\partial mkp(c)/\partial E>0$。也就是说，企业的成本加成 $mkp$ 与其所在国家市场的收入水平 $E$ 正相关。

## 二　开放经济情形

间接可加性效用函数下，开放经济情形相当于市场规模扩大，带来的福利效果是可消费的商品种类增加。因此，将间接效用函数进行加总可以得到总体间接效用即福利水平为：

$$V=n\int_0^{\alpha E}v[p(c)/E]dG(c)/G(\alpha E) \tag{6-6}$$

其中，商品种类 $n=G(\alpha E)EL/\bar{\theta}f$。可以看出，开放经济条件下消费者的效用水平受到商品种类和边际成本的影响。假设国外市场 $F$ 与本国市场 $H$ 完全对称，贸易的冰山运输成本为$\tau>1$，那么开放经济条件下企业的出口价格函数为 $p^F(c)=\tau p(c)$。

进一步在模型中加入产品质量 $z$，消费者显然更加偏好更高质量的产品。间接可加效用函数的一个特例是：

$$V=\int_0^n[z(\alpha-s)]^{1+\sigma}/(1+\sigma)dj \tag{6-7}$$

其中，$\sigma>1$ 表示消费者在不同商品之间的替代弹性。根据罗伊等式，消费者对商品 $i$ 的需求函数为：

$$x_i=[z(\alpha-s)]^{\sigma}/|\mu| \tag{6-8}$$

结合企业利润函数，可以计算出生产商品 $i$ 的企业 $i$（每家企业只生产一种产品，因此企业和产品一一对应）在某个国外市场的价格函数为：

$$p_{iF}=(\sigma\tau_{iF}w_ic+\alpha z_FE_F)/(1+\sigma) \tag{6-9}$$

其中，$w_i$ 为企业 $i$ 的工资水平。企业 $i$ 在国外市场的商品销售量为：

$$x_{iF}=\sigma^{\sigma}(\hat{c}_{iF}-c)^{\sigma}(\tau_{iF}w_i)^{\sigma}/[z_F^{\sigma}(1+\sigma)^{\sigma}E_F^{\sigma}|\mu_F|] \tag{6-10}$$

---

① 或者也可以写为：$mkp(c)=\frac{p(c)}{c}$，在本质上没有差别。

其中，$\hat{c}_{iF}=\alpha E_F/(\tau_{iF}w_i)$表示以外币计价的企业成功进入国外市场需要负担的成本临界值。企业 $i$ 在某个国外市场的成本加成可以表示为：

$$mkp_{iF}(c)=(1+\sigma)^{-1}[(\hat{c}_{iF}-c+z_F)/c] \tag{6-11}$$

用 $ex_{iF}$ 表示名义汇率，则以外币计价的成本临界值表示为 $\hat{c}'_{iF}=ex_{iF}\hat{c}_{iF}$。进一步地，用国内外市场的工资水平之比代表国内外市场价格比，能够得到实际汇率为 $ex'_{iF}=ex_{iF}w_i/w_{iF}$。那么，企业 $i$ 在某国外市场的成本加成可以进一步表示为：

$$mkp_{iF}(c)=(1+\sigma)^{-1}[(\alpha ex'_{iF}e_F/\tau_{iF}-c+z_F)/c] \tag{6-12}$$

其中，$e_F=E_F/w_F$。由此，可以得到本章的核心推论：企业成本加成与出口产品质量正相关。除产品质量以外，式(6-12)还表明：企业成本加成与出口市场收入水平、实际汇率正相关，与边际成本、冰山运输成本负相关。

但是需要注意的是，该推论成立的前提是企业与产品一一对应，即在产品层面成本加成与出口产品质量正相关。那么，当一家企业生产并出口多种产品时，情况可能会有所不同。

从机制上来分析，对于生产并出口多种产品的企业来说，产品质量至少可以通过两条渠道对企业层面的成本加成产生影响，其一是价格渠道，其二是边际成本渠道（Lu & Yu，2015；盛丹和刘竹青，2017；许明和李逸飞，2018）。一方面，产品质量的提升会增强消费者对产品的偏好程度，而这种偏好有利于减弱来自同类产品的竞争，从而允许企业制定更高的价格（Manova & Zhang，2012；Antoniades，2015；Fan et al.，2018；樊海潮等，2020），进而获得更高的成本加成，这可以称为价格提升效应。另一方面，产品质量的提升要求企业进行技术创新和工艺升级，这会分别带来固定成本和可变成本的增加（Hallak & Sivadavan，2009；Baldwin & Harrigan，2011；樊海潮和郭光远，2015），进而导致成本加成下降，这可以称为成本增加效应。

显然，企业质量升级对其成本加成的最终影响方向取决于“价格提升效应”和“成本增加效应”的相对大小。当企业产品质量处于较低水平时，对生产过程进行简单的工艺改进，或者应用已经较为成熟且开放的技术手段就能取得较为明显的效果，即投入较小的成本就能很快带来较显著的质量升级和价格提升，这时价格提升效应大于成本增加效应，使得成本加成提高；而当企业产品质量已经处于较高水平时，企业必须开展深度的创新性的技术研发，才有可能将产品的质量水平向上提升一小步，同时必须承担巨大的研发成本，这种情况下当期的成本增加效应会大于价格提升效应，导致成本加成降低（见图 6-1）。①

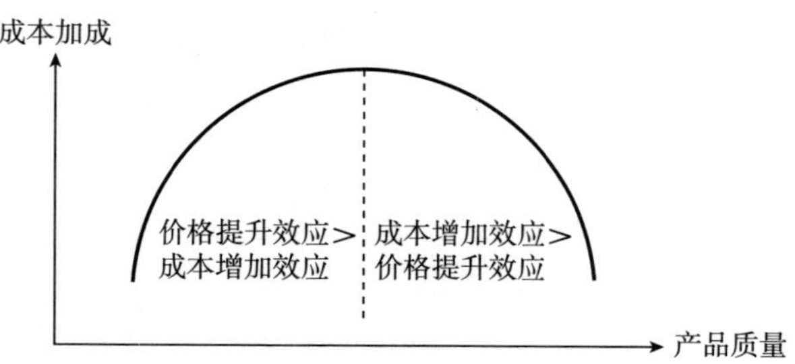


**图 6-1　产品质量对成本加成的倒 U 形影响示意**

由此，我们得到完整的理论推论：在产品层面，产品质量升级能够推动产品成本加成的提高；在企业层面，产品质量对出口企业成本加成表现出倒 U 形影响，即随着产品质量的提升，出口企业的成本加成率呈现先上升后下降的趋势，企业成本加成的最终变化方向取决于“价格提升效应”和“成本增加效应”的相对大小。

## 第二节　企业层面产品质量对出口企业成本加成的影响

本节首先考察企业层面的产品质量水平与企业成本加成的关系，以及企业成本加成的主要影响因素，并尝试通过多角度的异质性分析、稳健性检验、机制分析、长期效应分析、离散度分布分析等，探究并验证更多差异化的结论。

### 一　计量模型、变量与数据

#### （一）计量模型设定

根据本部分的研究目标和理论分析，以及变量数据的可获得性，设

① 当然，这并不意味着高质量企业会丧失研发创新的动力，进行高端研发创新进而成为行业领先者的企业会享受到品牌声誉、渠道销量等其他方面的优势，从而实现企业整体利益的最大化。

定如下基础计量模型：

$$markups_{it}=\beta_0+\beta_1 quality_{it}+\beta_2 quality_{it}^2+\beta_3 Controls+\lambda_t+\delta_i+\varepsilon_{it} \tag{6-13}$$

其中，被解释变量 $markups_{it}$ 为企业层面成本加成，$quality_{it}$ 为企业层面的出口产品质量，由于产品质量对成本加成的影响可能非线性，所以同时加入其二次项，*Controls* 为控制变量的集合，$\lambda_t$ 和 $\delta_i$ 分别表示年份固定效应和企业固定效应，$\varepsilon_{it}$ 表示随机扰动项，$i$、$t$ 分别表示企业和年份。控制变量 *Controls* 包括：

$$Controls=\gamma_1 TFP_{it}+\gamma_2 \ln size_{it}+\gamma_3 \ln age_{it}+\gamma_4 \ln wage_{it}+\gamma_5 \ln klratio_{it}+\gamma_6 HHI_{ht}+\gamma_7 \ln number_{ht} \tag{6-14}$$

其中，*TFP* 表示企业全要素生产率，*size* 代表企业规模，*age* 代表企业年龄，*wage* 代表企业工资水平，*klratio* 代表企业资本密集度，*HHI* 和 *number* 代表行业竞争程度，$i$、$h$、$t$ 分别表示企业、行业和年份。为了消除量纲和减少异方差的影响，根据变量的不同测度方式，对一些变量进行了取对数处理。

（二）变量说明与测度方式

下面对主要变量的理论预期符号和测度方式进行说明。

（1）企业成本加成（*markups*）。本部分计量分析使用企业层面成本加成指标，即采用 DLW 方法和超越对数生产函数测算的成本加成指标，同时使用设定 *Cobb-Douglas* 生产函数测算的成本加成指标以及会计法测算的成本加成指标进行稳健性检验。这些指标均已在第五章中进行了系统的测算和分析。

（2）企业出口产品质量（*quality* & *Squality*）。根据上一节中的理论分析，企业层面的出口产品质量对其成本加成的影响方向不确定。本部分计量分析使用的产品质量指标已在第四章进行了详细测算，我们需要将产品层面的质量指标[①]汇总到企业层面，采用企业出口每种产品的出口额占其出口总额的比重作为权重进行加总（式 6-15）。在回归中主要采

---

① 在测算出产品质量指标后，是否需要对其进行标准化处理，学者们存在一定争议。有些学者（施炳展，2014；余淼杰和张睿，2017；许家云等，2017；刘啟仁和铁瑛，2020）认为不同产品的质量加总经济学意义不明显，且无法进行跨产品类别的比较，因此需要进行标准化处理；有些学者（许明和邓敏，2016；王雅琦等，2018；祝树金和汤超，2020）则直接使用估计出的产品质量指标进行分析，本部分则同时使用标准化的质量指标和未标准化的质量指标进行分析。标准化方法为：$S\text{-}quality_{ijmt}=(quality_{ijmt}-\min quality_j)/(\max quality_j-\min quality_j)$。

用基于需求信息反推法（KSW 方法）测算的质量指标，同时采用基于供需信息加总法（FR 方法）测算的指标进行检验。

$$Squality_{it} = \sum \frac{Value_{ijmt}}{\sum Value_{ijmt}} S - quality_{ijmt} \tag{6-15}$$

其中，$Squality_{it}$ 代表 $i$ 企业在 $t$ 年的标准化的出口产品整体质量，$S\text{-}quality_{ijmt}$ 代表企业 $i$ 在 $t$ 年对 $m$ 国出口产品 $j$ 的标准化质量，$Value_{ijmt}$ 代表企业 $i$ 在 $t$ 年对 $m$ 国出口产品 $j$ 的金额，同理可计算 $i$ 企业在 $t$ 年的未标准化的出口产品整体质量 $quality_{it}$。

（3）企业全要素生产率（*TFP*）。根据 Melitz 和 Ottaviano（2008）的理论模型，企业成本加成与生产率正相关。Bellon 等（2014）采用法国工业企业样本数据对 M-O 模型进行了检验，结果证实了其结论。本部分使用 Ackerberg 等（2015）提出的两步估计方法（*ACF* 方法）对生产率进行测算，同时采用 LP 法（Levinsohn & Petrin，2003）测算的生产率进行稳健性检验。由于工业总产值与中间投入之间高度相关，且 ACF 方法中若采用工业总产值作为产出指标则无法保证得到有效的参数识别（Ackerberg et al.，2015），所以采用工业增加值作为产出指标。为最大限度地反映不同行业生产模式的差异，我们在 GB 2 位码行业层面分别进行测算。①

（4）企业规模（*size*）。一般来说，企业规模越大其市场势力会越强，其通过各种手段制定较高价格进而获取较高成本加成的概率越高。从边际成本的角度看，规模更大的企业其规模经济更显著，边际成本更低，也会使企业的成本加成更高。但是，从另一个角度来看，规模更大的企业由于销量也更大，更有筹码采取“薄利多销”的手段打击竞争对手，即通过制定较低的成本加成和价格击垮对手。因此，企业成本加成与其规模的关系方向是不确定的。为了消除不同行业特征天然形成的企业规模差异对估计的影响，本部分采用企业工业总产值与当年所在 GB 4 位码行业平均值的比例来衡量企业规模。

（5）企业年龄（*age*）。企业经营时间的延长一般会带来企业声誉的形成和产品品牌的建立，以及生产和经营经验的增加，这些都会使企业

① 具体来说，根据不同的生产函数设定和估算方法选择，我们测算了三种不同细节处理的 *TFP*，分别是：采用超越对数函数形式的 *ACF* 法生产率、采用 *C-D* 函数形式的 *ACF* 法生产率和采用 *C-D* 函数形式的 *LP* 法生产率。同时，还测算了采用 *C-D* 函数形式和工业总产值作为产出指标的 *LP* 法生产率进行对照。

具有更强的定价能力，因而实现更高的成本加成。但是，年龄更大的企业往往规模也较大，而规模较大的企业往往会通过较强的利润压缩能力去打击竞争对手，这同上文的分析类似，因此，企业成本加成与其年龄的相关关系符号也是不确定的。为了避免刚设立企业年龄为0，我们用当年年份与企业成立年份之差加1的对数值来衡量企业年龄。

（6）企业工资水平（*wage*）。约翰·希克斯的早期研究发现，劳动力成本上升在短期内会导致企业利润下降，但在长期会通过促进技术创新而提高企业利润率。诸竹君等（2017）的研究表明，企业平均工资提高会引起当期企业加成率下降。理论上来说，企业工资水平的提高短期内会导致成本上升，进而导致成本加成下降。因此，我们预期企业成本加成与其工资水平负相关。企业平均工资采用企业应付工资和应付福利费之和与从业人员年平均人数比值的对数值来衡量。

（7）企业资本密集度（*klratio*）。理论上来说，资本密集度高的企业属于资本密集型，相比于资本密集度低的劳动密集型企业来说，其议价能力更强，对应着更高的成本加成。但是，考虑到采矿、冶炼等行业也属于资本密集型行业，而这些行业的企业大多以销售初级产品为主，利润率普遍较低，因此成本加成也较低。所以，我们也无法确定企业成本加成与其资本密集度的关系符号。本部分采用企业固定资产净值与企业员工人数比值的对数值来衡量资本密集度。

（8）竞争程度（*HHI & number*）。理论上来说，异质性成本加成的产生主要来自行业内或行业间的产品替代弹性（Atkeson & Burstein，2008），市场竞争越激烈，产品的可替代性越高，则企业的定价能力越弱，成本加成越低。许多学者采用市场集中度（赫芬达尔-赫希曼指数）指标来反映竞争程度，且证实了市场竞争程度与成本加成的负相关关系（Tybout，2003；Konings et al.，2005；Altomonte & Barattieri，2007）。本部分分别使用当年GB 4位码行业的赫芬达尔-赫希曼指数（*HHI*）和GB 4位码行业内企业数量的对数值（*number*）来衡量行业竞争程度，*HHI*的计算公式如下。

$$HHI_{ht}=\sum_{i=1}^{N}(X_{it}/X_{ht})^2=\sum_{i=1}^{N}(X_{it}/\sum_{i=1}^{N}X_{it})^2 \tag{6-16}$$

其中，$HHI_{ht}$表示$t$年$h$行业的赫芬达尔指数，$X_{it}$表示$t$年$i$企业的规模（工业总产值），$X_{ht}$表示$t$年$h$行业的市场总规模。

表 6-1 变量定义明细表

| 变量类型 | 变量名称 | 变量标识 | 预期符号 | 定义或说明 |
|---|---|---|---|---|
| 被解释变量 | 成本加成 | *markups* | | DLW 方法 |
| 解释变量 | 出口产品质量 | *Squality* | ? | KSW 方法 & FR 方法 |
| 控制变量 | 全要素生产率 | *TFP* | + | LP 方法 &ACF 方法 |
| | 企业规模 | *size* | ? | 工业销售产值/行业平均值 |
| | 企业年龄 | *age* | ? | 当年年份-企业成立年份+1 |
| | 工资水平 | *wage* | — | 应付工资和福利费/雇员人数 |
| | 资本密集度 | *klratio* | ? | 固定资产净值/雇员人数 |
| | 行业竞争程度 | *HHI number* | — | 赫芬达尔-赫希曼指数行业内企业数量 |

资料来源：作者整理。

（三）数据来源与处理

本部分的样本数据来自第四章和第五章样本数据的合并。将第四章第二部分使用的工企库、海关库匹配样本（具体步骤见本书第四章第二节）与第五章第一部分使用的工企库样本（具体步骤见本书第五章第一节）进行匹配合并，得到 2000—2013 年（不含 2008 年和 2009 年）7479432 个企业—产品—进口国—年份四维度的样本观测值。之所以使用前两章样本的合并来得到关键变量指标，而不是在新匹配样本的基础上重新测算产品质量和成本加成指标，原因在于，原有指标均是在更完整样本的基础上进行测算，得到的结果更加准确。例如，基于需求信息反推法（KSW 方法）的出口产品质量是在完整海关数据样本的基础上测算的[①]，基于生产函数方法（DLW 方法）的企业层面成本加成是在完整工业企业数据样本的基础上测算的，测算准确度要比基于不完整匹配样本的准确度更高。基于同样的原因，样本中的全要素生产率、企业规模、行业竞争程度等涉及行业层面的指标均在原始工业企业数据库中计算获得。由于分析所用变量均不涉及产品—进口国维度，所以我们将样本进行企业—年份维度的删除重复值操作，最终得到 2000—2013 年（不含 2008 年、2009 年）367497 个企业—年份维度的非平衡面板样本观测值。

① 当然，由于需要用到企业层面信息，基于供需信息加总法（FR 方法）的产品质量是在工业企业和海关数据匹配样本的基础上测算的。

主要变量的统计性描述见表 6-2。

表 6-2　　　　　　　　　　主要变量的统计描述

| 变量 | 样本观测值 | 均值 | 标准差 | 25%分位 | 75%分位 |
|---|---|---|---|---|---|
| *markups_translog* | 367497 | 1.405 | 0.535 | 1.056 | 1.655 |
| *markups_cd* | 367497 | 1.226 | 1.720 | 1.039 | 1.269 |
| *markups_account* | 363115 | 1.247 | 0.276 | 1.108 | 1.313 |
| *Squality_ksw* | 367497 | 0.645 | 0.093 | 0.591 | 0.696 |
| *Squality_fr* | 367497 | 0.452 | 0.144 | 0.363 | 0.542 |
| *quality_ksw* | 367497 | 1.395 | 1.935 | 0.408 | 1.781 |
| *quality_fr* | 367497 | 4.783 | 1.918 | 3.670 | 5.590 |
| *TFP_ACF_translog* | 363116 | 6.064 | 1.316 | 5.194 | 6.987 |
| *TFP_ACF_cd* | 363116 | 4.562 | 1.002 | 3.930 | 5.175 |
| *TFP_LP_cd* | 363116 | 6.470 | 1.088 | 5.765 | 7.143 |
| *size* | 367497 | 1.471 | 4.566 | 0.272 | 1.349 |
| *age* | 367492 | 2.112 | 0.655 | 1.792 | 2.485 |
| *wage* | 367495 | 2.929 | 0.773 | 2.485 | 3.303 |
| *klratio* | 367495 | 3.710 | 1.425 | 2.811 | 4.617 |
| *HHI* | 367497 | 0.025 | 0.047 | 0.005 | 0.027 |
| *number* | 367497 | 6.508 | 1.362 | 5.591 | 7.294 |

## 二　基准估计结果

表 6-3 列出了采用固定效应（FE）模型的基准回归结果，为了使结论更加稳健，我们分别使用 DLW 方法和会计法测算出的成本加成指标进行回归，并分别给出了不加入质量二次项和加入质量二次项的回归结果。可以看出，仅加入一次项时质量变量的系数均不显著，而加入质量二次项后均显著，而且不管是 *markups_translog* 还是 *markups_account* 作为因变量，关键自变量的结果高度一致，因此后文我们均以 DLW 方法的测算结果进行分析。产品质量二次项的系数显著为负，而产品质量一次项的系数显著为正，可知产品质量对出口企业成本加成的影响呈现倒 U 形。进一步地，根据一次项和二次项系数可以计算出倒 U 形曲线的转折点（最高点、临界值），即 $quality* = -\beta_1/2\beta_2 = 0.4651$（会计法成本加成作为因

变量的转折点为 0.4053）。也就是说，当产品质量小于 0.4651 时，出口企业的成本加成随着产品质量的提升而提升；而当产品质量大于 0.4651 时，出口企业的成本加成随着产品质量的提升而下降，见（图 6-2）①。另外，在控制变量中，全要素生产率 *TFP* 对企业成本加成具有显著的正向影响，这与理论预期一致；而企业年龄 *age*、企业规模 *size* 对成本加成均具有显著的负向影响；行业内企业数量代表的行业竞争程度对成本加成的影响显著为正，与理论预期相反，可能的原因在于：GB4 位码行业内的企业数量多少并不能准确反映行业的竞争程度，或者行业的竞争程度并不能准确反映企业间的产品替代弹性，而只有当产品替代弹性较小时，企业的定价能力才会越强，成本加成才会越高。其他变量的回归结果在不同因变量情形下差别明显，因此无法得出一致性的结论。

**表 6-3　　基准回归结果**

| | *markups_translog* | | *markups_account* | |
|---|---|---|---|---|
| *Squality_ksw* | 0.0636<br>(1.01) | 0.0919*<br>(1.66) | 0.0546<br>(0.93) | 0.0899*<br>(1.76) |
| *Squality_ksw* * 2 | — | -0.0988**<br>(-2.36) | — | -0.1109***<br>(-2.87) |
| *TFP_ACF_translog* | 0.2468***<br>(133.94) | 0.2468***<br>(133.93) | 0.2154***<br>(118.88) | 0.2155***<br>(118.89) |
| *age* | -0.0540***<br>(-15.24) | -0.0541***<br>(-15.25) | -0.0428***<br>(-14.90) | -0.0429***<br>(-14.91) |
| *wage* | 0.0009***<br>(0.52) | 0.0009<br>(0.52) | -0.1329***<br>(-70.43) | -0.1329***<br>(-70.42) |
| *klratio* | -0.0160***<br>(-13.43) | -0.0160***<br>(-13.43) | 0.0417***<br>(35.87) | 0.0417***<br>(35.87) |
| *size* | -0.0028***<br>(-2.71) | -0.0028***<br>(-2.70) | -0.0037***<br>(-3.07) | -0.0037***<br>(-3.07) |
| *HHI* | -0.0237<br>(-0.85) | -0.0234<br>(-0.84) | 0.0161<br>(0.80) | 0.0164<br>(0.81) |

① 需要说明的是，图 6-2 只是简单地绘出了产品质量与企业成本加成关系的示意图，即在其他控制变量不变的情况下，产品质量对成本加成的影响曲线。

续表

| | markups_translog | | markups_account | |
|---|---|---|---|---|
| number | 0.0066**<br>(2.30) | 0.0066**<br>(2.30) | 0.0056***<br>(2.63) | 0.0056***<br>(2.62) |
| 年份 FE | YES | YES | YES | YES |
| 企业 FE | YES | YES | YES | YES |
| F 统计量 | 3056.75 | 2717.49 | 1977.58 | 1758.45 |
| Within-$R^2$ | 0.3078 | 0.3078 | 0.2976 | 0.2976 |
| 观测值 | 339440 | 339440 | 339439 | 339439 |

注：括号内为聚类到企业层面稳健标准误的 t 值，***、** 和 * 分别表示 1%、5% 和 10% 显著性水平。资料来源：作者整理。

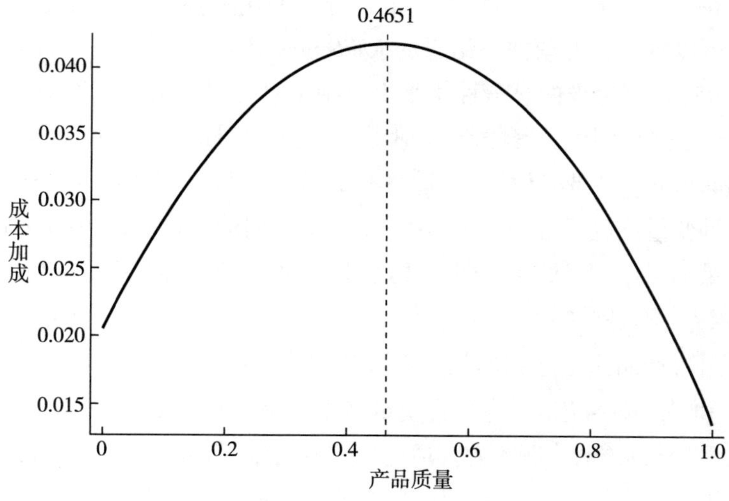


**图 6-2　产品质量与企业成本加成的倒 U 形关系示意**

## 三　内生性分析及处理

本部分主要分析出口产品质量对出口企业成本加成的影响，但企业成本加成也可能反过来对出口产品质量产生影响，即因变量与自变量之间可能存在反向因果关系。①为了解决这种反向因果关系可能导致的内生

① 另外需要说明的是，由于本书只关注出口企业的产品质量与其成本加成的关系，而不涉及企业出口行为的选择，因此并不存在样本自选择问题。

性问题，本书分别采用工具变量和系统 GMM 方法对模型进行检验估计。工具变量是处理内生性问题的一种有效手段，但是为产品质量寻找一个合适的工具变量是一件具有挑战性的任务。借鉴许明和邓敏（2016）的做法，采用上一年企业所在行业的平均产品质量作为企业产品质量的工具变量，同时也采用常规的产品质量的一期滞后项作为工具变量进行对照。上一年企业所在行业的平均出口产品质量作为行业的基准质量水平，会对当年企业的出口产品质量产生影响，但不会直接影响企业的成本加成，且由于是上期值，也不会受到当期各变量的影响，因此是较为合适的工具变量。本书分别使用国民经济行业分类 GB3 位码、4 位码行业的平均出口产品质量（$Squality3d_{t-1}$、$Squality4d_{t-1}$），以及企业的上期产品质量（$Squality_{t-1}$）进行工具变量回归。

表 6-4 的（1）—（3）列汇报了分别使用上述三个工具变量的回归结果。可以看出，三项回归结果的 *Kleibergen-Paap rk LM* 统计量的 *p* 值均小于 0.05，即在 5%的显著性水平上拒绝工具变量不可识别的原假设。但是，由于我们使用了聚类到企业层面的稳健标准误，所以应该通过 *Kleibergen-Paap rk Wald F* 统计量而不是 *Cragg-Donald Wald F* 统计量来判断弱工具变量问题，而第（1）列和第（2）列的 *Kleibergen-Paap rk Wald F* 统计量较小，无法拒绝弱工具变量的原假设，表明 $Squality3d_{t-1}$ 和 $Squality4d_{t-1}$ 不是合格的工具变量，表 6-5 给出了三个工具变量与内生解释变量出口产品质量之间的相关系数和偏相关系数，进一步证实了 $Squality3d_{t-1}$ 和 $Squality4d_{t-1}$ 作为工具变量并不合格。从表 6-4 第（3）列的回归结果看，$Squality_{t-1}$ 是较为合适的工具变量，*Kleibergen-Paap rk Wald F* 统计量为 14.019，较强烈地拒绝了弱工具变量的原假设。第（3）列中主要变量的回归系数均与前文回归保持一致，表明在使用工具变量法控制模型内生性的情况下，之前的结论仍然成立。表 6-4 的第（4）列、第（5）列分别汇报了采用差分 GMM 和系统 GMM 方法的回归结果。可以看出，*Arellano-Bond AR*（2）检验的 *p* 值均大于 0.1，表明可以接受扰动项无自相关的原假设；*Sargan* 检验和 *Hansen* 检验的 *p* 值均大于 0.1，表明不存在工具变量过度识别问题。主要变量的回归系数符号仍然没有发生变化，之前的结论仍然成立。

**表 6-4　　控制内生性的基准回归结果（IV、GMM）**

| | (1) IV-$Squality3d_{t-1}$ | (2) IV-$Squality4d_{t-1}$ | (3) IV-$Squality_{t-1}$ | (4) DIF-GMM | (5) SYS-GMM |
|---|---|---|---|---|---|
| $markups\_translog_{t-1}$ | — | — | — | 0.2128* (1.74) | 0.7245*** (10.32) |
| *Squality_ksw* | 16.1926** (2.05) | 1.3424 (0.26) | 0.9389* (1.63) | 0.1305* (1.65) | 0.1461* (1.68) |
| *Squality_ksw* * 2 | -13.5345** (-2.42) | -0.5659 (-0.02) | -0.7456* (-1.65) | -0.0762* (-1.51) | -0.0190* (-1.90) |
| *TFP_ACF_translog* | 0.2626*** (47.00) | 0.2584*** (85.70) | 0.2526*** (114.35) | 0.2931*** (20.85) | 0.1058*** (19.12) |
| *age* | -0.0549*** (-6.02) | -0.0542*** (-7.41) | -0.0577*** (-8.44) | -0.0581*** (-4.26) | -0.0171*** (-5.32) |
| *klratio* | -0.0178*** (-8.55) | -0.0177*** (-11.03) | -0.0164*** (-11.21) | -0.0227*** (-10.03) | -0.0089*** (-11.58) |
| *size* | -0.0004 (-0.34) | -0.0016* (-1.66) | -0.0027** (-2.42) | -0.0040** (-2.12) | -0.0010** (2.50) |
| *number* | 0.0092* (1.86) | 0.0120*** (2.97) | 0.0133*** (3.43) | -0.0022 (-0.36) | -0.0149*** (-4.53) |
| 年份 FE | YES | YES | YES | YES | YES |
| 企业 FE | YES | YES | YES | — | — |
| Uncentered $R^2$ | -0.0655 | 0.2433 | 0.3069 | — | — |
| Kleibergen-Paap rk LM | 7.324 (0.0068) | 5.661 (0.0173) | 30.759 (0.0000) | — | — |
| Cragg-Donald Wald F | 17.102 | 26.225 | 824.317 | — | — |
| Kleibergen-Paap rk Wald F | 3.629 | 2.789 | 14.019 | — | — |
| Arellano-Bond AR（2） | — | — | — | 0.137 | 0.208 |
| Sargan test | — | — | — | 0.918 | 0.125 |
| Hansen test | — | — | — | 0.912 | 0.104 |
| 观测值 | 197319 | 197319 | 197319 | 127563 | 216094 |

注：括号内为聚类到企业层面稳健标准误的 t 值，***、** 和 * 分别表示 1%、5%和 10% 的显著性水平，*Sargan* 检验、*Hansen* 检验和 *Arellano-Bond* 检验均报告了 p 值。

资料来源：作者整理。

表 6-5　内生变量与工具变量相关系数表

| | 相关系数 | 偏相关系数 | 半偏相关系数 |
|---|---|---|---|
| $Squality_{t-1}$ | 0. 8305<br>(0. 0000) | 0. 8272<br>(0. 0000) | 0. 8199<br>(0. 0000) |
| $Squality3d_{t-1}$ | 0. 1095<br>(0. 0000) | 0. 0018<br>(0. 3957) | 0. 0010<br>(0. 3957) |
| $Squality4d_{t-1}$ | 0. 1318<br>(0. 0000) | 0. 0074<br>(0. 0006) | 0. 0041<br>(0. 0006) |

注：相关系数栏报告了各变量与 $Squality_t$ 的相关系数，偏相关和半偏相关系数栏报告了各变量去除相互间的影响后与 $Squality_t$ 的相关程度，括号内为显著性水平值。

资料来源：作者整理。

## 四　分组估计与异质性分析

为了探究不同性质特征的样本组可能的差异化表现，本部分分别从企业出口产品质量水平、所有制性质、规模大小、资本密集度、地理位置、技术水平，以及行业要素密集度、质量差异幅度等角度对整体样本进行分组回归，全面考察产品质量对出口企业成本加成的影响是否会随着样本类型的不同而有所差别。

### （一）出口产品质量水平异质性分析

对于 U 形关系，除了在模型中加入二次项外，还可以根据解释变量进行分组来分别回归。根据前文计算得出的倒 U 形曲线的临界值，将样本分为高质量组（>0. 4651）和低质量组（<0. 4651），分别进行回归（不包含产品质量二次项的回归），结果见表 6-6。可以看出，高质量组产品质量解释变量的系数显著为负，表明对于高质量产品企业，进一步提高产品质量带来的价格提升无法覆盖所消耗的高昂成本，因而会使成本加成降低；低质量组产品质量变量的系数为正但不显著（可能与样本量较小有关系），但仍可在一定程度上说明对于低质量产品企业，提高产品质量会使成本加成提高。这一分析结论验证了基准回归中包含产品质量二次项的回归结论。

那么，对于已经处于较高质量水平的企业，是否就应该放弃对产品质量的升级呢？为了回答该问题，我们继续对高质量水平企业展开分析。前文的回归均在当期进行，下面我们逐步将滞后期的出口产品质量变量加入模型进行回归，结果见表 6-6。可以看出，虽然只有部分显著，但加

表 6-6　　不同质量水平分组回归结果

| | 高质量 | | | | 低质量 |
|---|---|---|---|---|---|
| | 当期 | 滞后 1 期 | 滞后 2 期 | 滞后 3 期 | 当期 |
| *Squality_ksw* | -0.0441***<br>(-4.11) | -0.0653***<br>(-4.27) | -0.0675***<br>(-3.50) | -0.0566**<br>(-2.09) | 0.0484<br>(0.47) |
| *L. Squality_ksw* | — | -0.0071<br>(-0.52) | 0.0041<br>(0.19) | 0.0181<br>(0.50) | — |
| *L2. Squality_ksw* | — | — | 0.0031<br>(1.18) | 0.0109*<br>(1.52) | — |
| *L3. Squality_ksw* | — | — | — | 0.0072<br>(1.06) | — |
| 控制变量 | YES | YES | YES | YES | YES |
| 年份 *FE* | YES | YES | YES | YES | YES |
| 企业 *FE* | YES | YES | YES | YES | YES |
| *F* 统计量 | 3741.46 | 1963.88 | 1066.03 | 510.77 | 967.95 |
| $Within\text{-}R^2$ | 0.3088 | 0.3077 | 0.3172 | 0.3383 | 0.2549 |
| 观测值 | 331435 | 193958 | 107490 | 48375 | 6207 |

注：括号内为聚类到企业层面稳健标准误的 *t* 值，***、**和*分别表示 1%、5%和 10%显著性水平。

资料来源：作者整理。

入的滞后期变量的系数均为正，表明滞后期的产品质量会在一定程度上对成本加成产生正向影响，或者至少可以说负向影响消失了。产生这种结果的原因在于，高水平阶段的质量升级门槛较高，企业一旦进行质量升级就可以保持较长时间的质量领先优势，从而获取较长时间的价格提升效应，而其较高的研发成本已于初期投入，只会导致当期的成本显著增加，之后其成本增加效应开始逐渐降低，价格提升效应的延续和成本增加效应的弱化相综合，使得长期内企业的成本加成趋于上升。因此，对于高质量企业来说，不应该被短期的“质量升级陷阱”所迷惑，而应该坚定地开展技术创新和质量升级，以此实现企业的整体竞争力提升和长期利益最大化。

### （二）企业所有制类型异质性分析

从不同所有制企业的分组回归结果来看，基本结论与基准回归相同，即产品质量与出口企业成本加成呈现倒 U 形关系，但大部分系数均不显著。分别计算三组样本倒 U 形曲线的转折点，即产品质量的临界值可得，国有企业为 0.5575、私营企业为 5.0349、外资企业为 0.3231。

显然，由于标准化的产品质量指标介于 0 到 1 之间，所以私营企业的临界值实际上无法达到，也就是说对于私营企业样本组，产品质量与出口企业成本加成的关系始终位于倒 U 形曲线的左半边，即私营企业出口产品质量对其成本加成始终具有正向影响。为验证这一结论，在模型中去掉产品质量的二次项对私营企业组进行回归，结果如表 6-7 第（4）列所示，产品质量对成本加成具有显著的正向影响，验证成立。

**表 6-7　　　　所有制类型异质性分析**

| | (1)<br>国有企业 | (2)<br>私营企业 | (3)<br>外资企业 | (4)<br>私营企业 | (5)<br>外资企业 |
|---|---|---|---|---|---|
| *Squality_ksw* | 0.2510<br>(0.98) | 0.0433<br>(0.41) | 0.0652<br>(0.86) | 0.0377**<br>(2.24) | -0.0679***<br>(-5.13) |
| *Squality_ksw* * 2 | -0.2251<br>(-1.02) | -0.0043<br>(-0.05) | -0.1009*<br>(-1.78) | — | — |
| 控制变量 | YES | YES | YES | YES | YES |
| 年份 *FE* | YES | YES | YES | YES | YES |
| 企业 *FE* | YES | YES | YES | YES | YES |
| *F* 统计量 | 45.72 | 759.79 | 2103.23 | 886.32 | 2453.75 |
| *Within*-$R^2$ | 0.2336 | 0.3148 | 0.3123 | 0.3147 | 0.3123 |
| 观测值 | 5401 | 87273 | 201657 | 87273 | 201657 |

注：括号内为聚类到企业层面稳健标准误的 *t* 值，***、** 和 * 分别表示 1%、5%和 10%的显著性水平。

资料来源：作者整理。

再来考察外资企业的情况，表 6-8 列出了总体样本和不同所有制企业样本的产品质量指标的统计性描述，可以看出，虽然最小值为 0，但外资企业产品质量指标其实绝大部分（99%）是大于 0.4199 的，当然也就大于其临界值 0.3231；因此对于外资企业样本组，产品质量与出口企业成本加成的关系实际上绝大部分位于倒 U 形曲线的右半边，即外资企业出口产品质量对其成本加成始终具有负向影响（见图 6-3a）。同样，在模型中删去产品质量的二次项对外资企业组回归，结果如表 6-7 第（5）列所示，产品质量对成本加成具有显著的负向影响，进一步验证了该结论。

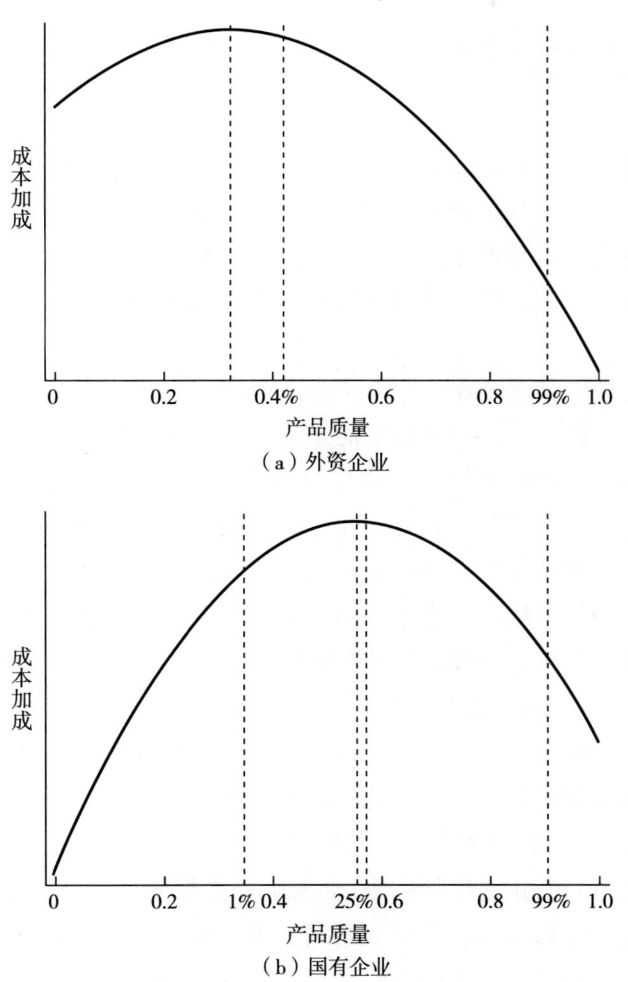


**图 6-3　不同所有制企业产品质量与成本加成倒 U 形关系示意**

**表 6-8　　产品质量指标的统计描述**

| | 最小值 | 1%分位 | 25%分位 | 50%分位 | 75%分位 | 99%分位 | 最大值 |
|---|---|---|---|---|---|---|---|
| 全体样本 | 0 | 0.4156 | 0.5909 | 0.6380 | 0.6963 | 0.8959 | 1 |

续表

| | 最小值 | 1%分位 | 25%分位 | 50%分位 | 75%分位 | 99%分位 | 最大值 |
|---|---|---|---|---|---|---|---|
| 国有企业 | 0 | 0. 3501 | 0. 5720 | 0. 6361 | 0. 7058 | 0. 9092 | 1 |
| 私营企业 | 0 | 0. 4270 | 0. 5838 | 0. 6290 | 0. 6801 | 0. 8713 | 1 |
| 外资企业 | 0 | 0. 4199 | 0. 5965 | 0. 6538 | 0. 7047 | 0. 9047 | 1 |

资料来源：作者整理。

最后考察国有企业的情况，产品质量临界值与其25%分位值大体相当，表明大约有25%的国有企业处于倒U形曲线的左半边，这些企业提高产品质量有助于其成本加成的提升；大约有75%的国有企业处于倒U形曲线的右半边，这些企业提高产品质量反而会降低其成本加成（见图6-3b）。

国有企业、私营企业、外资企业之所以表现出完全不同的特征，主要原因在于其出口产品质量水平的差异性。第四章的图4-1给出了样本期内不同所有制企业出口产品质量的变化情况。可以看出，私营企业出口产品质量始终处于相对较低的水平，因而其质量升级引发的价格提升效应大于成本增加效应，使得成本加成提高；而外资企业出口产品质量在大部分时间处于较高的水平，因而其质量升级引发的成本增加效应会大于价格提升效应，导致成本加成降低。

（三）企业规模异质性分析

首先需要说明的是，基准回归中的企业规模控制变量考察的是企业规模对其成本加成的影响，而此处的异质性分析是考察企业规模在产品质量对成本加成的影响效应中发挥的作用。本部分以企业规模指标的25%分位数和75%分位数为界限，将总体样本划分为小型企业、中型企业和大型企业三个样本组，并分别进行检验，估计结果见表6-9。可以看出，小型企业与大型企业的回归结果与基准回归保持一致，且小型企业中产品质量对成本加成的影响程度更大；而中型企业组一次项和二次项的回归系数均不显著，可能与其处于中等水平特征不够明显有关。进一步计算小型与大型企业组的产品质量临界值可得，小型企业为0. 6974，大型企业为0. 6431，对比小型企业产品质量指标的75%分位值（0. 6739）和大型企业产品质量指标的50%分位值（0. 6586）可知，大约有75%的小型企业和50%的大型企业，其成本加成随着产品质量的提升而提升；

而大约有25%的小型企业和50%的大型企业，其成本加成随着产品质量的提升而下降。

（四）企业地理位置异质性分析

根据出口企业所在省份将其分为沿海和内陆两个样本组，并分别进行回归，结果见表6-9。可以看出，两个样本组的主要系数均与基准回归保持一致，但大部分不显著。这表明无论是沿海出口企业还是内陆出口企业，其产品质量对成本加成的影响效应没有表现出明显差别。

**表6-9　企业规模、地理位置异质性分析**

| | 企业规模 | | | 企业地理位置 | |
|---|---|---|---|---|---|
| | 小型企业 | 中型企业 | 大型企业 | 沿海 | 内陆 |
| *Squality_ksw* | 0.4059***<br>(2.86) | -0.0539<br>(-0.72) | 0.1699*<br>(1.93) | 0.0863<br>(1.53) | 0.1226<br>(0.71) |
| *Squality_ksw* * 2 | -0.2910***<br>(-2.60) | 0.0497<br>(0.87) | -0.1321**<br>(-2.03) | -0.0948**<br>(-2.21) | -0.1156<br>(-0.85) |
| *TFP_ACF_translog* | 0.2984***<br>(60.13) | 0.2786***<br>(93.66) | 0.2582***<br>(71.53) | 0.2445***<br>(138.57) | 0.2697***<br>(49.04) |
| 控制变量 | YES | YES | YES | YES | YES |
| 年份 *FE* | YES | YES | YES | YES | YES |
| 企业 *FE* | YES | YES | YES | YES | YES |
| *F* 统计量 | 533.07 | 1335.98 | 760.36 | 2933.92 | 354.27 |
| *Within*-$R^2$ | 0.3140 | 0.3342 | 0.3461 | 0.3090 | 0.3042 |
| 观测值 | 72217 | 160864 | 82666 | 307067 | 32372 |

注：括号内为聚类到企业层面稳健标准误的 $t$ 值，***、**和*分别表示1%、5%和10%的显著性水平。

资料来源：作者整理。

（五）企业资本密集度异质性分析

使用企业资本密集度指标的均值作为临界值，将总体样本分成高资本密集度和低资本密集度两个子样本，代表资本密集型企业和劳动密集型企业进行分别估计，结果见表6-10。可以看出，两个样本组的主要系数的符号均与基准回归保持一致，但高资本密集度组系数不显著。进一步计算产品质量临界值可得，高资本密集度组为0.5525，低资本密集度组为 0. 4581。这两个临界值分别接近高资本密集度组的 15%分位数和低资本密集度组的 2%分位数。也就是说，在高资本密集度样本组中，有大约 15%的企业其成本加成随着产品质量的提升而提升，而有大约 85%的企业其成本加成随着产品质量的提升而下降；而在低资本密集度样本组中，只有不到 2%的企业其成本加成随着产品质量的提升而提升，绝大部分的低资本密集度企业提升产品质量反而会降低成本加成（见图 6-4）。为验证低资本密集度企业的这种特征，将二次项舍去再次对低资本密集度样本组进行回归，结果如表 6-10 第（3）列所示，产品质量的回归系数显著为负，与预期相符。可能的原因在于，低资本密集度企业由于其轻资产特征，在进行产品质量升级所需的技术创新和工艺改进时，需要投入更大的固定成本，导致其成本增加效应高于价格提升效应。

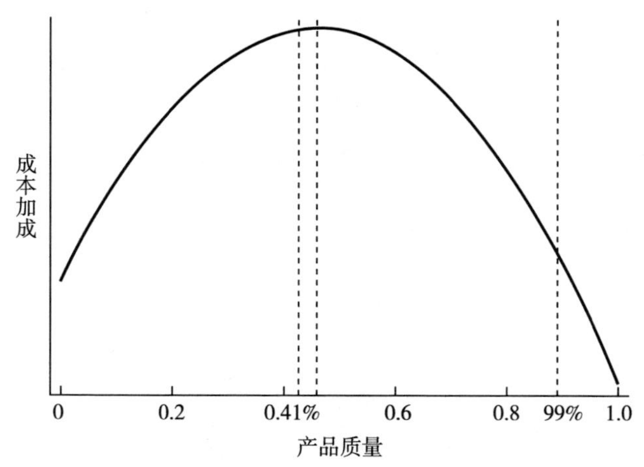


**图 6-4　低资本密集度企业产品质量与成本加成倒 U 形关系示意**

（六）企业技术水平异质性分析

借鉴盛丹和刘竹青（2017）的做法，以企业全要素生产率指标的 25%分位数和 75%分位数为临界值，将总体样本划分为低技术、中技术和高技术企业三个组分别估计，结果见表 6-10。可以看出，低技术企业组的回归系数与基准回归完全相反，但十分不显著；高技术和中技术企业组回归系数与基准回归保持一致，但显著性水平也不高。进一步计算产品质量的临界值，高技术组和中技术组分别为 0. 4836 和 0. 4452，两个临界值分别接近高技术组的3%分位数（0.4903）和中技术组的2%分位数（0.4575）。也就是说，实际上绝大部分的样本落在了倒U型曲线的右半边，即出口产品质量对其成本加成具有负向影响。同样，舍去二次项进行验证，结果见表6-10第（7）列、第（8）列，产品质量变量的系数均显著为负，证实了上文的结果。

（七）行业要素密集度异质性分析

上文从企业层面区分了资本密集度进行异质性分析，本部分着眼于行业层面，借鉴阳立高等（2018）对制造业行业的分类进行异质性检验。阳立高等（2018）运用从业人员及其劳动报酬、资本存量、研发投入等指标测算了各行业劳动、资本与技术要素所占比重，将制造业划分为资本密集型、劳动密集型和技术密集型三大类（具体分类见附录附表4）。分组回归结果如表6-11所示，三组样本的回归系数符号均与基准回归保持一致，但只有劳动密集型行业的系数显著，表明劳动密集型行业中成本加成受到产品质量的影响最显著。劳动密集型行业中产品质量的临界值为0.5056，与其4%分位数（0.5073）接近，表明大约96%的样本落在了倒U形曲线的右半边，即劳动密集型行业中出口产品质量对其成本加成具有负向影响。

（八）行业质量差异幅度异质性分析

本部分使用质量标准差，即同一行业内企业间产品质量的标准方差来衡量行业内的质量差异程度。① 具体来说，首先求出国民经济行业分类3位码行业的质量标准差，然后以3位码行业质量标准差的均值为分界，将样本分为高差异型和低差异型，分组回归结果如表6-11所示。可以看出，低差异型样本的一次项和二次项系数均不显著，而高差异型样本的系数均显著且与基准回归保持一致，表明对于质量差异程度较小的行业，其质量水平对成本加成的影响不明显；而在质量差异程度较大的行业，产品质量对出口企业成本加成的影响呈现显著的倒U形。同样计算出高差异型样本组的产品质量临界值为0.5209，与其12%分位数（0.5239）接

---

① 衡量质量差异幅度的另一种常用方法是Rauch（1999）的分类方法，即在国际贸易标准分类（SITC）下将不同行业的产品直接划分为异质性产品和同质性产品，但由于本部分基于企业层面分析，而中国的国民经济行业分类与SITC无法准确对应，因此本部分无法使用Rauch（1999）的分类方法。在下一部分，使用产品层面成本加成的分析中，由于可以将HS编码与SITC进行对应，所以我们将使用Rauch（1999）的分类方法进行分析。

表 6-10　　企业资本密集度、技术水平异质性分析

| | 资本密集度 | | | 技术水平 | | | | |
|---|---|---|---|---|---|---|---|---|
| | (1)<br>高资本密集度 | (2)<br>低资本密集度 | (3)<br>低资本密集度 | (4)<br>高技术 | (5)<br>中技术 | (6)<br>低技术 | (7)<br>高技术 | (8)<br>中技术 |
| *Squality_ksw* | 0. 1620<br>(1. 31) | 0. 0874*<br>(1. 89) | -0. 0378***<br>(-3. 57) | 0. 1505<br>(1. 09) | 0. 1113<br>(1. 92) | -0. 0426<br>(-0. 57) | -0. 0578***<br>(-2. 69) | -0. 0517***<br>(-4. 19) |
| *Squality_ksw* * 2 | -0. 1466<br>(-1. 55) | -0. 0954**<br>(-2. 01) | — | -0. 1556<br>(-1. 55) | -0. 1250**<br>(-2. 26) | 0. 0139<br>(0. 24) | — | — |
| *TFP_ACF_translog* | 0. 2526***<br>(50. 04) | 0. 2546***<br>(134. 96) | 0. 2546***<br>(134. 97) | 0. 3476***<br>(70. 51) | 0. 2840***<br>(107. 68) | 0. 1753***<br>(53. 86) | 0. 3476***<br>(70. 51) | 0. 2840***<br>(107. 67) |
| 控制变量 | YES | YES | YES | YES | YES | YES | YES | YES |
| 年份 *FE* | YES | YES | YES | YES | YES | YES | YES | YES |
| 企业 *FE* | YES | YES | YES | YES | YES | YES | YES | YES |
| *F* 统计量 | 377. 76 | 2835. 65 | 3303. 54 | 729. 86 | 1714. 51 | 428. 15 | 851. 27 | |
| *Within*-$R^2$ | 0. 3143 | 0. 3159 | 0. 3159 | 0. 2450 | 0. 2255 | 0. 2309 | 0. 2450 | 0. 2255 |
| 观测值 | 41958 | 288732 | 288732 | 78370 | 158216 | 74976 | 78370 | 158216 |

注：括号内为聚类到企业层面稳健标准误的 *t* 值，***、**和*分别表示 1%、5%和 10%的显著性水平。

资料来源：作者整理。

近，表明约有 12%的高差异型企业位于倒 U 形曲线的左边，而另外约 88%的高差异型企业其出口产品质量会对成本加成产生负向影响。

**表 6-11　　行业要素密集度、行业质量差异幅度异质性分析**

| | 行业要素密集度 | | | 行业质量差异幅度 | |
|---|---|---|---|---|---|
| | 劳动密集型 | 资本密集型 | 技术密集型 | 高差异型 | 低差异型 |
| *Squality_ksw* | 0. 1342 *<br>(1. 83) | 0. 0926<br>(0. 93) | 0. 1331<br>(1. 22) | 0. 1442 **<br>(2. 10) | 0. 0549<br>(0. 59) |
| *Squality_ksw* * 2 | -0. 1327 **<br>(-2. 34) | -0. 0966<br>(-1. 29) | -0. 1182<br>(-1. 42) | -0. 1384 **<br>(-2. 59) | -0. 0657<br>(-0. 94) |
| *TFP_ACF_translog* | 0. 2394 ***<br>(102. 15) | 0. 2247 ***<br>(59. 44) | 0. 2786 ***<br>(86. 02) | 0. 2483 ***<br>(89. 22) | 0. 2485 ***<br>(119. 33) |
| 控制变量 | YES | YES | YES | YES | YES |
| 年份 *FE* | YES | YES | YES | YES | YES |
| 企业 *FE* | YES | YES | YES | YES | YES |
| *F* 统计量 | 1569. 25 | 534. 45 | 1076. 80 | 1183. 77 | 2111. 35 |
| *Within*-$R^2$ | 0. 3111 | 0. 3165 | 0. 3270 | 0. 3032 | 0. 3135 |
| 观测值 | 169940 | 56172 | 94009 | 119341 | 220009 |

注：括号内为聚类到企业层面稳健标准误的 *t* 值，***、** 和 * 分别表示 1%、5%和 10%的显著性水平。

资料来源：作者整理。

## 五　稳健性检验

稳健性检验主要可以从关键变量的不同测度方式、计量方法的不同选择、内生性问题的处理等方面入手。内生性问题前文已进行过专门讨论，并使用了工具变量法、差分和系统 GMM 方法等多种回归方法，下面主要针对关键变量的测度方式进行检验。前文中，已经分别使用过会计法计算的成本加成、未标准化的产品质量指标进行检验，本部分再使用设定 *Cobb-Douglas* 生产函数测算的成本加成指标、基于供需信息加总法（FR 方法）测算的质量指标进行检验，结果见表 6-12。其中，第（1）列、第（2）列是采用 Translog 生产函数测算的成本加成指标与 FR 方法测算的质量指标结合的回归结果，第（3）列、第（4）列是 *Cobb-Douglas* 生产函数测算的成本加成指标与 KSW 方法测算的质量指标结合的回归结果，第（5）列、第（6）列是 *Cobb-Douglas* 生产函数测算的成本加成指标与 FR 方法测算的质量指标结合的回归结果，第（2）列、第（4）列、第（6）列是采用系统 GMM 方法的回归结果。可以看出，回归结果仍然同前文的基本结论保持一致，即产品质量与出口企业加成率呈现倒 U 形关系。

**表 6-12　　稳健性检验回归结果**

| | *markups_translog* | | *markups_cd* | | *markups_cd* | |
|---|---|---|---|---|---|---|
| | (1) | (2) SYS-GMM | (3) | (4) SYS-GMM | (5) | (6) SYS-GMM |
| $markups_{t-1}$ | — | 0.2268***<br>(7.64) | — | 0.0853*<br>(1.82) | — | 0.3275***<br>(9.92) |
| *Squality_fr* | 0.5752***<br>(13.75) | 0.3006<br>(1.00) | — | — | 0.2817***<br>(4.92) | 0.3069***<br>(5.76) |
| *Squality_fr* * 2 | -0.7882***<br>(-17.85) | -0.1003<br>(-0.43) | — | — | -0.5158***<br>(-7.90) | -0.5683***<br>(-3.04) |
| *Squality_ksw* | — | — | 0.2202**<br>(2.44) | 0.1588*<br>(1.61) | — | — |
| *Squality_ksw* * 2 | — | — | -0.2447***<br>(-3.70) | -0.1022<br>(0.48) | — | — |
| *TFP_ACF_translog* | 0.2410***<br>(129.10) | 0.1732***<br>(31.15) | 0.1839***<br>(35.48) | 0.2228***<br>(10.34) | 0.1740***<br>(30.67) | 0.1302***<br>(12.50) |
| 控制变量 | YES | YES | YES | YES | YES | YES |
| 年份 *FE* | YES | YES | YES | YES | YES | YES |
| 企业 *FE* | YES | YES | YES | YES | YES | YES |
| *F* 统计量 | 3512.11 | — | 251.56 | — | 295.45 | — |
| *Within*-$R^2$ | 0.3118 | — | 0.1207 | — | 0.1210 | — |
| *Arellano-Bond AR*(2) | — | 0.109 | — | 0.529 | — | 0.286 |
| *Sargan test* | — | 0.072 | — | 0.327 | — | 0.105 |
| *Hansen test* | — | 0.068 | — | 0.218 | — | 0.093 |
| 观测值 | 339440 | 216094 | 339440 | 216094 | 339440 | 216094 |

注：括号内为聚类到企业层面稳健标准误的 $t$ 值，***、** 和 * 分别表示 1%、5%和 10%的显著性水平，*Sargan* 检验、*Hansen* 检验和 *Arellano-Bond* 检验均报告了 $p$ 值。

资料来源：作者整理。

## 六 影响机制分析

正如前文所述，由于成本加成表示产品价格对边际成本的偏离，因此产品质量至少可以通过价格和成本两个渠道影响出口企业的成本加成。价格效应对成本加成的影响方向为正，成本效应对成本加成的影响为负，价格效应和成本效应哪一种更占优势，决定了产品质量对成本加成的最终影响方向。若价格效应大于成本效应，则成本加成提高，反之则成本加成降低。对于价格指标的测度，海关数据库中汇报了企业出口每种产品的价格，但考虑到不同行业产品的价格不具有直接可比性，我们采用与前文质量指标相同的处理方式对价格指标进行标准化，即

$$S\text{-}price_{ijmt}=\frac{price_{ijmt}-\min price_{jt}}{\max price_{jt}-\min price_{jt}} \tag{6-17}$$

其中，min 和 max 分别表示在 HS 6 位码行业（产品）层面上，某种产品价格的最低值和最高值。标准化后的价格指标值位于 0 和 1 之间，可以在不同维度上进行加总。然后，同样采用质量指标的加总方式，用企业出口每种产品的出口额占其出口总额的比重作为权重，加总得到企业层面的出口产品价格。最后，利用此出口价格除以成本加成率，得到企业层面的边际成本①。

分别将出口价格和边际成本作为因变量进行回归，计量模型如下：

$$S\text{-}price_{it}=\beta_0+\beta_1 quality_{it}+\beta_2 Controls+\lambda_t+\delta_i+\varepsilon_{it} \tag{6-18}$$

$$M\text{-}cost_{it}=\beta_0+\beta_1 quality_{it}+\beta_2 Controls+\lambda_t+\delta_i+\varepsilon_{it} \tag{6-19}$$

表 6-14 汇报了影响机制分析的回归结果，其中第（1）列、第（4）列给出了总体样本的回归结果。可以看出，核心解释变量产品质量的回归系数均显著为正，表明随着产品质量的提升，企业出口产品价格也随之提升，企业生产的边际成本也随之增加。在这一过程中，若产品价格的提升幅度超过边际成本的增加幅度，即价格提升效应大于成本增加效应，则企业的成本加成提高；反之，若产品价格的提升幅度低于边际成本的增加幅度，即价格提升效应小于成本增加效应，则企业的成本加成降低。另外值得一提的是，全要素生产率的系数分别显著为正和显著为负，表明生产率分别对产品价格和边际成本具有正向和负向影响，这也

① 由于价格为经过标准化的指标，所以此边际成本也是标准化指标。

同理论预期相符。

为了进一步考察价格提升效应和成本增加效应的具体情况，以明确产品质量通过两种效应作用于成本加成的最终方向，我们进一步以前文得出的产品质量对成本加成影响的转折点 0.4656 为分界值，将样本分为高质量组和低质量组分别进行回归，结果见表 6-13 第（2）列、第（3）列、第（5）列、第（6）列。可以看出，在低质量组，产品质量对产品价格的影响显著为正，而对边际成本的影响不显著，因此主要是价格提升效应发挥作用，导致成本加成提升；在高质量组，产品质量对产品价格和边际成本的影响均显著为正，但对边际成本的影响程度更大，因此在整体效应上导致成本加成降低。

**表 6-13　　影响机制回归结果**

| | *S-price* | | | *M-cost* | | |
|---|---|---|---|---|---|---|
| | (1) 总体 | (2) 高质量 | (3) 低质量 | (4) 总体 | (5) 高质量 | (6) 低质量 |
| *Squality_ksw* | 0.0361***<br>(10.96) | 0.0406***<br>(13.21) | 0.0107*<br>(1.81) | 0.0307***<br>(11.01) | 0.0441***<br>(12.91) | -0.0010<br>(-0.40) |
| *TFP_ACF_translog* | 0.0004**<br>(2.35) | 0.0004**<br>(2.40) | 0.0008**<br>(2.43) | -0.0025***<br>(-17.81) | -0.0025***<br>(-18.35) | -0.0076***<br>(-4.23) |
| 控制变量 | YES | YES | YES | YES | YES | YES |
| 年份 *FE* | YES | YES | YES | YES | YES | YES |
| 企业 *FE* | YES | YES | YES | YES | YES | YES |
| *F* 统计量 | 23.37 | 33.08 | 0.62 | 67.43 | 78.85 | 3.78 |
| $Within\text{-}R^2$ | 0.0347 | 0.0332 | 0.0555 | 0.0296 | 0.0283 | 0.0532 |
| 观测值 | 339440 | 331342 | 4207 | 339440 | 331342 | 4207 |

注：括号内为聚类到企业层面稳健标准误的 $t$ 值，***、** 和 * 分别表示 1%、5%和 10%的显著性水平。

资料来源：作者整理。

同产品质量与成本加成的关系类似，出口产品质量会对产品价格和边际成本产生影响，但二者也可能反过来对出口产品质量产生影响。为了解决这种反向因果关系可能导致的内生性问题，结合前文多种内生性问题处理方法的实际效果，这里采用系统 GMM 方法对式（6-19）和式（6-20）再次进行估计，结果见表 6-14。可以看出，*Arellano-Bond AR*

(2) 检验的 $p$ 值均大于 0.1，表明可以接受扰动项无自相关的原假设；*Sargan* 检验和 *Hansen* 检验的 $p$ 值均大于 0.1，表明不存在工具变量过度识别问题。主要变量的回归系数符号和显著性均没有发生明显的变化，因此上文的结论仍然成立。

**表 6-14　影响机制的系统 GMM 回归结果**

| | *S-price* | | | *M-cost* | | |
|---|---|---|---|---|---|---|
| | (1) 总体 | (2) 高质量 | (3) 低质量 | (4) 总体 | (5) 高质量 | (6) 低质量 |
| $S\text{-}price_{t-1}$ | 0.5536***<br>(2.59) | 0.8229***<br>(4.02) | 0.3289**<br>(2.31) | — | — | — |
| $M\text{-}cost_{t-1}$ | — | — | — | 0.5018***<br>(3.16) | 0.7951***<br>(4.94) | 0.3039*<br>(1.83) |
| *Squality_ksw* | 0.0494***<br>(6.03) | 0.0750***<br>(9.50) | 0.0171*<br>(1.79) | 0.0394***<br>(6.93) | 0.0862***<br>(8.51) | 0.0108<br>(0.52) |
| *TFP_ACF_translog* | 0.0012***<br>(2.64) | 0.0007<br>(1.49) | 0.0007<br>(0.76) | -0.0003**<br>(-2.05) | -0.0005***<br>(-2.75) | -0.0040***<br>(-3.37) |
| 控制变量 | YES | YES | YES | YES | YES | YES |
| 年份 *FE* | YES | YES | YES | YES | YES | YES |
| 企业 *FE* | YES | YES | YES | YES | YES | YES |
| *Arellano-Bond AR*(2) | 0.305 | 0.230 | 0.797 | 0.115 | 0.182 | 0.552 |
| *Sargan test* | 0.146 | 0.612 | 0.643 | 0.191 | 0.411 | 0.145 |
| *Hansen test* | 0.128 | 0.543 | 0.591 | 0.172 | 0.305 | 0.132 |
| 观测值 | 216094 | 212560 | 3534 | 216094 | 212560 | 3534 |

注：括号内为聚类到企业层面稳健标准误的 $t$ 值，***、** 和 * 分别表示 1%、5%和 10%的显著性水平，*Sargan* 检验、*Hansen* 检验和 *Arellano-Bond* 检验均报告了 $p$ 值。

资料来源：作者整理。

## 七　多产品、多市场企业异质性分析

正如第三章中所分析的，多产品、多市场出口企业在中国出口企业中占据主导地位。那么，多产品、多市场出口企业与单产品、单市场出口企业在产品质量影响成本加成的机制中是否存在异质性？进一步地，在多产品、多市场出口企业中，这种影响机制是否会随着产品种类和市场数量的差异而有所不同？本部分就专门对此进行考察。

表 6-15 列出了多产品、多市场企业异质性分析的回归结果。首先来看单产品与多产品的分组回归结果，两个样本组的主要系数符号均与基准回归保持一致，但多产品组的系数均不显著。计算单产品组的产品质量临界值为 0.6146，该临界值接近单产品组的 45%分位数。也就是说，单一产品出口企业组中有大约 45%的企业其成本加成随着产品质量的提升而提升，而有大约 55%的企业其成本加成随着产品质量的提升而下降。随后将二次项舍去对多产品组进行回归，结果见第（3）列。可以看出，多产品出口企业的产品质量变量系数显著为负。

再来看单市场与多市场的分组回归结果，两个样本组的主要系数符号均与基准回归保持一致。分别计算两组的产品质量临界值，单市场组为 0.5978，多市场组为 0.5138，这两个临界值分别接近单市场组的 42%分位数和多市场组的 4%分位数。也就是说，在单市场样本组中，有大约 42%的企业其成本加成随着产品质量的提升而提升，而有大约 58%的企业其成本加成随着产品质量的提升而下降；而在多市场样本组中，只有大约 4%的企业其成本加成随着产品质量的提升而提升，绝大部分的多市场出口企业提升产品质量反而会降低成本加成（见图 6-5）。为验证多市场出口企业的这种特征，将二次项舍去再次对该样本组进行回归，结果如表 6-15 最右边列所示，产品质量的回归系数显著为负，验证成功。

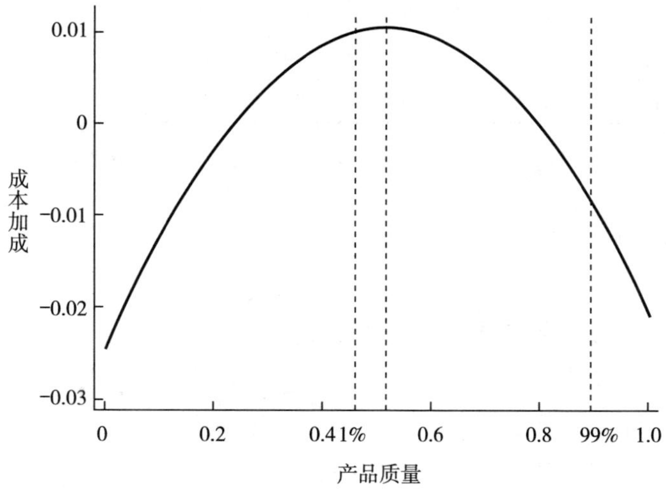


**图 6-5　多市场出口企业产品质量与成本加成倒 U 形关系示意**

**表 6-15　　产品、市场数量异质性分析**

| | 产品种类 | | | 市场数量 | | |
|---|---|---|---|---|---|---|
| | 单产品 | 多产品 | 多产品 | 单市场 | 多市场 | 多市场 |
| *Squality_ksw* | 0.1212*<br>(1.93) | 0.0190<br>(0.20) | -0.0571***<br>(-4.64) | 0.1338*<br>(1.92) | 0.1374*<br>(1.93) | -0.0444***<br>(-3.82) |
| *Squality_ksw* * 2 | -0.0986*<br>(-1.88) | -0.0563<br>(-0.82) | — | -0.1119*<br>(-1.96) | -0.1337**<br>(-2.11) | — |
| *TFP_ACF_translog* | 0.2501***<br>(64.48) | 0.2484***<br>(127.77) | 0.2484***<br>(127.77) | 0.2497***<br>(57.20) | 0.2468***<br>(131.42) | 0.2468***<br>(131.43) |
| 控制变量 | YES | YES | YES | YES | YES | YES |
| 年份 *FE* | YES | YES | YES | YES | YES | YES |
| 企业 *FE* | YES | YES | YES | YES | YES | YES |
| *F* 统计量 | 609.02 | 2463.23 | 2873.95 | 480.08 | 2625.96 | 3063.93 |
| $Within\text{-}R^2$ | 0.3034 | 0.3101 | 0.3101 | 0.3004 | 0.3092 | 0.3092 |
| 观测值 | 62147 | 255567 | 255567 | 46972 | 272199 | 272199 |

多产品、多市场企业之所以表现出产品质量提升导致成本加成下降的特征，一个重要原因在于这些企业提升整体的产品质量需要付出更大的成本。多产品企业由于产品的多样性，需要投入更多的固定成本和可变成本来实现不同特性产品的质量升级；而多市场企业在进行产品质量升级时，也需要根据不同国家市场的用户偏好和产品规范来开展针对性适配，从而需要更大的成本投入。

进一步地，我们希望考察不同出口产品种类数量和市场数量的企业在产品质量与成本加成关系中的差异化表现。由于我们的模型中包含解释变量的一次项和二次项，再加入交叉项则不容易解释其含义，因此我们继续进行分组检验。根据出口企业产品种类和市场的数量分布进行分组，回归结果见表 6-16 和表 6-17。可以看出，多产品出口企业异质性分析中，只有高于 100 种产品出口企业组的系数显著，且一次项为负、二次项为正，表示产品质量与成本加成之间呈现 U 形关系，转折点的产品质量值为 0.6940，该转折点与样本组的 71%分位数（0.6945）接近，说明当产品质量低于 0.6940 时，质量对成本加成表现出负向影响，而当高于

0.6940时，质量对成本加成表现出正向影响（见图6-6）。当然，由于该组样本数量较少，该结果并不具有普遍代表性，只能反映出口产品种类数量极多的超大型出口企业或者贸易中间商的情况。在多市场出口企业异质性分析中，只有出口市场数量为11—50之间的样本组回归系数显著，且与全样本基准回归方向一致，即产品质量与成本加成呈现出倒U形关系，转折点的质量值为0.5600，该值与样本组7%分位数（0.5608）接近，表明绝大部分的样本点位于倒U形曲线的右端，即产品质量与成本加成表现出负向关系（见图6-7）。

**表6-16　多产品出口企业异质性分析**

| 出口产品种类 | 2-5 | 6-10 | 11-100 | 101+ |
|---|---|---|---|---|
| *Squality_ksw* | 0.1328<br>(1.02) | -0.3295<br>(-1.23) | 0.0834<br>(0.30) | -3.3376*<br>(-1.68) |
| *Squality_ksw* * 2 | -0.1219<br>(-1.28) | 0.1703<br>(0.89) | -0.1555<br>(-0.78) | 2.4046*<br>(1.67) |
| *TFP_ACF_translog* | 0.2574***<br>(93.45) | 0.2509***<br>(54.54) | 0.2473***<br>(57.95) | 0.2970***<br>(4.79) |
| 控制变量 | YES | YES | YES | YES |
| 年份 *FE* | YES | YES | YES | YES |
| 企业 *FE* | YES | YES | YES | YES |
| *F* 统计量 | 1295.25 | 447.85 | 492.25 | 7.26 |
| $Within\text{-}R^2$ | 0.3189 | 0.3111 | 0.2987 | 0.4216 |
| 观测值 | 128640 | 47755 | 52732 | 221 |

注：括号内为聚类到企业层面稳健标准误的 *t* 值，***、** 和 * 分别表示1%、5%和10%的显著性水平。

资料来源：作者整理。

**表6-17　多市场出口企业异质性分析**

| 出口市场数量 | 2-5 | 6-10 | 11-50 | 51+ |
|---|---|---|---|---|
| *Squality_ksw* | 0.0170<br>(0.13) | 0.1641<br>(0.69) | 0.3574*<br>(1.66) | 2.3361<br>(1.45) |

续表

| 出口市场数量 | 2-5 | 6-10 | 11-50 | 51+ |
|---|---|---|---|---|
| *Squality_ksw* * 2 | -0.0273<br>(-0.28) | -0.1568<br>(-0.91) | -0.3191**<br>(-2.06) | -1.7154<br>(-1.53) |
| *TFP_ACF_translog* | 0.2534***<br>(78.65) | 0.2532***<br>(58.96) | 0.2419***<br>(74.43) | 0.2588***<br>(16.21) |
| 控制变量 | YES | YES | YES | YES |
| 年份 *FE* | YES | YES | YES | YES |
| 企业 *FE* | YES | YES | YES | YES |
| *F* 统计量 | 925.91 | 510.22 | 814.23 | 41.41 |
| *Within*-$R^2$ | 0.3054 | 0.3074 | 0.3146 | 0.3739 |
| 观测值 | 95231 | 47261 | 89988 | 2942 |

注：括号内为聚类到企业层面稳健标准误的 *t* 值，***、** 和 * 分别表示 1%、5%和 10%的显著性水平。

资料来源：作者整理。

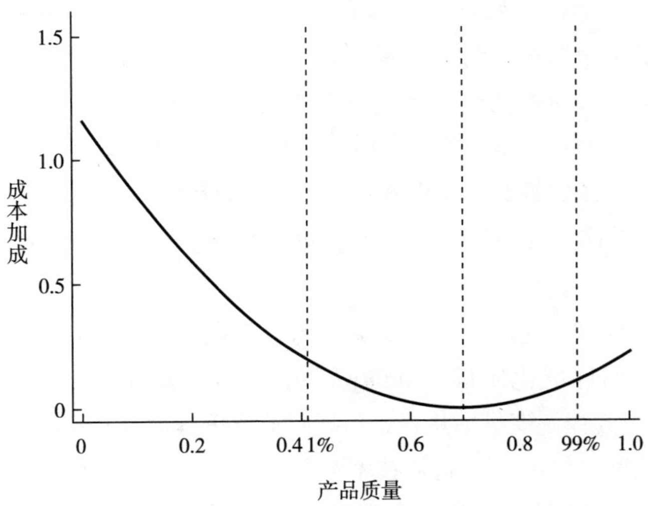


**图 6-6 100+产品出口企业产品质量与成本加成 U 形关系示意**

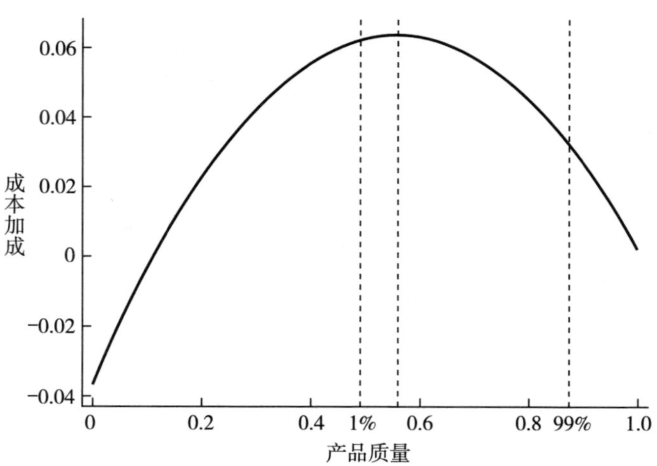


**图 6-7　11—50 个市场出口企业质量与成本加成倒 U 形关系示意**

## 八　产品质量对行业内成本加成分布的影响

成本加成分布的离散程度可以反映资源配置的效率。同一行业内企业的加成率分布越均衡，表明资源配置效率越高，在加成率完全相等时资源配置达到最优；如果同一行业内企业的加成率分布离散程度很高，则表明资源出现错配。为此，本部分重点分析产品质量变化对成本加成分布的影响，进而考察产品质量对资源配置效率的影响。我们主要从两个角度进行考察：一是行业产品质量水平的变化对成本加成分布的影响，二是行业内产品质量的差异程度对成本加成分布的影响。计量模型为：

$$markupdisper_{ht}=\beta_0+\beta_1 quality_{ht}+\beta_2 qualitydiffer_{ht}+\beta_3 Controls+\lambda_t+\delta_h+\varepsilon_{ht} \quad (6-20)$$

其中，被解释变量 $markupdisper_{ht}$ 为行业层面成本加成分布，$quality_{ht}$ 为行业层面的标准化质量，$qualitydiffer_{ht}$ 为行业层面的产品质量差异程度，*Controls* 为控制变量的集合，包括行业竞争程度（*HHI* & *number*）、行业要素密集度（*klratio*）、行业技术水平（*tech*）、行业规模（*size*）等四个变量，$\lambda_t$ 和 $\delta_h$ 分别表示年份固定效应和行业固定效应，$\varepsilon_{ht}$ 表示随机扰动项，$h$、$t$ 分别表示行业和年份。

在第五章中，我们详细测算了不同行业的成本加成分布，本部分将直接使用其测算结果，即采用泰尔指数（Theil index）来衡量成本加成分布，同时使用对数离差均值（MLD）、变异系数（CV）、相对平均离差

（RMD）三项指标来进行稳健性检验。对于行业内产品质量差异程度指标 $qualitydiffer_{ht}$，采用同一行业内企业间产品质量的标准方差来衡量；对于行业要素密集度指标 $klratio_{ht}$，采用行业固定资产总净值与从业总人数比值的对数值来衡量；行业技术水平 $tech_{ht}$ 指标采用行业劳动生产率，即人均工业增加值的对数值来衡量；行业规模 $size_{ht}$ 指标采用行业工业总产值与当年所有行业平均值的比例来衡量；行业竞争程度指标与前文相同。在行业的划分标准上，我们主要在国民经济行业分类的 3 位码行业层面进行分析，同时也在 2 位码和 4 位码行业层面进行稳健性检验。

**表 6-18　　　　行业层面主要变量的统计描述**

| 变量 | 样本观测值 | 均值 | 标准差 | 25%分位 | 75%分位 |
|---|---|---|---|---|---|
| *Theil_3d* | 2449 | 0.0253 | 0.0241 | 0.0126 | 0.0298 |
| *MLD_3d* | 2449 | 0.0230 | 0.0221 | 0.0122 | 0.0269 |
| *CV_3d* | 2330 | 0.2365 | 0.1064 | 0.1727 | 0.2731 |
| *RMD_3d* | 2449 | 0.1488 | 0.0723 | 0.1180 | 0.1737 |
| *quality_3d* | 2449 | 0.6370 | 0.0599 | 0.6180 | 0.6657 |
| *qualitydiffer_3d* | 2330 | 0.0106 | 0.0080 | 0.0065 | 0.0117 |
| *klratio_3d* | 2449 | 4.6466 | 0.9346 | 4.0763 | 5.1351 |
| *tech_3d* | 2448 | 4.5845 | 0.8362 | 4.0732 | 5.0225 |
| *size_3d* | 2449 | 0.3686 | 0.6843 | 0.0421 | 0.3797 |
| *HHI_3d* | 2449 | 0.1842 | 0.2606 | 0.0288 | 0.2062 |
| *number_3d* | 2449 | 3.8850 | 1.7563 | 2.7081 | 5.2364 |

注：本表只报告了 3 位码行业层面变量的统计描述，省略了 2 位码和 4 位码层面。

资料来源：作者整理。

表 6-19 汇报了产品质量对出口企业成本加成分布影响的计量回归结果。其中，第（1）—（4）列汇报了在 3 位码行业层面分别使用四种不同的成本加成分布指标的回归结果，第（5）列、第（6）列汇报了在 2 位码和 4 位码行业层面采用泰尔指数作为成本加成分布指标的回归结果。可以看出，各自变量回归系数的符号、大小、显著性大体一致，表明回归结论较为稳健，不受成本加成分布指标和行业划分标准的影响。产品质量的系数为负且大部分显著，表明随着行业平均质量水平的提升，行

业内企业成本加成分布的离散程度显著降低，资源配置效率显著提高；产品质量差异的系数均为正且部分显著，表明行业内企业的产品质量差异程度越大，则该行业内企业成本加成的离散程度越高，资源配置效率越低。另外，控制变量中，行业要素密集度（*klratio*）、赫芬达尔-赫希曼指数（*HHI*）的系数均显著为负，表明对于要素密集度更高和竞争更加激烈的行业，其行业内企业成本加成分布的离散程度相对更低，资源配置效率相对更高；而行业技术水平（*tech*）的系数显著为正，表明平均技术水平更高的行业其成本加成的离散程度也更高，资源配置效率反而更低。

**表 6-19　　产品质量对行业内成本加成分布影响的回归结果**

| | 3 位码行业 | | | | 2 位码行业 | 4 位码行业 |
|---|---|---|---|---|---|---|
| | (1) Theil | (2) MLD | (3) CV | (4) RMD | (5) Theil | (6) Theil |
| *quality* | -0.0102* (-1.93) | -0.0224* (-1.87) | -0.0190 (-1.15) | -0.0183 (-1.23) | -0.0906 (-1.42) | -0.0117* (-2.05) |
| *qualitydiffer* | 0.0828 (1.69) | 0.0622* (1.95) | 0.1475 (1.67) | 0.1373 (1.55) | 0.0566 (1.40) | 0.0515** (2.27) |
| *klratio* | -0.0018* (-1.90) | -0.0025* (-1.90) | -0.0089 (-1.73) | -0.0067 (-0.81) | -0.0054 (-1.06) | -0.0028*** (-2.84) |
| *tech* | 0.0059** (2.10) | 0.0067* (1.92) | 0.0271** (2.02) | 0.0186* (1.90) | 0.0124** (2.31) | 0.0074*** (6.42) |
| *size* | -0.0009 (-0.39) | -0.0008 (-0.58) | -0.0027 (-0.35) | -0.0018*** (-0.39) | -0.0011 (-0.59) | -0.0006 (-0.62) |
| *HHI* | -0.0268*** (-3.77) | -0.0080 (-0.80) | -0.0459 (-0.99) | -0.0183 (-0.61) | 0.0278 (0.94) | -0.0075* (-1.94) |
| *number* | -0.0027 (-1.21) | -0.0023 (-1.17) | -0.0076 (-0.76) | -0.0050 (-0.82) | -0.0014 (-0.78) | 0.0000 (0.04) |
| *Constant* | 0.0282* (1.83) | 0.0295 (1.27) | 0.1761* (1.80) | 0.1355** (2.19) | 0.0604 (1.52) | 0.0108 (1.20) |
| 年份 *FE* | YES | YES | YES | YES | YES | YES |
| 行业 *FE* | YES | YES | YES | YES | YES | YES |
| *F* 统计量 | 6.69 | 5.21 | 3.93 | 3.96 | 2.03 | 15.29 |
| *Within*-$R^2$ | 0.1270 | 0.1193 | 0.1119 | 0.1157 | 0.1861 | 0.1165 |

续表

| | 3 位码行业 | | | | 2 位码行业 | 4 位码行业 |
|---|---|---|---|---|---|---|
| | （1） Theil | （2） MLD | （3） CV | （4） RMD | （5） Theil | （6） Theil |
| 观测值 | 2321 | 2321 | 2321 | 2321 | 411 | 7239 |

注：括号内为聚类到行业层面稳健标准误的 $t$ 值，***、** 和 * 分别表示 1%、5%和 10%的显著性水平。

资料来源：作者整理。

# 第三节　企业—产品层面出口产品质量对成本加成的影响

上一节从企业层面考察了产品质量对出口企业成本加成的影响，本节则基于企业—产品层面的成本加成指标，从更细微的产品层面考察出口质量对成本加成的影响。由于企业—产品层面的成本加成指标可以对应更多出口产品方面的信息（出口市场、出口数量、出口金额、贸易方式等），所以本节的结论除了可以对照检验上一节的结论外，还可以结合多维度的产品层面指标得出更加丰富的分析结论。

## 一　计量模型、变量与数据

### （一）计量模型设定

为了验证主要结论，结合理论模型分析，本部分的计量模型设定如下：

$$markups_{ijmt}=\beta_0+\beta_1 quality_{ijmt}+\beta_2 Controls+\delta_i+\varphi_{jm}+\lambda_t+\varepsilon_{ijmt} \quad (6-21)$$

其中，被解释变量 $markups_{ijmt}$ 为企业—产品层面成本加成，$quality_{ijmt}$ 为企业—产品层面的标准化质量，$Controls$ 为控制变量的集合，$\delta_i$、$\varphi_{jm}$ 和 $\lambda_t$ 分别表示企业固定效应、产品—进口国固定效应和年份固定效应，$\varepsilon_{ijmt}$ 表示随机扰动项，$i$、$j$、$m$、$t$ 分别表示企业、产品、进口国和年份。控制变量 $Controls$ 同样与第二节中一致，包括企业全要素生产率、企业规模、企业年龄、企业工资水平、资本密集度、行业竞争程度等。

### （二）数据来源与处理

为了保持数据的完整性与一致性，本部分的样本数据以第二节部分的样本数据为基础，这样能保证企业层面的各项变量指标与第二节部分完全相同；在此基础上，匹配第五章第二部分使用的样本数据得到企业—产品层面的成本加成指标。由于在估算企业—产品层面的成本加成指标时损失了相当一部分样本，本部分最后得到 2000—2013 年（不含 2008 年、2009 年）2177557 个企业—产品—进口国—年份四维度的样本观测值。主要变量的统计性描述见表 6-20。

表 6-20　主要变量的统计描述

| 变量 | 样本观测值 | 均值 | 标准差 | 25%分位 | 75%分位 |
|---|---|---|---|---|---|
| *markups_product* | 2177557 | 1.226 | 0.234 | 1.083 | 1.298 |
| *Squality_ksw* | 2177557 | 0.570 | 0.095 | 0.523 | 0.623 |
| *Squality_fr* | 2149289 | 0.398 | 0.116 | 0.320 | 0.477 |
| *TFP_ACF_translog* | 2149426 | 5.820 | 1.158 | 5.065 | 6.626 |
| *TFP_ACF_cd* | 2149426 | 4.359 | 0.819 | 3.826 | 4.894 |
| *TFP_LP_cd* | 2149426 | 6.109 | 0.830 | 5.571 | 6.648 |
| *size* | 2177557 | 0.901 | 1.407 | 0.268 | 1.013 |
| *age* | 2177553 | 2.062 | 0.616 | 1.609 | 2.485 |
| *wage* | 2177553 | 2.756 | 0.640 | 2.404 | 3.072 |
| *klratio* | 2177553 | 3.179 | 1.294 | 2.361 | 4.007 |
| *HHI* | 2177557 | 0.020 | 0.040 | 0.003 | 0.020 |
| *number* | 2177557 | 6.936 | 1.634 | 5.710 | 8.747 |

资料来源：作者整理。

## 二　基准估计结果

表 6-21 列出了企业—产品层面出口质量对成本加成影响的基准回归结果。其中，第（1）—（3）列采用混合最小二乘（POLS）回归并控制年份固定效应，第（4）—（6）列采用固定效应（FE）模型进行回归，同时控制了企业固定效应、产品—进口国固定效应和年份固定效应；第（1）—（4）列只加入产品质量指标，第（2）—（5）列包含产品质量和生产率指标，第（3）—（6）列同时包含产品质量及其二次项和生产率指标。可以看出，无论采用哪种方式，各主要变量的回归系数符号及显著性均高度一致。首先，产品质量的系数显著为正，表明质量水平更

高的产品其成本加成也更高；其次，全要素生产率的系数显著为正，表明生产率更高的企业其产品的加成率也更高；再次，产品质量二次项的系数值很小且不显著，表明产品质量对成本加成的影响并没有表现出非线性关系。因此总体来看，企业—产品层面出口质量对成本加成表现出线性的正向影响，这与企业层面二者的影响关系明显不同，显示出企业层面和产品层面考察结果的异质性。另外，其他控制变量方面，企业年龄、工资水平、资本密集度、企业规模四个变量对产品成本加成的影响均显著为负①，而行业内企业数量对产品成本加成的影响显著为正，这些与前文企业层面的分析结论基本一致。

**表 6-21　　基准回归结果**

| | POLS | | | FE | | |
|---|---|---|---|---|---|---|
| | (1) | (2) | (3) | (4) | (5) | (6) |
| *Squality_ksw* | 0.0419***<br>(26.66) | 0.0527***<br>(34.64) | 0.0602***<br>(7.69) | 0.0192***<br>(9.65) | 0.0191***<br>(9.42) | 0.0136***<br>(7.03) |
| *TFP_ACF_translog* | — | 0.0545***<br>(410.89) | 0.0545***<br>(410.86) | — | 0.2006***<br>(72.69) | 0.2006***<br>(72.20) |
| *Squality_ksw* * 2 | — | — | 0.0069<br>(0.97) | — | — | 0.0061<br>(1.05) |
| *age* | 0.0155***<br>(61.41) | 0.0145***<br>(59.37) | 0.0145***<br>(59.37) | -0.0178***<br>(-2.66) | -0.0298***<br>(-4.53) | -0.0298***<br>(-4.53) |
| *wage* | 0.0917***<br>(348.70) | 0.0678***<br>(258.70) | 0.0678***<br>(258.69) | 0.0688***<br>(20.12) | -0.0122***<br>(-3.76) | -0.0122***<br>(-3.76) |
| *klratio* | -0.0208***<br>(-167.32) | -0.0211***<br>(-175.41) | -0.0211***<br>(-175.27) | -0.0143***<br>(-7.17) | -0.0199***<br>(-10.74) | -0.0199***<br>(-10.74) |
| *size* | 0.0069***<br>(62.61) | 0.0044***<br>(41.29) | 0.0044***<br>(41.26) | 0.0144***<br>(6.07) | -0.0215***<br>(-6.51) | -0.0215***<br>(-6.51) |
| *HHI* | 0.1435***<br>(33.45) | 0.0772***<br>(18.61) | 0.0772***<br>(18.61) | 0.0870<br>(1.49) | -0.0068<br>(-0.13) | -0.0068<br>(-0.13) |
| *number* | 0.0206***<br>(189.96) | 0.0117***<br>(109.61) | 0.0117***<br>(109.46) | 0.0124***<br>(2.66) | 0.0222***<br>(5.36) | 0.0222***<br>(5.36) |

① 在 POLS 和 FE 之间，我们更倾向于相信 FE 模型的结论；在加入 TFP 和未加入 TFP 变量的模型之间，由于 Within-$R^2$ 差距明显，我们更倾向于相信加入 TFP 变量的模型的结论。

续表

| | POLS | | | FE | | |
|---|---|---|---|---|---|---|
| | (1) | (2) | (3) | (4) | (5) | (6) |
| *Constant* | 0.8780*** (541.11) | 0.6957*** (425.28) | 0.6976*** (270.56) | 1.0230*** (32.25) | 0.0858*** (2.72) | 0.0875*** (2.77) |
| 年份 *FE* | YES | YES | YES | YES | YES | YES |
| 企业 *FE* | NO | NO | NO | YES | YES | YES |
| 产品—进口国 *FE* | NO | NO | NO | YES | YES | YES |
| *F* 统计量 | 14278.84 | 22983.60 | 21834.46 | 73.83 | 876.73 | 776.52 |
| $Adj\text{-}R^2$ $Within\text{-}R^2$ | 0.1056 | 0.1689 | 0.1689 | 0.0282 | 0.3277 | 0.3267 |
| 观测值 | 2177549 | 2149418 | 2149418 | 2168270 | 2140040 | 2140040 |

注：括号内为聚类到企业层面稳健标准误的 *t* 值，***、** 和 * 分别表示 1%、5%和 10%的显著性水平。*POLS* 使用 $Adj\text{-}R^2$，*FE* 使用 $Within\text{-}R^2$。

资料来源：作者整理。

## 三 内生性分析及处理

为了解决成本加成与出口产品质量可能存在反向因果关系导致的内生性问题，我们分别采用工具变量和系统 GMM 方法对模型进行检验估计。由于本部分考察的主要变量均为企业—产品层面，因此采用上一年该产品类别（HS6 位码）的平均产品质量作为产品质量变量的工具变量，同时也采用 HS5 位码和 HS4 位码层面的平均产品质量作为工具变量进行检验。另外，我们也采用常规的产品质量的一期滞后项作为工具变量进行对照，并使用差分 GMM 和系统 GMM 方法进行回归。

表6-22 的第（1）—（4）列汇报了使用工具变量的回归结果。可以看出，工具变量回归结果的 Kleibergen-Paap rk LM 统计量的 *p* 值均为 0.0000，显著拒绝了工具变量不可识别的原假设。在使用了聚类到企业层面稳健标准误的情况下，我们应该通过 Kleibergen-Paap rk Wald F 统计量而不是 Cragg-Donald Wald F 统计量来判断弱工具变量问题，而第（1）—（4）列的 Kleibergen-Paap rk Wald F 统计量均数值较大，可以显著拒绝弱工具变量的原假设，表明 $Squality6d_{t-1}$、$Squality5d_{t-1}$、$Squality4d_{t-1}$ 和 $Squality_{t-1}$ 均为合格的工具变量。第（1）—（4）列中主要变量的回归系数均与前文回归保持一致，表明在使用工具变量法控制模型内

生性的情况下，之前的结论仍然成立。

表 6-22 的第（5）列、第（6）列分别汇报了采用差分 GMM 和系统 GMM 方法的回归结果。可以看出，*Arellano-Bond AR*（2）检验的 *p* 值均大于 0.1，表明可以接受扰动项无自相关的原假设；*Sargan* 检验和 *Hansen* 检验的 *p* 值均大于 0.1，表明不存在工具变量过度识别问题。主要变量的回归系数符号仍然没有发生变化，之前的结论仍然成立。

**表 6-22　　控制内生性的基准回归结果（IV、GMM）**

| | （1）IV-$Squality6d_{t-1}$ | （2）IV-$Squality5d_{t-1}$ | （3）IV-$Squality4d_{t-1}$ | （4）IV-$Squality_{t-1}$ | （5）DIF-GMM | （6）SYS-GMM |
|---|---|---|---|---|---|---|
| $markups\_product_{t-1}$ | — | — | — | — | 0.1849**<br>(2.34) | 0.3615***<br>(2.65) |
| *Squality_ksw* | 0.1444*<br>(1.82) | 0.2376**<br>(2.39) | 0.1436*<br>(1.83) | 0.0187***<br>(4.11) | 0.0288*<br>(1.71) | 0.0247**<br>(2.06) |
| *TFP_ACF_translog* | 0.2192***<br>(47.70) | 0.2191***<br>(47.68) | 0.2191***<br>(47.70) | 0.2190***<br>(47.73) | 0.2245***<br>(12.41) | 0.0734***<br>(31.80) |
| *age* | -0.0102<br>(-0.85) | -0.0102<br>(-0.85) | -0.0104<br>(-0.87) | -0.0098<br>(-0.82) | 0.0106<br>(0.56) | 0.0108***<br>(2.80) |
| *wage* | -0.0196***<br>(-4.96) | -0.0196***<br>(-4.95) | -0.0193***<br>(-4.88) | -0.0196***<br>(-4.95) | -0.0223***<br>(-3.78) | 0.0390***<br>(5.34) |
| *klratio* | -0.0227***<br>(-8.37) | -0.0226***<br>(-8.36) | -0.0225***<br>(-8.31) | -0.0226***<br>(-8.35) | -0.0276***<br>(-7.85) | -0.0167***<br>(-6.25) |
| *size* | -0.0193***<br>(-5.67) | -0.0190***<br>(-5.57) | -0.0191***<br>(-5.53) | -0.0194***<br>(-5.70) | -0.0284***<br>(-4.90) | -0.0028***<br>(-2.71) |
| *HHI* | 0.0148<br>(0.26) | 0.0141<br>(0.25) | 0.0137<br>(0.24) | 0.0156<br>(0.27) | 0.0609<br>(0.96) | 0.0381<br>(1.19) |
| *number* | 0.0354***<br>(5.37) | 0.0354***<br>(5.37) | 0.0357***<br>(5.38) | 0.0357***<br>(5.41) | 0.0379***<br>(3.97) | 0.0030<br>(1.17) |
| 年份 *FE* | YES | YES | YES | YES | YES | YES |
| 企业 *FE* | YES | YES | YES | YES | — | — |
| 产品—进口国 *FE* | YES | YES | YES | YES | | |
| *Uncentered* $R^2$ | 0.3458 | 0.3388 | 0.3442 | 0.3458 | — | — |
| *Kleibergen-Paap rk LM* | 484.565<br>(0.0000) | 494.147<br>(0.0000) | 404.049<br>(0.0000) | 3545.428<br>(0.0000) | — | — |

续表

| | (1) IV-$Squality6d_{t-1}$ | (2) IV-$Squality5d_{t-1}$ | (3) IV-$Squality4d_{t-1}$ | (4) IV-$Squality_{t-1}$ | (5) DIF-GMM | (6) SYS-GMM |
|---|---|---|---|---|---|---|
| *Cragg-Donald Wald F* | 2230.500 | 2238.012 | 2225.489 | 5.3e+05 | — | — |
| *Kleibergen-Paap rk Wald F* | 689.855 | 708.576 | 552.444 | 5.9e+04 | — | — |
| *Arellano-Bond AR*(2) | — | — | — | — | 0.142 | 0.117 |
| *Sargan test* | — | — | — | — | 0.101 | 0.105 |
| *Hansen test* | — | — | — | — | 0.388 | 0.300 |
| 观测值 | 559688 | 559782 | 559877 | 559688 | 222784 | 565818 |

注：括号内为聚类到企业层面稳健标准误的 $t$ 值，***、** 和 * 分别表示 1%、5% 和 10% 的显著性水平，*Sargan* 检验、*Hansen* 检验和 *Arellano-Bond* 检验均报告了 $p$ 值。

资料来源：作者整理。

## 四　分组估计与异质性分析

与企业层面的分析不同，本部分的异质性分析主要结合产品层面的特征进行分组，考察不同贸易方式、不同出口目的地，以及不同产品（行业）要素密集度、不同技术水平、不同质量差异幅度等对回归结果的影响。需要说明的是，由于本部分着眼于产品层面的分析，因此对产品（行业）的判别也基于产品层面，即基于 HS 编码及其对应的 SITC 编码（国际贸易标准分类），这是与上一部分的行业异质性分析所不同的。

### （一）贸易方式异质性分析

贸易方式是海关数据库中出口产品维度的最重要特征之一，表 6-23 第（1）列、第（2）列汇报了不同贸易方式样本的回归结果。可以看出，一般贸易中产品质量对成本加成的影响显著为正，同基准回归的结论保持一致；而加工贸易样本组的产品质量回归系数为正但不显著。这一结果说明，同一般贸易相比，加工贸易由于“两头在外”的特征，掌握的定价权较弱，因而通过质量提升渠道实现加成率提高的能力有限。

### （二）出口目的地异质性分析

出口目的地的分类可以有多种方式，例如进口国 GDP 总量、人均 GDP（收入水平）等，考虑到一国国民的收入水平更能体现其消费特征，以及对产品质量和价格的敏感程度，因此本书以人均 GDP 来衡量出口目的地特征。采用世界银行根据人均 GDP 对各国收入水平的分类，将样本分为高收入国家、中高等收入国家、中低等收入国家、低收入国家四类，数据来自世界银行网站。① 结果见表 6-23 第（3）—（6）列。可以看出，各分组回归的结果基本与基准回归保持一致，只有低收入国家组的产品质量变量系数不显著，且系数值很小。这种结果表明，相比于高收入国家，低收入国家民众对产品质量的敏感度较低，而对产品价格的敏感度较高，因此对于向低收入国家的出口，通过提升产品质量无法显著提高成本加成。

**表 6-23　　　　贸易方式、出口目的地异质性分析**

| | 贸易方式 | | 出口目的地收入水平 | | | |
|---|---|---|---|---|---|---|
| | (1)<br>一般贸易 | (2)<br>加工贸易 | (3)<br>高收入 | (4)<br>中高收入 | (5)<br>中低收入 | (6)<br>低收入 |
| *Squality_ksw* | 0.0206***<br>(10.39) | 0.0106<br>(1.15) | 0.0182***<br>(8.43) | 0.0209***<br>(4.38) | 0.0208***<br>(2.97) | 0.0069<br>(0.26) |
| *TFP_ACF_translog* | 0.1874***<br>(66.07) | 0.2286***<br>(47.69) | 0.2038***<br>(70.44) | 0.1926***<br>(46.51) | 0.1906***<br>(43.47) | 0.1899<br>(15.66) |
| 控制变量 | YES | YES | YES | YES | YES | YES |
| 年份 *FE* | YES | YES | YES | YES | YES | YES |
| 企业 *FE* | YES | YES | YES | YES | YES | YES |
| 产品—进口国 *FE* | YES | YES | YES | YES | YES | YES |
| *F* 统计量 | 763.05 | 342.75 | 795.80 | 394.51 | 302.84 | 46.97 |
| $Within\text{-}R^2$ | 0.3466 | 0.3232 | 0.3270 | 0.3408 | 0.3483 | 0.3903 |
| 观测值 | 1394405 | 737013 | 1615605 | 291079 | 190725 | 17536 |

注：括号内为聚类到企业层面稳健标准误的 $t$ 值，***、** 和 * 分别表示 1%、5%和 10%的显著性水平。

资料来源：作者整理。

### （三）产品要素密集度异质性分析

借鉴杨汝岱和朱诗娥（2008）等学者的研究，将 SITC Rev3 编码首位为 5、7 的两大类产品界定为资本密集型，首位为 6、8 的两大类产品界定为劳动密集型，分别进行回归，结果见表 6-24。可以看出，两个子样本

① https：//api.worldbank.org/v2/zh/indicator/NY.GDP.PCAP.CD？downloadformat=excel.

的回归结果均与基准回归一致，即产品层面的质量对成本加成具有显著的正向影响。但是，由于分组回归后的组间系数大小不能直接进行比较，我们无法判断资本密集型和劳动密集型样本中产品质量对成本加成影响的相对大小。为此，我们采用在模型中引入产品质量变量与要素密集度变量的交叉项（Chow 检验）的方法直接使用整体样本进行回归，结果见表 6-25。可以看出，资本密集型变量与产品质量变量的交叉项系数显著为负，表明当产品为资本密集型时，产品质量对成本加成的影响效应小于劳动密集型产品，这实际上与表 6-24 中资本密集型和劳动密集型分组回归得到的系数大小结论相一致，且 *Squality_ksw* 系数与表 6-24 中劳动密集型组系数基本相同，*Squality_ksw* 系数与 *capital* * *Squality_ksw* 系数之和与表 6-24 中资本密集型组系数基本相同，结论得到验证。也就是说，劳动密集型产品在升级产品质量后能够实现更大幅度的成本加成提升。

（四）产品技术水平异质性分析

根据 Lall（2000）在 SITC 基础上对产品技术含量的分类（见附录附表 3），将整体样本分为低技术产品、中技术产品、高技术产品三大类，分别进行回归，结果见表 6-24。可以看出，三个子样本的回归结果中产品质量的系数均显著为正。同样，由于分组回归后的组间系数大小不能直接进行比较，我们在模型中引入产品质量变量与技术水平变量的交叉项[①]，采用整体样本进行回归，结果见表 6-25。可以看出，低技术变量与产品质量变量的交叉项系数显著为正，表明当产品技术水平较低时，产品质量对成本加成的影响效应大于中高技术产品，这与表 6-24 中的分组回归结果同样一致。因此得到结论：技术水平较低的产品在升级产品质量后能够实现更大幅度的成本加成提升。

（五）产品质量差异幅度异质性分析

Rauch（1999）在 SITC 基础上，根据产品价格的公开程度将所有产品分为三类：在有组织的商品交易所交易的产品、价格定期在专业出版物上发布的产品、不可归类的差异化产品。其中，前两种类型产品由于具有参考价格，也可以界定为同质化产品。我们根据 Rauch（1999）的分

① 原分组变量为三类，为方便交叉项处理，这里将高技术与中技术合并为一类，即分为中高技术与低技术。新建低技术变量，当为低技术产品时，取值为 1；当为中、高技术产品时，取值为 0。

类（保守分类法）①，将整体样本划分为同质化和差异化两组，分别进行回归，结果见表6-24。可以看出，两个子样本的回归结果均与基准回归保持一致。同样，为了比较不同组别的影响程度大小是否存在明显差异，我们在模型中引入产品质量变量与质量差异变量的交叉项，使用全样本进行回归，结果见表6-25。可以看出，差异化变量与产品质量变量的交叉项系数为正但不显著，这表明产品质量的系数在同质化和差异化两组之间并不存在显著差异，也就是说，在产品质量影响成本加成的过程中，产品质量差异程度的调节作用并不显著。②

**表6-24　产品要素密集度、技术水平、质量差异幅度异质性分析**

| | 要素密集度 | | 技术水平 | | | 质量差异幅度 | |
|---|---|---|---|---|---|---|---|
| | 资本密集型 | 劳动密集型 | 高技术 | 中技术 | 低技术 | 同质化 | 差异化 |
| *Squality_ksw* | 0.0096***<br>(2.84) | 0.0226***<br>(9.56) | 0.0113**<br>(2.17) | 0.0118***<br>(3.27) | 0.0248***<br>(9.37) | 0.0152***<br>(3.41) | 0.0203***<br>(8.96) |
| *TFP_ACF_translog* | 0.2063***<br>(44.88) | 0.2003***<br>(64.28) | 0.2187***<br>(29.91) | 0.1972***<br>(41.90) | 0.2002***<br>(59.10) | 0.2028***<br>(29.46) | 0.2006***<br>(68.63) |
| 控制变量 | YES | YES | YES | YES | YES | YES | YES |
| 年份 *FE* | YES | YES | YES | YES | YES | YES | YES |
| 企业 *FE* | YES | YES | YES | YES | YES | YES | YES |
| 产品—进口国 *FE* | YES | YES | YES | YES | YES | YES | YES |
| *F* 统计量 | 333.52 | 695.74 | 142.17 | 303.74 | 595.91 | 159.24 | 787.35 |
| *Within*-$R^2$ | 0.3561 | 0.3240 | 0.3365 | 0.3567 | 0.3224 | 0.3842 | 0.3249 |
| 观测值 | 368898 | 1764269 | 140442 | 327855 | 1518799 | 130466 | 1916137 |

注：括号内为聚类到企业层面稳健标准误的 $t$ 值，***、** 和 * 分别表示 1%、5%和 10%的显著性水平。

资料来源：作者整理。

① 由于部分产品归类的不确定性，Rauch（1999）分别给出了保守归类和自由归类两个版本的分类，前者将同质化产品的种类数量最小化，而后者将同质化产品的种类数量最大化。

② 这也说明我们使用加入交叉项的方式进行验证，而不是直接比较分组回归中两个系数绝对值大小的重要性。在本例中，虽然差异化产品组与同质化产品组的分组回归系数均显著，且差异化产品组系数绝对值大于同质化产品组，但不能据此直接判断差异化产品的效应更大。

表 6-25　产品要素密集度、技术水平、质量差异幅度交叉项分析

| | 要素密集度 | 技术水平 | 质量差异幅度 |
|---|---|---|---|
| *Squality_ksw* | 0.0216***<br>(9.22) | 0.0110***<br>(4.11) | 0.0155***<br>(4.34) |
| *capital * Squality_ksw* | -0.0118***<br>(3.01) | — | — |
| *low * Squality_ksw* | — | 0.0125***<br>(3.54) | — |
| *differ * Squality_ksw* | — | — | 0.0043<br>(1.08) |
| *TFP_ACF_translog* | 0.2006***<br>(72.69) | 0.2006***<br>(72.69) | 0.1972***<br>(41.90) |
| 控制变量 | YES | YES | YES |
| 年份 *FE* | YES | YES | YES |
| 企业 *FE* | YES | YES | YES |
| 产品—进口国 *FE* | YES | YES | YES |
| *F* 统计量 | 779.40 | 779.47 | 780.11 |
| *Within*-$R^2$ | 0.3277 | 0.3277 | 0.3277 |
| 观测值 | 2140040 | 2140040 | 2140040 |

注：括号内为聚类到企业层面稳健标准误的 *t* 值，***、** 和 * 分别表示 1%、5%和 10%的显著性水平。

资料来源：作者整理。

## 五　影响机制分析

为了进一步考察出口产品质量影响成本加成的机制，本部分使用中介效应模型（Baron & Kenny，1986），从价格和成本两个渠道进行分析检验。由于是在产品层面进行分析，产品价格变量直接采用企业—产品—进口国—年份维度的出口价格指标，并根据式（6-17）在 HS 6 位码层面上进行标准化处理，然后使用该价格指标除以成本加成率，得到产品层面的边际成本。根据中介效应模型的思路，采用逐步检验回归系数法构造回归模型，检验价格渠道的模型组合为：

$$markups_{ijmt}=\alpha_{10}+\alpha_{11}quality_{ijmt}+\beta_1 Controls+\varepsilon_{ijmt} \tag{6-23}$$

$$price_{ijmt}=\alpha_{20}+\alpha_{21}quality_{ijmt}+\beta_2 Controls+\varepsilon_{ijmt} \tag{6-24}$$

$$markups_{ijmt}=\alpha_{30}+\alpha_{31}quality_{ijmt}+\alpha_{32}price_{ijmt}+\beta_3 Controls+\varepsilon_{ijmt} \tag{6-25}$$

检验边际成本渠道的模型组合为：

$$markups_{ijmt}=\alpha_{10}+\alpha_{11}quality_{ijmt}+\beta_1 Controls+\varepsilon_{ijmt} \tag{6-26}$$

$$mcost_{ijmt}=\alpha_{20}+\alpha_{21}quality_{ijmt}+\beta_2 Controls+\varepsilon_{ijmt} \tag{6-27}$$

$$markups_{ijmt}=\alpha_{30}+\alpha_{31}quality_{ijmt}+\alpha_{32}mcost_{ijmt}+\beta_3 Controls+\varepsilon_{ijmt} \tag{6-28}$$

其中，式（6-23）和式（6-26）完全相同，为基础回归，检验产品质量对成本加成影响的总效应，且前文已进行过回归；式（6-24）和式（6-27）为中介变量回归，检验产品质量和中介变量（产品价格、边际成本）的关系；式（6-25）和式（6-28）为控制中介变量后的回归。表6-26汇报了回归结果。

先看产品价格中介变量的情况，第（6-23）、（6-24）和（6-25）式分别给出了对应模型的回归结果。可以看出，产品质量对成本加成的总效应为式（6-23）质量变量的回归系数0.0191，效应显著；其中，产品质量对成本加成的直接效应为式（6-25）质量变量的回归系数0.0182，效应显著；产品质量通过产品价格影响成本加成的间接效应为式（6-24）质量变量系数与式（6-25）价格变量系数的乘积，即0.0039×0.2411=0.0009；直接效应+间接效应（0.0182+0.0009）正好等于总效应（0.0191）。计算可知：产品价格中介效应在总效应中占比为4.7%。

再看边际成本中介变量的情况，第（6-26）、（6-27）和（6-28）式分别给出了对应模型的回归结果。可以看出，产品质量对成本加成的总效应为0.0191，效应显著；其中，产品质量对成本加成的直接效应为式（6-28）质量变量的回归系数0.0216，效应显著；产品质量通过边际成本影响成本加成的间接效应为式（6-27）质量变量系数与式（6-28）价格变量系数的乘积，即0.0033×（-0.7705）=-0.0025，效应显著且为负，即边际成本会对成本加成产生负向影响；直接效应+间接效应（0.0216-0.0025）正好等于总效应（0.0191）。计算可知：边际成本中介效应在总效应中占比为-13.1%。

**表6-26　　　　中介效应模型回归结果**

| | *price* 中介变量 | | | *mcost* 中介变量 | | |
|---|---|---|---|---|---|---|
| | （6-23） | （6-24） | （6-25） | （6-26） | （6-27） | （6-28） |
| *Squality_ksw* | 0.0191***<br>（9.42） | 0.0039***<br>（10.86） | 0.0182***<br>（8.99） | 0.0191***<br>（9.42） | 0.0033***<br>（10.66） | 0.0216***<br>（8.24） |

续表

| | *price* 中介变量 | | | *mcost* 中介变量 | | |
|---|---|---|---|---|---|---|
| | (6-23) | (6-24) | (6-25) | (6-26) | (6-27) | (6-28) |
| price mcost | — | — | 0.2411***<br>(14.38) | — | — | -0.7705***<br>(-29.49) |
| 控制变量 | YES | YES | YES | YES | YES | YES |
| 固定效应 | YES | YES | YES | YES | YES | YES |
| $F$ 统计量 | 876.78 | 22.22 | 845.14 | 876.78 | 3.21 | 848.97 |
| $Within\text{-}R^2$ | 0.3277 | 0.0007 | 0.3283 | 0.3277 | 0.0033 | 0.3324 |
| 观测值 | 2140040 | 2140037 | 2140037 | 2140040 | 2140037 | 2140037 |

注：括号内为聚类到企业层面稳健标准误的 $t$ 值，***、**和*分别表示1%、5%和10%的显著性水平。

资料来源：作者整理。

## 六　核心产品、核心市场异质性分析

在多产品、多市场出口企业中，通常会存在一个核心产品、核心市场，企业对该核心产品、核心市场的出口规模显著大于其他产品和市场。根据第五章的测算，将企业内出口额最高的产品、市场定义为核心出口产品和核心出口市场，在2000—2013年的样本中，全部核心产品的出口额占全部出口额的比重达到68.5%，其他全部非核心产品出口额的比重只有31.5%；全部企业核心市场的出口额占全部出口额的比重为50.0%，考虑到核心市场只对应一个国家（地区），而其他外围市场对应多个国家（地区），因此50%的比重仍能表明大部分多市场出口企业是存在核心市场的。那么，产品质量对成本加成的影响，在核心产品（市场）与非核心产品（市场）中是否表现出差异化的效应？本部分就对此进行考察。

首先从整体样本中剔除单产品、单市场出口企业样本，仅保留年度出口产品种类（出口市场数量）大于等于2的样本，然后进行回归。表6-27汇报了核心产品与非核心产品、核心市场与非核心市场的分组回归结果。可以看出，所有回归系数的符号与显著性均与基准回归保持一致，且非核心产品组系数的绝对值大于核心产品组，核心市场组系数的绝对值大于非核心市场组。为了检验这种系数的差异是否显著，采用引入产品质量变量与核心产品（核心市场）变量的交叉项的方法，使用全样本进行回归，结果见表6-27。可以看出，无论是核心产品变量与产品质量的交叉项，还是核心市场变量与产品质量的交叉项，其系数均不显著，这表明分组回归得到的两个系数之间不存在显著差异；也就是说，在产品质量影响成本加成的过程中，核心产品（市场）与非核心产品（市场）没有表现出明显的差异化特征。

**表 6-27　　核心产品、核心市场异质性分析**

| | 产品 | | | 市场 | | |
|---|---|---|---|---|---|---|
| | 核心产品 | 非核心产品 | 交叉项 | 核心市场 | 非核心市场 | 交叉项 |
| *Squality_ksw* | 0. 0148*** (5. 43) | 0. 0234*** (8. 15) | 0. 0202*** (8. 76) | 0. 0237*** (7. 60) | 0. 0197*** (7. 44) | 0. 0120*** (8. 88) |
| *coreproduct* * *Squality_ksw* | — | — | -0. 0005 (-0. 80) | — | — | — |
| *coremarket* * *Squality_ksw* | — | — | — | — | — | 0. 0002 (0. 28) |
| 控制变量 | YES | YES | YES | YES | YES | YES |
| 年份 *FE* | YES | YES | YES | YES | YES | YES |
| 企业 *FE* | YES | YES | YES | YES | YES | YES |
| 产品—进口国 *FE* | YES | YES | YES | YES | YES | YES |
| *F* 统计量 | 718. 60 | 515. 11 | 626. 74 | 559. 41 | 704. 42 | 703. 96 |
| $Within\text{-}R^2$ | 0. 3512 | 0. 3201 | 0. 3271 | 0. 3220 | 0. 3397 | 0. 3332 |
| 观测值 | 644471 | 1264518 | 1925290 | 431847 | 1531844 | 1981386 |

注：括号内为聚类到企业层面稳健标准误的 *t* 值，***、** 和 * 分别表示 1%、5%和 10%的显著性水平。

资料来源：作者整理。

## 七　产品质量对企业内成本加成分布的影响

前文中考察了行业质量水平对行业内企业成本加成分布的影响，以探究行业内的资源配置情况。本部分在获取了企业—产品层面的成本加成指标后，可以进一步深入考察企业的产品质量水平对企业内产品成本加成分布的影响。主要从两个角度进行考察：一是企业产品质量水平的变化对企业内成本加成分布的影响，二是企业内产品质量的差异程度对企业内成本加成分布的影响。计量模型为：

$$markupdisper_{it}=\beta_0+\beta_1 quality_{it}+\beta_2 qualitydiffer_{it}+\beta_3 Controls+\lambda_t+\delta_i+\varepsilon_{it} \tag{6-29}$$

其中，被解释变量 $markupdisper_{it}$ 为企业层面成本加成分布，$quality_{it}$ 为企业层面的标准化质量，$qualitydiffer_{it}$ 为企业层面的产品质量差异程度，*Controls* 为控制变量的集合，包括企业全要素生产率（*TFP*）、企业规模（*size*）、企业年龄（*age*）、企业工资水平（*wage*）、企业资本密集度（*klratio*）5 个变量，$\lambda_t$ 和 $\delta_i$ 分别表示年份固定效应和企业固定效应，$\varepsilon_{it}$ 表示随机扰动项，*i*、*t* 分别表示企业和年份。对于企业层面成本加成分布 $markupdisper_{it}$，分别使用泰尔指数（Theil index）、对数离差均值（MLD）、变异系数（CV）、相对平均离差（RMD）4 项指标来测度，企业内产品质量差异程度指标 $qualitydiffer_{it}$ 采用 Rauch（1999）的分类（保守分类法），若为差异化产品则为 1，若为同质化产品则为 0。其余控制变量的衡量方式均与前文一致。

企业内产品间成本加成的分布问题只存在于多产品出口企业，因此从总体样本中删去单产品出口企业样本。[①] 表 6-28 汇报了产品质量对企业内成本加成分布影响的计量回归结果。结果显示，各自变量回归系数的符号、大小、显著性大体一致，表明回归结论较为稳健，不受成本加成分布衡量指标的影响。产品质量的系数为负且部分显著，表明随着企业平均质量水平的提升，企业内产品成本加成分布的离散程度逐渐降低，资源配置效率逐步提高；产品质量差异的系数均为正且显著，表明出口差异化产品的企业其成本加成的离散程度显著高于出口同质化产品的企业。控制变量中，全要素生产率的系数显著为负，表明企业生产率越高其产品成本加成分布的离散程度越低，资源配置效率越高；企业规模、企业年龄、工资水平的系数均显著为正，表明规模更大、经营时间更长、员工工资更高的企业其成本加成的离散程度也更高，整体资源配置效率相对较低。但需要说明的是，回归得到的所有系数的绝对值均较小，表明产品质量对企业内成本加成分布的影响程度微乎其微。

① 实际上，即使是单产品出口企业，由于其产品会出口到不同国家（地区），其产品的成本加成也存在差异和离散度问题。但我们这里主要考察一个企业内多种出口产品之间的成本加成分布问题，因此还是删除了单产品出口企业。

**表 6-28　　产品质量对企业内成本加成分布影响的回归结果**

| | Theil | MLD | CV | RMD |
|---|---|---|---|---|
| *quality* | -1.43e-06*<br>(-1.82) | -1.47e-06<br>(-1.54) | -0.00006*<br>(-1.89) | -0.00003<br>(-1.06) |
| *qualitydiffer*（*Rauch*） | 4.23e-06***<br>(5.99) | 4.19e-06***<br>(5.99) | 0.0002***<br>(7.35) | 0.0001***<br>(6.68) |
| *TFP_ACF_translog* | -7.25e-06***<br>(-4.32) | -7.23e-06***<br>(-4.34) | -0.0003***<br>(-5.67) | -0.0003***<br>(-5.42) |
| *size* | 0.00002***<br>(9.47) | 0.00002***<br>(9.58) | 0.0012***<br>(13.44) | 0.0010***<br>(11.97) |
| *age* | 0.00001**<br>(2.21) | 0.00001**<br>(2.18) | 0.0003<br>(1.52) | 0.0003<br>(1.51) |
| *wage* | 0.00001***<br>(6.05) | 0.00001***<br>(6.06) | 0.0005***<br>(7.35) | 0.0004***<br>(6.77) |
| *klratio* | -1.99e-06<br>(-1.50) | -1.95e-06<br>(-1.48) | -0.0001<br>(-1.59) | -0.00004<br>(-0.91) |
| 年份 *FE* | YES | YES | YES | YES |
| 企业 *FE* | YES | YES | YES | YES |
| *F* 统计量 | 28.53 | 29.00 | 56.57 | 46.11 |
| *Within*-$R^2$ | 0.0239 | 0.0242 | 0.0341 | 0.0313 |
| 观测值 | 1850650 | 1850650 | 1850650 | 1850650 |

注：括号内为聚类到行业层面稳健标准误的 *t* 值，***、** 和 * 分别表示 1%、5%和 10%的显著性水平。

资料来源：作者整理。

## 第四节　本章小结

本章聚焦于产品质量与成本加成的关系研究，在理论模型分析的基础上，分别从企业层面和企业—产品层面，考察产品质量对成本加成的影响，并得到了差异化的结论。

首先，在企业层面，产品质量对企业成本加成的影响表现出倒 U 形态势。即：当产品质量小于临界值时，出口企业的成本加成随着产品质量的提升而提升；而当产品质量大于临界值时，出口企业的成本加成反而随着产品质量的提升而下降。分所有制性质来看，私营企业出口产品质量对其成本加成始终具有正向影响，而外资企业出口产品质量对其成本加成始终具有负向影响，国有企业的产品质量临界值大概位于25%分位；分资本密集度来看，只有大约15%的资本密集型企业其成本加成随着产品质量的提升而提升，而绝大部分的劳动密集型企业提升产品质量反而会降低成本加成；分技术水平来看，绝大部分的中高技术企业其出口产品质量会对成本加成产生负向影响；分行业质量差异来看，质量差异程度较小行业内的企业，其质量水平对成本加成的影响不明显，而质量差异程度较大行业内的企业，产品质量对出口企业成本加成的影响呈现显著的倒U形。

进一步的影响机制分析表明：随着产品质量的提升，企业出口产品价格也随之提升，而企业生产的边际成本随之增加，企业成本加成的最终变化方向取决于价格提升效应和成本增加效应的相对大小；对于产品质量水平较低的企业，主要是价格提升效应发挥作用，因此质量升级会带来成本加成提升，而对于产品质量水平较高的企业，成本增加效应大于格提升效应，因此质量升级会导致成本加成降低，即出现“质量升级陷阱”，但长期看该“陷阱”趋于消失。从出口市场数量分类来看，单市场出口企业的质量临界值大概位于42%分位，而绝大部分的多市场出口企业提升产品质量反会降低成本加成。从产品质量对行业内成本加成分布的影响来看，随着行业平均质量水平的提升，行业内企业成本加成分布的离散程度显著降低，资源配置效率显著提高。

其次，在企业—产品层面，产品质量对产品成本加成表现出显著的正向影响。分贸易方式来看，一般贸易中产品质量对成本加成的影响显著为正，而加工贸易由于“两头在外”的特征，掌握的定价权较弱，因而通过质量提升渠道实现加成率提高的能力有限；分出口目的地来看，相比于高收入国家，低收入国家民众对产品质量的敏感度较低，而对产品价格的敏感度较高，因此对于向低收入国家的出口，通过提升产品质量无法显著提高成本加成；分产品要素密集度来看，相比于资本密集型产品，劳动密集型产品在升级产品质量后能够实现更大幅度的成本加成提升；分技术水平来看，技术水平较低的产品在升级产品质量后能够实现更大幅度的成本加成提升。

通过中介效应模型进行的影响机制分析表明：产品价格中介效应在总效应中占比仅为 4.7%，而边际成本中介效应在总效应中的占比为 -13.1%。从产品质量对企业内成本加成分布的影响来看，随着企业平均质量水平的提升，企业内产品成本加成分布的离散程度逐渐降低，资源配置效率逐步提高，且出口差异化产品的企业其成本加成的离散程度显著高于出口同质化产品的企业。

# 第七章　结论与政策建议

本书试图在企业异质性理论的框架下，以中国出口产品质量和出口企业成本加成为核心主题，分析产品质量对成本加成的作用机制和影响效应，并运用中国工业企业和海关进出口数据开展多视角、多层次的实证检验。本章就全书的主要研究结论进行概括性总结，在此基础上提出相应的政策启示和建议，并指出研究不足与未来展望。

## 第一节　主要结论

借鉴和吸收已有相关研究的最新成果和方法，并通过规范与实证分析、微观与宏观层面分析、对比分析，以及多种计量方法的综合运用，本书得出四个方面的主要结论。

### 一　关于中国出口企业的行为特征和出口增长二元边际

采用2000—2013年高度细化的海关进出口数据，多视角、多维度分析了中国出口企业的行为特征和中国出口增长的二元边际，得到的主要结论如下：

第一，多产品、多市场出口企业在中国出口企业中占据绝对主导地位，且其数量比重和出口金额比重在样本期内基本保持稳定。

第二，多产品、多市场出口企业会通过调整出口产品和市场来重新配置资源，即进行产品和市场转换。通过对“出口种类新增率”“出口种类缩减率”“出口市场新增率”“出口市场退出率”等指标的测算和考察发现，样本期内出口企业的产品和市场转换行为非常普遍和频繁，而持续出口企业内的产品和市场转换是出口产品和出口市场变化的主要推动力量。

第三，通过对中国出口增长的多维度边际分解发现，中国出口的二元边际波动较大，且集约边际和扩展边际的相对贡献程度会随着分析层次的深化而变化。仅从企业层面分析时，中国一般贸易的出口增长主要由持续企业的出口额增长即集约边际贡献；从企业—产品和企业—市场的双重维度分析时，集约边际的贡献明显降低；从企业—产品—市场和企业—市场—产品的三重维度分析时，集约边际的贡献进一步降低，且不再占据主导地位。这种结果表明：出口产品种类的变化和出口市场的变化很大一部分是在企业内，而非在企业间。因此，我们关于出口增长扩展边际和集约边际的考察要以维度层次为前提，在不同的维度层次下会得到差异化的结论。之前许多基于企业层次或者基于企业—产品层次的出口二元边际研究，可能低估了扩展边际的贡献度。

### 二　关于中国出口产品质量的变化趋势及其动态分解

将当前主流的两种质量测度方法：需求信息反推法和供需信息加总法统一到同一框架之中，并同时采用两种方法、运用 2000—2013 年海关数据和工业企业数据对中国出口产品质量进行测度和多角度分析，还重点考察了企业出口行为即出口深度与出口广度与其产品质量的关系，并采用 Melitz 和 Polance（2015）提出的动态 OP 方法对出口产品的质量变化进行分解，得到的主要结论如下：

第一，从不同测算方法的对比来看，FR 方法、KSW 方法和 KSW 方法的不同回归方式得到的产品质量指标之间均存在正向的相关性，表明不同方法测算的质量指标具有相似的趋势特征，但将产品价格移到左边的回归方程的整体拟合效果不佳，在使用时应较为谨慎。另外，FR 方法由于在质量计算公式中包含了企业生产率，而中国工业企业数据库在 2011 年时统计口径的变化导致整体生产率水平出现突变，因此在使用 FR 方法考察 2011 年前后的中国整体出口产品质量变化时也应谨慎。

第二，从中国出口产品质量的整体发展趋势和特征来看，不同测算方法的结果均表明，2000—2013 年间中国出口产品质量实现了一定程度的提升，但提升幅度较为有限。其中，私营企业出口产品质量水平均显著低于国有企业和外资企业，但其提升速度较快，处于稳定的追赶态势；加工贸易出口产品的整体质量水平显著高于一般贸易，但一般贸易出口产品质量更快的提升速度使两者的差距逐渐消失；高技术出口产品的质量相对更高，但低技术出口产品的质量水平提升速度更快。

第三，从企业出口行为与产品质量的关系来看，企业出口深度与其产品质量提升表现出显著的正相关关系，而企业出口广度与其产品质量在出口产品种类领域表现出负相关性。也就是说，出口时间更长和出口规模份额更大的企业其产品质量也相对更高，而出口产品种类更多的企业表现出明显的质量劣势，即多产品出口企业整体产品质量低于单产品出口企业。

第四，从中国出口产品质量变化的动态分解来看，整体质量的提升更多来自存续出口企业的正向贡献，而企业的进入和退出拉低了整体的质量水平。其中，存续企业自身产品质量的提升以及存续企业间的市场份额再分配均是中国出口产品质量水平提升的重要推动力，而新进入出口市场的企业产品质量相对较低，拉低了整体产品质量水平。

### 三　关于中国企业（产品）成本加成的差异化特征事实

分别运用 De Loecker 和 Warzynski（2012）方法和 De Loecker 等（2016）方法，从企业层面和企业—产品层面对中国工业企业和中国出口企业—产品的加成率进行测算和多角度分析，同时还重点考察了进入退出市场企业、多产品多市场企业等表现出的差异化加成率特征，得到了较为丰富的结论。

第一，从中国企业（产品）成本加成的整体发展演变趋势来看，企业层面的测算结果和产品层面的测算结果表现出一致的趋势特征，即在2000—2013 年实现了显著提升，表明中国企业的议价能力和盈利能力显著增强。其中，私营企业（及出口产品）的成本加成明显低于国有企业和外资企业（及出口产品），表明私营企业定价能力相对较弱。

第二，从出口企业与非出口企业成本加成的比较来看，已有研究中发现的“中国企业低价出口之谜”的确存在，即样本期内出口企业的平均成本加成低于非出口企业。但是，得益于样本期的延长，我们发现2011 年之后出口企业的平均成本加成反超了非出口企业，表明随着中国外贸的转型升级，出口企业的定价能力也实现了显著提升，出口企业“低加成率陷阱”逐渐消失。

第三，不同贸易方式、不同行业和不同出口市场的成本加成表现出差异化特征。加工贸易产品的成本加成高于一般贸易，但一般贸易产品的成本加成表现出更快的增速，且在样本期末基本追上了加工贸易的加成率。具有较高成本加成的行业多为资本密集型行业，而成本加成较低的行业多为劳动密集型行业；行业的市场集中程度越高（垄断程度越高)，则该行业企业的平均加成率也越高。中国大陆对日本、韩国以及中国香港和中国台湾等周边地区市场出口产品的加成率最高；对美国、英国、德国、法国等欧美发达国家市场出口产品的成本加成处于中间水平，对印度、印度尼西亚、南非等发展中国家和地区市场出口产品的成本加成相对较低。

第四，多产品、多市场企业的成本加成也表现出明显的差异化特征。多产品出口企业的平均加成率明显高于单产品出口企业，且在多产品出口企业中，核心产品平均加成率低于非核心产品，但表现出更快的提升速度，到样本期末已基本追上非核心产品加成率；单市场出口企业平均加成率高于多市场出口企业，且在多市场出口企业中，核心市场的平均加成率明显高于外围市场，表明出口企业在核心市场中具有更强的议价能力。

### 四　关于产品质量对企业（产品）成本加成的影响效应

借鉴 Bertoletti 和 Etro（2017）的理论模型，引入间接可加性效用函数，将出口产品质量这一核心变量纳入 M-O 模型框架进行分析。在此基础上，分别从企业层面和企业—产品层面，考察产品质量对成本加成的影响效应，并得到了差异化的结论。

首先，在企业层面，产品质量对企业成本加成的影响表现出倒 U 形态势。即：当产品质量小于临界值时，出口企业的成本加成随着产品质量的提升而提升；而当产品质量大于临界值时，出口企业的成本加成反而随着产品质量的提升而下降，短期内出现“质量升级陷阱”，但长期看该“陷阱”趋于消失。分所有制性质来看，私营企业出口产品质量对其成本加成始终具有正向影响，可以完全规避“质量升级陷阱”，而外资企业出口产品质量对其成本加成始终具有负向影响；分资本密集度来看，只有大约 15%的资本密集型企业其成本加成随着产品质量的提升而提升，而绝大部分的劳动密集型企业提升产品质量反而会降低成本加成；分技术水平来看，绝大部分的中高技术企业其出口产品质量会对成本加成产生负向影响；分行业质量差异来看，质量差异程度较大行业内的企业，产品质量对出口企业成本加成的影响呈现显著的倒 U 形。

进一步的影响机制分析表明：随着产品质量的提升，企业出口产品价格也随之提升，而企业生产的边际成本随之增加，企业成本加成的最终变化方向取决于“价格提升效应”和“成本增加效应”的相对大小；

对于产品质量水平较低的企业，主要是价格提升效应发挥作用，因此质量升级会带来成本加成提升，而对于产品质量水平较高的企业，成本增加效应大于价格提升效应，因此质量升级会导致成本加成降低。从产品质量对行业内成本加成分布的影响来看，随着行业平均质量水平的提升，行业内企业成本加成分布的离散程度显著降低，资源配置效率显著提高。

其次，在企业—产品层面，产品质量对产品成本加成表现出显著的正向影响。分贸易方式来看，一般贸易中产品质量对成本加成的影响显著为正，而加工贸易由于“两头在外”的特征，掌握的定价权较弱，因而通过质量提升渠道实现加成率提高的能力有限；分出口目的地来看，相比于高收入国家，低收入国家民众对产品质量的敏感度较低，而对产品价格的敏感度较高，因此对于向低收入国家的出口，通过提升产品质量无法显著提高成本加成；分产品要素密集度来看，相比于资本密集型产品，劳动密集型产品在升级产品质量后能够实现更大幅度的成本加成提升；分技术水平来看，技术水平较低的产品在升级产品质量后能够实现更大幅度的成本加成提升。

通过中介效应模型进行的影响机制分析表明：产品价格中介效应在总效应中占比仅为 4.7%，而边际成本中介效应在总效应中的占比为 -13.1%。从产品质量对企业内成本加成分布的影响来看，随着企业平均质量水平的提升，企业内产品成本加成分布的离散程度逐渐降低，资源配置效率逐步提高，且出口差异化产品的企业其成本加成的离散程度显著高于出口同质化产品的企业。

## 第二节　政策建议

提升产品质量水平及提高成本加成，既是企业追求利润最大化和实现自身发展目标的行为，也是国家实现外贸高质量发展、从贸易大国向贸易强国迈进的必然要求。因此，结合本书理论和实证分析得到的相关结论，分别从企业和政府两个层面提出相应对策建议。

### 一　企业层面

企业作为外贸出口的主体，在贸易强国战略中扮演着主角。在出口产品质量升级和成本加成提升的过程中，出口企业既要注重内因的影响，根据自身特征和优势做出科学决策；同时也要重视外因的影响，即充分考察东道国特征，做到知己知彼，才能最大限度地实现企业的战略目标。

（一）新进出口企业应专注于某一领域和产品的深耕细作

作为贸易大国，中国每年都有数量众多的企业进入和退出出口市场，本书的样本期内的年峰值进入率达到26%，也就是说出口市场上有超过1/4的企业为新进入企业。对于这些新进入出口市场的企业来说，更科学的选择应该是首先专注于某一领域产品的深度培育，集中优势资源提升产品竞争力，而不是过早地实施产品多元化策略，这同当前我国大力培育"专精特新""单项冠军"企业的思路是一致的。根据本书的结论，出口时间更长和出口规模份额更大的企业其产品质量也相对更高，而出口产品种类更多的企业表现出明显的质量劣势。因此，为了更好地推动出口产品质量的提升和品牌的打造，新进出口企业应采取专业化而不是多元化发展路径，专注于核心业务，提高专业化生产能力，在某个细分领域打造具有竞争力和影响力的产品，以美誉度高、性价比好、品质精良的产品在细分市场中占据优势，力争成为细分领域的单项冠军。

（二）加工贸易企业应积极转型升级并着力提高产品附加值

加工贸易在我国对外贸易中占据重要地位，在我国工业化进程中也发挥了重要的作用。尽管近年来加工贸易在外贸总额中的比重持续降低，已从最高峰的超过50%降至2020年的不足25%，被一般贸易比重大幅超越。但是，新形势下加工贸易的转型升级仍然是我国外贸高质量发展的重要内容，本书的结论也证实了这一点。在关于出口产品质量和成本加成的分析中，我们都得到了类似的结论，即：加工贸易出口产品的整体质量水平和成本加成均高于一般贸易，但一般贸易出口产品质量和成本加成表现出更快的提升速度，从而在样本期末两者的差距逐渐消失。而且，一般贸易中产品质量对成本加成的影响显著为正，而加工贸易由于"两头在外"的特征，掌握的定价权较弱，因而通过质量提升渠道实现加成率提高的能力十分有限。也就是说，尽管加工贸易在早期得益于国外订单企业的较高标准和要求具有一定优势，但随着一般贸易的快速高水平发展，加工贸易的劣势逐渐显现。因此，加快加工贸易的转型升级迫在眉睫。应加大力度推动加工贸易企业由单纯的贴牌生产（OEM）向委托设计（ODM）、自有品牌（OBM）方式发展，支持企业创建和收购品牌，拓展营销渠道，从被动接单转向主动营销，努力提升在全球价值链中的地位。

（三）出口企业应结合自身情况和目的市场特征进行产品定价

产品价格直接决定着企业的贸易获利，对于多市场出口企业来说，更是可以通过在不同市场制定不同的价格来获得超额利润。首先，根据本书的结论，中国大陆对日韩、港台等周边地区市场出口产品的加成率最高，对美欧市场的加成率其次，对发展中国家和地区市场的加成率最低。显然，出口企业在制定产品价格时应充分考虑目的地市场的收入水平、地理距离、文化距离等多方面因素，同时结合自身产品的品牌知名度、影响力等情况进行科学决策。其次，根据本书的结论，单市场出口企业平均加成率高于多市场企业，且在多市场出口企业中核心市场的平均加成率明显高于外围市场。也就是说，将产品集中于单一出口市场的企业能制定更高的价格，并且由于对该市场的长期耕耘和深度渗透，营销成本可能也相对较低，因此成本加成较高，但同时也要承担单一市场波动的巨大风险。而对于多市场出口企业，一般也应确定一个核心市场作为重点运营对象，并通过多方面努力在该核心市场实现较高的成本加成。最后，根据本书的结论，对于向低收入国家的出口，通过提升产品质量无法显著提高成本加成。因此，企业在向低收入国家出口产品时，由于低收入国家民众对产品质量的敏感度较低而对产品价格的敏感度较高，所以应注意控制工艺改进、质量升级的成本，否则可能由于价格无法有效提高而导致亏损。

（四）民营出口企业应积极进行质量升级进而获得加成率提升

民营企业已成为中国外贸出口的主力军，在外贸进出口额中的比重接近50%，而曾经的外贸第一大主体——外资企业的比重已降至不足40%，且外资出口企业中相当多数为加工贸易企业。因此，民营出口企业的高质量发展对中国外贸的可持续发展和贸易强国建设意义重大。根据本书分所有制分析得出的结论，民营企业出口产品质量水平和成本加成均显著低于国有企业和外资企业，表明民营出口企业还有很大的发展提升空间。同时，结合影响效应分析中得到的结论——与外资企业相反，私营企业出口产品质量对其成本加成始终具有正向影响——可以清晰地得出民营企业的路径选择，即积极进行质量升级，进而实现加成率提升获得更大收益。因此，民营企业应制定实施质量发展战略，建立健全从产品设计到售后服务全过程的质量管理体系，全面加强质量管理；主动加强自主研发，不断加大研发投入和技术改造投资力度，努力提高出口产品的技术含量和工艺水平；同时，及时跟踪和掌握国外先进标准情况，积极采用国际标准或国外先进标准开展生产。

## 二　政府层面

从宏观层面来说，政府在贸易强国建设中的作用不可或缺。政府需要通过制定顶层设计、完善政策体系、健全保障措施等方式为出口企业创造良好的内部和外部环境。

### （一）加大对出口企业创新提质和品牌培育的支持力度

21 世纪以来的 10 余年间，中国出口产品质量只表现出微弱的提升，即出口“质”的提升远远落后于“量”的增长，与中国贸易大国的地位是不相称的。通过不断提高产品质量和附加值来实现全球价值链攀升，是中国对外贸易下一阶段实现跨越发展的核心问题。具体来说，一是要推动贸易创新能力提升。积极鼓励出口企业开展技术研发，支持企业加大研发投入和技术改造投资力度，并对具有重大突破的企业创新成果进行奖励。支持出口企业积极应用互联网、物联网、大数据、人工智能、区块链等新技术，加快培育外贸新动能。二是要提高出口产品整体质量水平。推动一批重点外贸行业的产品质量整体达到国际先进水平；进一步完善认证认可制度，加快推进与重点市场的认证和检测结果互认；建立完善重要出口产品的质量追溯体系。三是要加大对出口品牌培育的支持力度。制定实施出口企业商标品牌扶持计划，引导企业创建自主品牌；以优势出口企业集群为载体，打造具有较强国际市场影响力和竞争力的行业性、区域性出口品牌；支持企业参加综合性、专业性国际展会，在重点出口市场举办品牌展览推介。

### （二）进一步优化出口商品结构提高外贸发展质量

从出口商品结构来说，要实现我国外贸高质量发展，就必须大力发展高质量、高技术、高附加值产品出口。而本书的结论表明：化学纤维制造、电气机械及器材制造等资本密集型行业平均成本加成明显更高，即附加值更高；而皮革制品、纺织等劳动密集型行业平均成本加成相对较低，即附加值较低。原因在于，劳动密集型行业产品替代弹性大，在国际市场上竞争较为激烈，且容易造成国际贸易摩擦和争端，不易培育国际市场势力；而资本密集型行业产品替代弹性较低。因此，优化出口商品结构，从总体上来说就是要综合运用创新政策和产业政策有效改善要素禀赋，逐步提高资本技术密集型产品出口比重，提升出口产品的国际市场势力。应进一步加快智能制造发展，推动出口企业逐步从加工制造环节向研发设计、营销服务、品牌经营等环节攀升，稳步提高出口附加值；应聚焦集成电路、人工智能、生物医药等领域的创新突破，尽快形成出口能力，壮大新能源汽车、智能制造装备、高端医疗器械、船舶和海洋工程装备等战略性新兴产业，打造新兴出口优势产业。

（三）综合施策保障出口企业队伍的稳定和持续发展

从中国出口产品质量变化的动态分解来看，整体质量的提升更多来自存续出口企业的正向贡献，而企业的进入和退出拉低了整体的质量水平。其中，存续企业自身产品质量的提升以及存续企业间的市场份额再分配均是中国出口产品质量水平提升的重要推动力，而新进入出口市场的企业产品质量相对较低，拉低了整体产品质量水平。因此，要促进中国出口产品整体质量水平的稳步提升，实现外贸高质量发展，必须要保证外贸主体——出口企业队伍的相对稳定和可持续发展。应深入实施外贸主体培育行动计划，支持外贸中小企业转型升级，走“专精特新”国际化道路；支持外贸规模企业提升国际竞争力，开展商标国际注册，推进品牌国际化；支持外贸龙头企业提高国际化经营水平，形成在全球范围内配置要素资源、布局市场网络的能力。着力优化外贸主体发展环境，一是改善外贸主体融资环境，综合运用再贷款、再贴现等货币政策工具，引导金融机构加大对外贸主体的支持力度；二是加快发展外贸综合服务业务，打造一批服务功能完善、辐射带动能力强的全流程型、特色型、区域型外贸综合服务企业，为小微企业出口提供专业化服务；三是培育各类外贸集聚区，深入推进国家外贸转型升级基地建设，依托产业集聚区培育一批产业优势明显、创新驱动强劲、公共服务健全的外贸出口基地。

（四）充分发挥市场在资源配置中的决定性作用

本书结论表明，中国整体出口产品质量的提升来源于出口企业绝对质量的提升和企业间的市场份额再分配，而通过有效的市场化改革能够优化配置效率，进一步发挥份额再分配的质量提升效应。同时，通过深化市场化改革，营造良好的国内制度环境，进一步释放民营企业发展活力，也有助于促进民营出口企业继续保持较快的质量提升步伐。因此，应充分发挥市场在资源配置中的决定性作用，同时注重发挥政府与市场功能的互补性，进一步提高资源配置效率。具体来说，一是建立统一开放、竞争有序的市场体系，保障大量民营企业能够平等参与出口市场竞争，有效发挥市场竞争对出口产品质量提升的激励效应；二是重点打破国有企业的垄断地位和在某些方面的特权，审慎给予对国有企业直接的政策补贴和出口优惠措施，通过市场竞争来促进国有企业出口产品质量的提升；三是进一步推进外贸体制改革，加强事中事后监管，推进国际贸易“单一窗口”建设和应用，加快打造国际一流、公平竞争的营商环境。

（五）统筹推动出口行业关键共性技术的研发和应用

出口企业加强自主研发能够有效提升产品的技术含量和质量水平，但是对于中小出口企业来说，受制于订单波动、资金短缺、技术储备不足等难题，技术研发的成本过高甚至超出了其承受范围，无法有效利用技术研发来实现升级发展。根据本书的结论，产品质量对成本加成的影响机制由正向的价格提升效应和负向的成本增加效应构成；中介效应模型的分析进一步表明，价格效应在总效应中的占比仅为4.7%，而成本效应为-13.1%。那么，能否有效控制为提升质量而增加的研发成本就成为关键的一环。因此，政府应统筹推动加强行业关键共性技术的研发。各地政府可以立足于区域特色优势出口产业，通过组建行业技术中心、产业技术创新联盟，以及建设产业共性技术研发基地等方式，集中力量研发并推广一批重大共性技术创新成果；设立产业共性技术研发基金或专项基金，并引导产业基金、风险投融资基金等重点投向关键共性技术研发领域；鼓励各地设立科技成果转化基金，支持中小出口企业采用新技术开展产品质量升级。

（六）加快构建覆盖全球的高标准自由贸易区网络

2001年加入WTO以后，中国出口企业所处的国际市场环境显著改善，制度性保障明显增强，有力地促进了中国对外贸易的迅猛发展。自党的十八大提出加快实施自由贸易区战略以来，我国的FTA发展步伐明显加快，取得了显著成效。关税和各类非关税壁垒都会显著增加贸易成本，进而对出口企业成本加成产生负向影响。因此，中国应继续深入实施自贸区战略，加快构建形成覆盖全球的高标准自由贸易区网络。一是积极参与构建面向全球的超大型自由贸易区，加快推进中日韩自贸协定谈判，力争在RCEP成果的基础上，进一步达成一份全面、高水平、互惠的自贸协定，同时积极谋划加入 CPTPP。二是将自贸区网络建设与“一带一路”倡议相结合，可以考虑立足沿线已经建成的中国—东盟自贸区、南盟自贸区、海合会自贸区等，遵循从双边到多边、从多边到区域的路线，与沿线国家和地区逐步开展不同形式的经济合作，在条件成熟时重点选择若干对象商签自贸协定，打造战略支点，最终由点到面，构建起以中国为核心、辐射“一带一路”沿线的高标准自由贸易区网络。

## 第三节　研究展望

本书在企业异质性理论框架下，分析探讨了中国出口企业产品质量与其成本加成问题，为中国出口企业的质量升级和定价决策提供了微观解释和理论依据。当然，本书仍存在有待拓展的空间，值得今后进行持续的深入研究。

首先，研究的理论机制方面尚有拓展空间。在对产品质量影响成本加成的理论模型分析中，本书借鉴了以 MO 模型为基础的 Bertoletti 和 Etro（2017）理论模型，引入间接可加性效用函数，将出口产品质量这一核心变量以及出口市场收入水平、汇率等影响成本加成的其他变量纳入同一个框架进行分析。但是，该模型假设每家企业只生产一种产品，即企业和产品一一对应，因此实际上得出的理论推论是基于企业—产品层面的。而对于多产品出口企业，即企业层面产品质量对成本加成的影响机理，本书仅采用定性的理论分析，没有构建理论模型，这是未来可以进一步深化和拓展之处。

其次，经验研究的方法和内容还有很大的深化空间。一是在变量指标的选取方面。本书在条件允许的范围内尽可能多地将影响企业成本加成的变量纳入研究框架，但是由于 2007 年之后工业企业数据库的变量指标数量减少，诸如研发费用、新产品产值、补贴收入等变量缺失，导致我们无法考察企业创新、政府补贴等因素对企业成本加成的影响。二是在实证检验的数据样本方面。本书使用工业企业数据库和海关数据库的匹配样本进行实证检验，虽然匹配成功率较高，但仍存在相当数量的样本损失，而这种损失可能导致研究结论产生偏差。当然，为了尽可能降低偏差，本书测算的 KSW 方法产品质量指标是基于完整的海关数据库，全要素生产率、企业成本加成等指标是基于完整的工业企业数据库，而不是基于匹配后的数据库，因此可以在一定程度上提高准确率。

最后，对中国最新情况的分析和探讨有待深化。当前学术界对中国经济问题和中国情况的关注程度很高，国内外学者对中国问题的研究也越来越深入。那么，在将异质性企业贸易理论应用于中国情境的时候，该理论的基本假设和结论是否具有适用性。在进一步的研究中，更好的理论归纳中国情境将可以夯实异质性企业贸易理论中国化的基础，也可以对相关领域研究做出贡献。另外，本书的数据截至 2013 年，而最近几年中国的外贸发展形势出现新的变化，特别是中美贸易摩擦等事件的不断发酵给中国出口贸易带来了严峻挑战，但现有数据样本无法对这些新情况进行考察，有待未来实现突破。

# 附　　录

**附表1　　2000—2013年部分年份各省份TFP**

| 省份 | 2000 | 2003 | 2007 | 2010 | 2013 | 整体TFP | 增幅（%） |
|---|---|---|---|---|---|---|---|
| 北京 | 6.727 | 8.153 | 8.686 | 8.681 | 9.174 | 8.387 | 36.4 |
| 天津 | 7.849 | 8.140 | 8.663 | 8.665 | 9.384 | 8.787 | 19.5 |
| 河北 | 6.968 | 7.494 | 8.031 | 8.030 | 8.323 | 7.802 | 19.5 |
| 山西 | 6.653 | 7.168 | 7.848 | 7.848 | 8.432 | 7.615 | 26.7 |
| 内蒙古 | 0.000 | 7.464 | 8.584 | 8.584 | 8.630 | 7.917 | 25.6 |
| 辽宁 | 6.905 | 7.730 | 8.342 | 8.342 | 8.461 | 8.031 | 22.5 |
| 吉林 | 0.000 | 8.104 | 8.338 | 8.338 | 9.512 | 8.437 | 22.7 |
| 黑龙江 | 9.757 | 9.286 | 10.090 | 10.089 | 9.789 | 9.852 | 0.3 |
| 上海 | 8.003 | 8.216 | 8.449 | 8.449 | 9.390 | 8.546 | 17.3 |
| 江苏 | 7.206 | 7.682 | 8.026 | 8.026 | 8.456 | 7.911 | 17.4 |
| 浙江 | 6.924 | 7.156 | 7.420 | 7.420 | 7.985 | 7.406 | 15.3 |
| 安徽 | 6.928 | 7.643 | 8.126 | 8.125 | 8.341 | 7.825 | 20.4 |
| 福建 | 7.324 | 7.362 | 7.777 | 7.777 | 8.222 | 7.744 | 12.3 |
| 江西 | 6.838 | 7.215 | 7.785 | 7.785 | 8.343 | 7.610 | 22.0 |
| 山东 | 7.443 | 7.847 | 8.274 | 8.274 | 8.520 | 8.100 | 14.5 |
| 河南 | 7.602 | 6.923 | 7.701 | 7.701 | 8.387 | 7.598 | 10.3 |
| 湖北 | 7.113 | 7.487 | 8.379 | 8.376 | 8.822 | 7.982 | 24.0 |
| 湖南 | 7.248 | 7.465 | 8.094 | 8.094 | 8.621 | 7.053 | 18.9 |
| 广东 | 7.980 | 8.045 | 8.472 | 8.475 | 8.952 | 7.951 | 12.2 |
| 广西 | 6.262 | 7.198 | 7.887 | 7.889 | 8.610 | 7.491 | 37.5 |
| 海南 | 4.855 | 6.315 | 8.117 | 8.117 | 8.491 | 7.279 | 74.9 |
| 重庆 | 7.222 | 7.304 | 8.008 | 8.008 | 8.569 | 7.756 | 18.7 |

续表

| 省份 | 2000 | 2003 | 2007 | 2010 | 2013 | 整体 TFP | 增幅（%） |
|---|---|---|---|---|---|---|---|
| 四川 | 7.485 | 7.451 | 8.024 | 8.033 | 8.652 | 7.780 | 15.6 |
| 贵州 | 6.365 | 7.167 | 7.946 | 7.946 | 8.986 | 7.621 | 41.2 |
| 云南 | 8.196 | 8.488 | 8.828 | 8.828 | 9.377 | 8.727 | 14.4 |
| 西藏 | 6.197 | 6.151 | 7.430 | 7.430 | 9.558 | 7.162 | 54.2 |
| 陕西 | 7.432 | 7.670 | 8.796 | 8.799 | 8.834 | 8.304 | 18.9 |
| 甘肃 | 3.646 | 7.649 | 8.521 | 8.521 | 9.020 | 7.702 | 147.4 |
| 青海 | 7.073 | 6.855 | 8.399 | 8.397 | 9.226 | 8.091 | 30.4 |
| 宁夏 | 6.739 | 7.153 | 7.799 | 7.799 | 8.687 | 7.683 | 28.9 |
| 新疆 | 8.210 | 8.268 | 9.330 | 9.330 | 9.204 | 8.865 | 12.1 |

**附表 2　　制造业 GB2 位码行业出口产品质量情况**

| 行业代码 | 行业名称 | FR 方法 | | | KSW 方法 | | |
|---|---|---|---|---|---|---|---|
| | | 2000 年 | 2013 年 | 增幅（%） | 2000 年 | 2013 年 | 增幅（%） |
| 13 | 农副食品加工业 | 0.381 | 0.380 | -0.3 | 0.643 | 0.788 | 22.6 |
| 14 | 食品制造业 | 0.646 | 0.497 | -23.1 | 0.764 | 0.788 | 3.1 |
| 17 | 纺织业 | 0.513 | 0.580 | 13.1 | 0.675 | 0.689 | 2.1 |
| 18 | 纺织服装、鞋、帽制造业 | 0.493 | 0.593 | 20.3 | 0.662 | 0.672 | 1.5 |
| 19 | 皮革、毛皮、羽毛（绒）及其制品业 | 0.520 | 0.621 | 19.4 | 0.690 | 0.698 | 1.2 |
| 20 | 木材加工及木竹藤棕草制品业 | 0.503 | 0.578 | 14.9 | 0.715 | 0.726 | 1.5 |
| 21 | 家具制造业 | 0.458 | 0.567 | 23.8 | 0.772 | 0.748 | -3.1 |
| 22 | 造纸及纸制品业 | 0.462 | 0.588 | 27.3 | 0.726 | 0.744 | 2.5 |
| 23 | 印刷业和记录媒介的复制 | 0.407 | 0.525 | 29.0 | 0.660 | 0.740 | 12.1 |
| 24 | 文教体育用品制造业 | 0.428 | 0.555 | 29.7 | 0.723 | 0.712 | -1.5 |
| 25 | 石油加工、炼焦及核燃料加工业 | 0.351 | 0.499 | 42.2 | 0.770 | 0.776 | 0.8 |
| 26 | 化学原料及化学制品制造业 | 0.471 | 0.577 | 22.5 | 0.720 | 0.763 | 6.0 |
| 27 | 医药制造业 | 0.420 | 0.533 | 26.9 | 0.708 | 0.770 | 8.8 |
| 28 | 化学纤维制造业 | 0.590 | 0.687 | 16.4 | 0.699 | 0.771 | 10.3 |
| 29 | 橡胶制品业 | 0.545 | 0.575 | 5.5 | 0.668 | 0.703 | 5.2 |
| 30 | 塑料制品业 | 0.379 | 0.484 | 27.7 | 0.725 | 0.742 | 2.3 |

续表

| 行业代码 | 行业名称 | FR 方法 | | | KSW 方法 | | |
|---|---|---|---|---|---|---|---|
| | | 2000 年 | 2013 年 | 增幅（%） | 2000 年 | 2013 年 | 增幅（%） |
| 31 | 非金属矿物制品业 | 0.522 | 0.646 | 23.8 | 0.727 | 0.741 | 1.9 |
| 32 | 黑色金属冶炼及压延加工业 | 0.352 | 0.592 | 68.2 | 0.797 | 0.743 | -6.8 |
| 33 | 有色金属冶炼及压延加工业 | 0.531 | 0.669 | 26.0 | 0.704 | 0.708 | 0.6 |
| 34 | 金属制品业 | 0.486 | 0.499 | 2.7 | 0.725 | 0.743 | 2.5 |
| 35 | 通用设备制造业 | 0.458 | 0.537 | 17.2 | 0.702 | 0.724 | 3.1 |
| 36 | 专用设备制造业 | 0.542 | 0.596 | 10.0 | 0.715 | 0.706 | -1.3 |
| 37 | 交通运输设备制造业 | 0.543 | 0.637 | 17.3 | 0.699 | 0.690 | -1.3 |
| 39 | 电气机械及器材制造业 | 0.349 | 0.467 | 33.8 | 0.754 | 0.741 | -1.7 |
| 40 | 通信设备、计算机及电子设备制造业 | 0.442 | 0.658 | 48.9 | 0.746 | 0.743 | -0.4 |
| 41 | 仪器仪表及文化、办公用机械制造业 | 0.546 | 0.654 | 19.8 | 0.723 | 0.716 | -1.0 |
| 42 | 工艺品及其他制造业 | 0.584 | 0.638 | 9.2 | 0.731 | 0.722 | -1.2 |
| 43 | 废弃资源和废旧材料回收加工业 | 0.491 | 0.581 | 18.3 | 0.710 | 0.722 | 1.7 |

注：之所以缺少饮料制造业、烟草制品业（编码为 15、16），是因为本书在处理海关数据样本时只保留了 SITC Rev3 中 5—8 大类的样本，而饮料制造业烟草制品不在此范围内，因此其样本被剔除了。

**附表 3　　SITC2 位码行业出口产品质量情况**

| 行业代码 | 行业名称 | FR 方法 | | | KSW 方法 | | |
|---|---|---|---|---|---|---|---|
| | | 2000 年 | 2013 年 | 增幅（%） | 2000 年 | 2013 年 | 增幅（%） |
| 5 化学成品及有关产品 | | | | | | | |
| 51 | 有机化工产品 | 0.437 | 0.486 | 11.2 | 0.757 | 0.872 | 15.2 |
| 52 | 无机化学品 | 0.507 | 0.512 | 1.0 | 0.798 | 0.890 | 11.5 |
| 53 | 燃料 | 0.519 | 0.570 | 9.8 | 0.837 | 0.860 | 2.7 |
| 54 | 医药产品 | 0.489 | 0.553 | 13.1 | 0.779 | 0.863 | 10.8 |
| 55 | 精油及香膏和香水原料 | 0.438 | 0.542 | 23.7 | 0.803 | 0.859 | 7.0 |
| 56 | 肥料 | 0.421 | 0.417 | -1.0 | 0.732 | 0.803 | 9.7 |

续表

| 行业代码 | 行业名称 | FR 方法 | | | KSW 方法 | | |
|---|---|---|---|---|---|---|---|
| | | 2000 年 | 2013 年 | 增幅（%） | 2000 年 | 2013 年 | 增幅（%） |
| 57 | 初级形状塑料 | 0.305 | 0.537 | 76.1 | 0.894 | 0.807 | -9.7 |
| 58 | 非塑料、初级形状 | 0.511 | 0.545 | 6.7 | 0.868 | 0.868 | 0.0 |
| 59 | 化学材料及制品 | 0.465 | 0.472 | 1.5 | 0.793 | 0.867 | 9.3 |
| 6 按原料分类的制成品 | | | | | | | |
| 61 | 皮革及皮革制品 | 0.566 | 0.600 | 6.0 | 0.863 | 0.861 | 9.9 |
| 62 | 橡胶制品 | 0.599 | 0.604 | 0.8 | 0.759 | 0.834 | 4.0 |
| 63 | 软木及木制品 | 0.527 | 0.588 | 11.6 | 0.808 | 0.840 | 1.5 |
| 64 | 纸及纸制品 | 0.502 | 0.550 | 9.6 | 0.845 | 0.858 | 2.9 |
| 65 | 纺织及制成品 | 0.548 | 0.573 | 4.6 | 0.825 | 0.849 | 2.8 |
| 66 | 非金属矿产制品 | 0.564 | 0.564 | 0.0 | 0.832 | 0.855 | 13.6 |
| 67 | 钢铁 | 0.434 | 0.528 | 21.7 | 0.733 | 0.833 | 6.3 |
| 68 | 有色金属 | 0.528 | 0.578 | 9.5 | 0.826 | 0.878 | 5.0 |
| 69 | 金属制品 | 0.433 | 0.501 | 15.7 | 0.798 | 0.838 | 9.9 |
| 7 机械和运输设备 | | | | | | | |
| 71 | 发电机械设备 | 0.435 | 0.506 | 16.3 | 0.846 | 0.828 | -2.1 |
| 72 | 个别工业专用机械 | 0.601 | 0.580 | -3.5 | 0.767 | 0.783 | 2.1 |
| 73 | 金属加工机械 | 0.642 | 0.556 | -13.4 | 0.867 | 0.719 | -17.1 |
| 74 | 一般工业机械和设备 | 0.457 | 0.526 | 15.1 | 0.726 | 0.800 | 10.2 |
| 75 | 办公室机器和仪器 | 0.608 | 0.659 | 8.4 | 0.808 | 0.838 | 3.7 |
| 76 | 电信和录音、音响设备 | 0.614 | 0.691 | 12.5 | 0.803 | 0.860 | 7.1 |
| 77 | 电气机械和仪器 | 0.474 | 0.505 | 6.5 | 0.828 | 0.855 | 3.3 |
| 78 | 道路车辆 | 0.635 | 0.590 | -7.1 | 0.849 | 0.844 | -0.6 |
| 8 杂项制品 | | | | | | | |
| 81 | 发热及照明设备 | 0.379 | 0.494 | 30.3 | 0.814 | 0.826 | 1.5 |
| 82 | 家具及床上用品 | 0.506 | 0.574 | 13.4 | 0.834 | 0.818 | -1.9 |
| 83 | 旅游用品 | 0.491 | 0.584 | 18.9 | 0.815 | 0.808 | -0.9 |
| 84 | 服装及衣服配件 | 0.526 | 0.571 | 8.6 | 0.805 | 0.830 | 3.1 |
| 85 | 鞋子 | 0.554 | 0.650 | 17.3 | 0.845 | 0.810 | -4.1 |
| 87 | 专业、科学及控制用仪器 | 0.621 | 0.691 | 11.3 | 0.832 | 0.871 | 4.7 |

续表

| 行业代码 | 行业名称 | FR 方法 | | | KSW 方法 | | |
|---|---|---|---|---|---|---|---|
| | | 2000 年 | 2013 年 | 增幅（%） | 2000 年 | 2013 年 | 增幅（%） |
| 88 | 摄影仪器、光学产品、钟表 | 0.587 | 0.654 | 11.4 | 0.864 | 0.863 | -0.1 |

**附表 4　　出口产品技术分类**

| 产品分类 | 分类标准 | SITC 代码 |
|---|---|---|
| 初级产品 | 从自然界获得的没有经过加工或者略作加工的原始产品，如水果、大米、肉类、原油等 | 001，011，022，025，034，036，041，042，043，044，045，054，057，071，072，074，075，081，091，121，211，212，222，223，232，244，245，246，261，263，268，271，273，274，277，278，281，286，287，289，291，292，322，333，341 |
| 自然资源类产品 | 以农业为基础的资源型制成品（RB1），主要包括经加工的肉类、饮料、木制品、植物油等；其他资源型制成品（RB2），主要包括石化产品、金属精矿、玻璃、水泥、石材等 | 012，014，023，024，035，037，046，047，048，056，058，061，062，073，098，111，112，122，233，247，248，251，264，265，269，423，424，431，621，625，628，633，634，635，641，282，288，323，334，335，411，511，514，515，516，522，523，531，532，551，592，661，662，663，664，667，681，682，683，684，685，686，687，688，689 |
| 低技术产品 | 产品差异性小，产品技术稳定且易于扩散，一般为劳动密集型产品，行业竞争激烈，又分为纺织服装等低技术产品（LT1）以及其他低技术产品（LT2） | 611，612，613，651，652，654，655，656，657，658，659，831，842843，844，845，846，847，848，851，642，665666，673，674，675，676，677，679，691，692，693，694，695，696，697，699，821，893，894，895，897，898，899 |
| 中等技术产品 | 需要一定的研究开发投资、资本投入以及中间品投入，主要包括汽车工业产品（MT1）、加工工业产品（MT2）以及工程机械产品（MT3） | 781，782，783，784，785，266，267，512，513，533，553，554，562，572，582，583，584，585，591，598，653，671，672，678，786，791，882，711，713，714，721，722，723，724，725，726，727，728，736，737，741，742，743，744，745，749，762，763，772，773，775，793，812，872，873，884，885，951 |

续表

| 产品分类 | 分类标准 | SITC 代码 |
|---|---|---|
| 高技术品产品 | 产品研究投入高，技术更新快，技术先进，行业门槛高，主要包括电子电力产品（HT1）以及其他高技术产品（HT2） | 716，718，751，752，759，761，764，771，774，776，778，524，541，712，792，871，874. 881 |
| 其他未类产品 | 电影光学薄膜、印刷品、特殊交易、黄金、钱币、宠物、艺术作品等 | 351，883，892，896，911，931，941，961，971 |

资料来源：Lall S.，The Technological Structure and Performance of Developing Country Manufactured Exports：1985-98. *Oxford Development Studies*，2000，28（3）：337-369.

**附表 5　　　　不同要素密集型制造业分类**

| 制造业类型 | 所含细分行业 |
|---|---|
| 劳动密集型制造业 $S_1$ | 农副食品加工业 $S_{11}$、食品制造业 $S_{12}$、纺织业 $S_{13}$、纺织服装与服饰业 $S_{14}$、皮革（毛皮、羽毛）及其制品和制鞋业 $S_{15}$、木材加工和木（竹、藤、棕、草）制品业 $S_{16}$、家具制造业 $S_{17}$、印刷和记录媒介复制业 $S_{18}$、文教（工美、体育和娱乐）用品制造业 $S_{19}$、橡胶和塑料制品业 $S_{110}$、非金属矿物制品业 $S_{111}$、金属制品业 $S_{112}$、其他制造业 $S_{113}$、废弃资源综合利用业 $S_{114}$、金属制品（机械）和设备修理业 $S_{115}$ |
| 资本密集型制造业 $S_2$ | 酒与饮料及精制茶制造业 $S_{21}$、烟草制品业 $S_{22}$、造纸和纸制品业 $S_{13}$、石油加工和炼焦及核燃料加工业 $S_{24}$、化学原料和化学制品制造业 $S_{25}$、化学纤维制造业 $S_{26}$、黑色金属冶炼和压延加工业 $S_{27}$、有色金属冶炼和压延加工业 $S_{28}$、通用设备制造业 $S_{29}$ |
| 技术密集型制造业 $S_3$ | 医药制造业 $S_{31}$、专用设备制造业 $S_{32}$、汽车制造业 $S_{33}$、铁路（船舶、航空航天）和其他运输设备制造业 $S_{34}$、电气机械和器材制造业 $S_{35}$、计算机（通信）和其他电子设备制造业通信电子 $S_{36}$、仪器仪表制造业 $S_{37}$ |

资料来源：阳立高、龚世豪、王铂、晁自胜：《人力资本、技术进步与制造业升级》，《中国软科学》2018 年第 1 期。

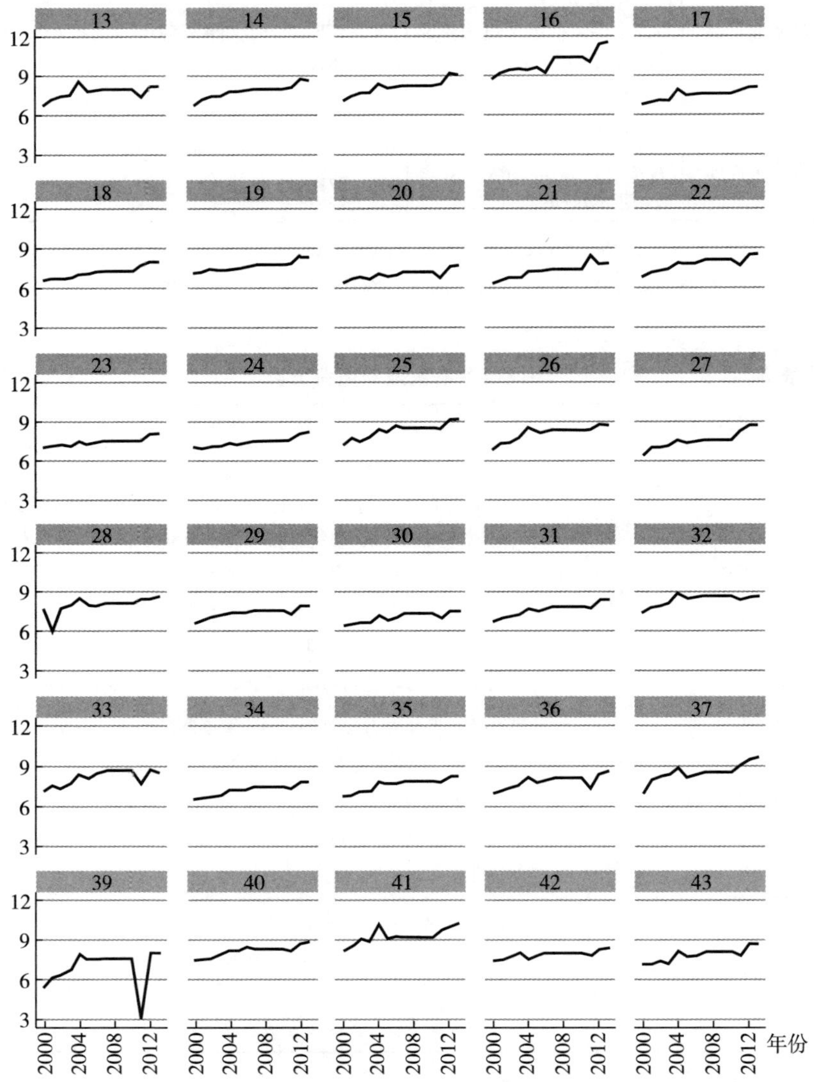


附图 1 2000—2013 年 GB2 位码制造业 TFP 变化趋势

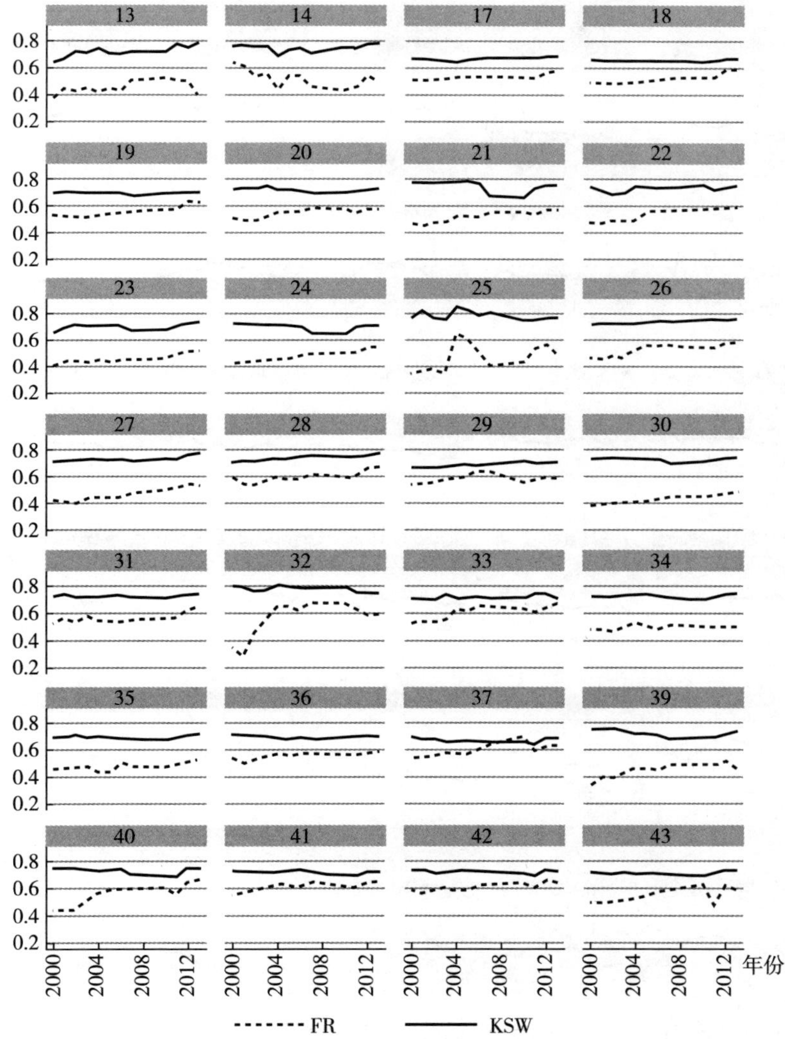


附图 2　2000—2013 年 GB2 位码制造业出口产品质量变化趋势

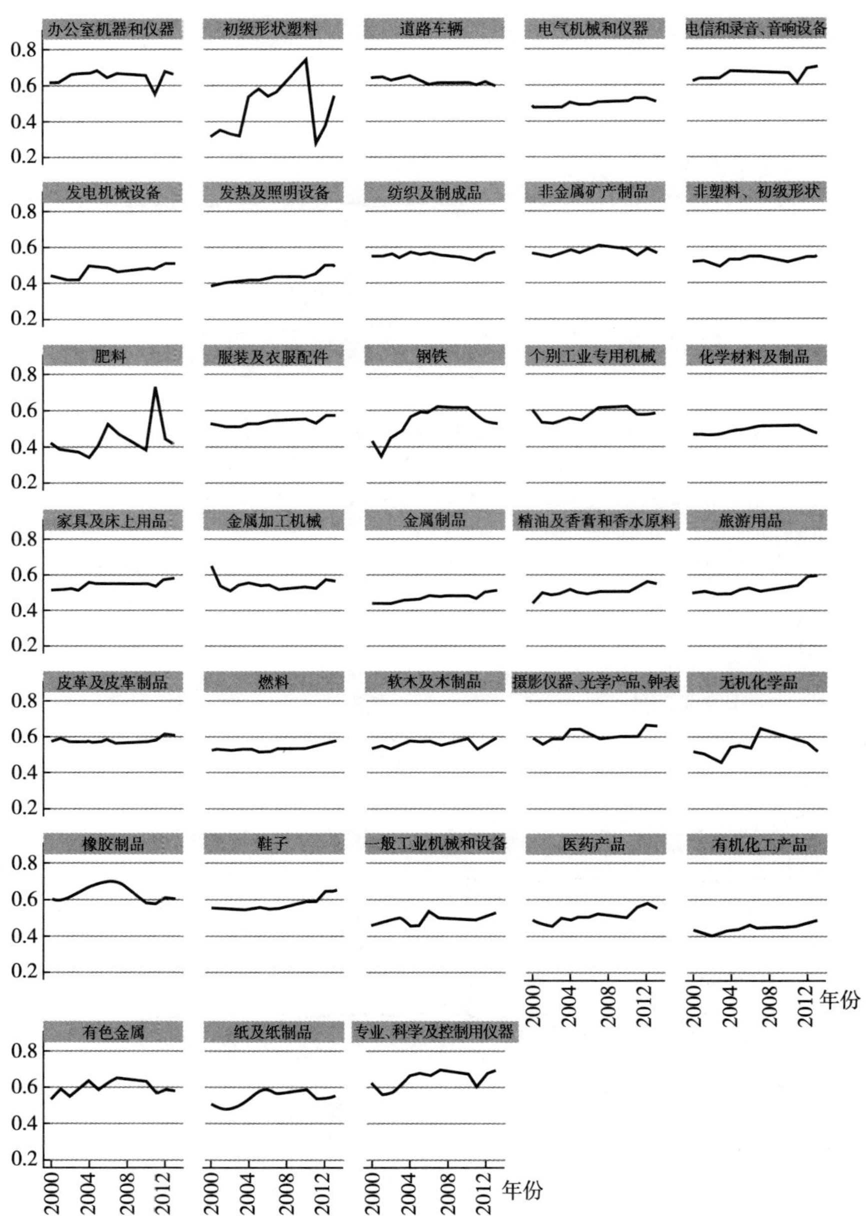


附图 3 2000—2013 年 SITC2 位码制造业出口产品质量变化趋势

（FR 方法）

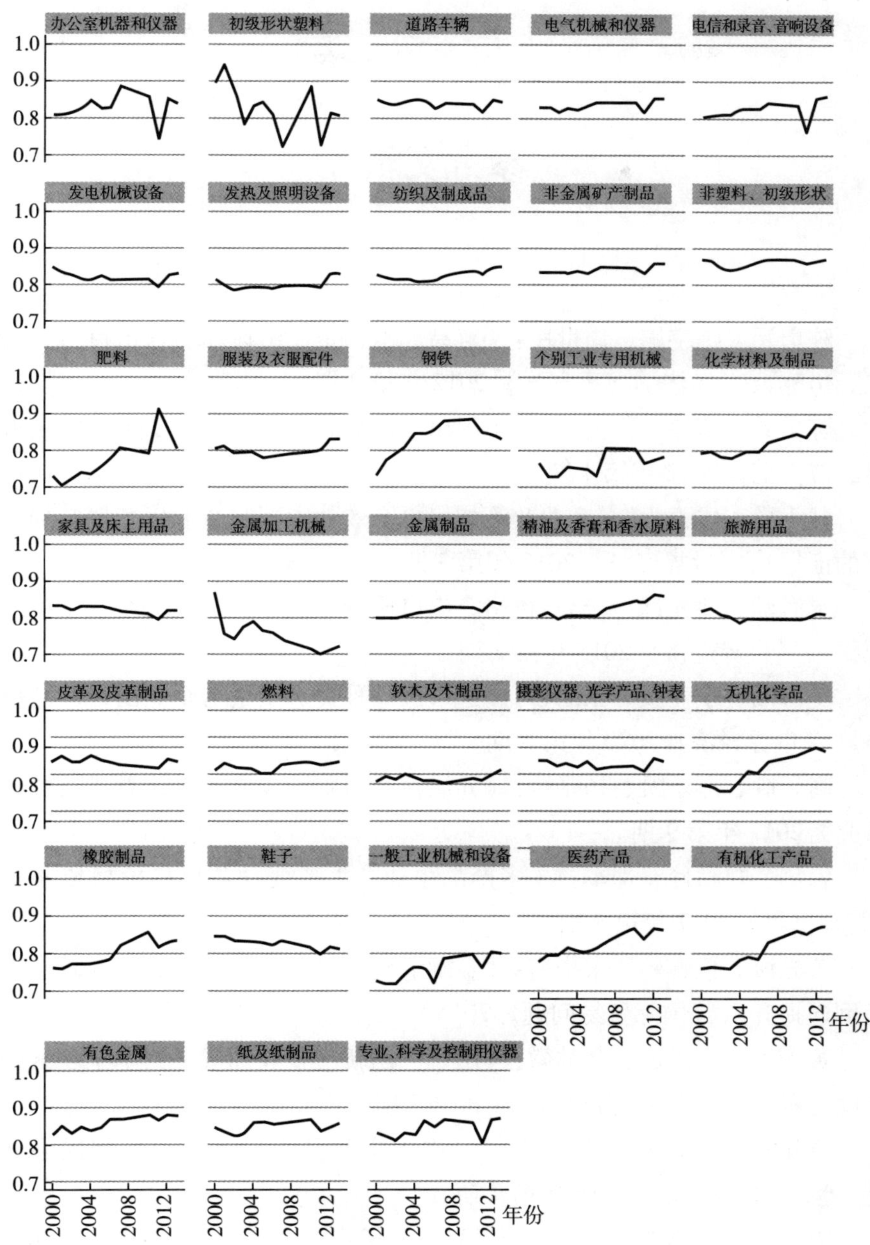


**附图 4　2000—2013 年 SITC2 位码制造业出口产品质量变化趋势（KSW 方法）**

# 参考文献

陈勇兵、陈宇媚、周世民：《贸易成本、企业出口动态与出口增长的二元边际》，《经济学（季刊）》2012 年第 3 期。

陈勇兵、李伟、蒋灵多：《中国出口产品的相对质量在提高吗》，《世界经济文汇》2012 年第 4 期。

戴小勇、成力为：《产业政策如何更有效：中国制造业生产率与加成率的证据》，《世界经济》2019 年第 3 期。

樊海潮、郭光远：《出口价格、出口质量与生产率间的关系：中国的证据》，《世界经济》2015 年第 2 期。

樊海潮、李亚波、张丽娜：《进口产品种类、质量与企业出口产品价格》，《世界经济》2020 年第 5 期。

高运胜、郑乐凯、杨张娇：《异质性产品质量与出口加成率》，《统计研究》2017 年第 9 期。

韩剑、郑秋玲、邵军：《多产品企业、汇率变动与出口价格传递》，《管理世界》2017 年第 8 期。

黄先海、蔡婉婷、宋华盛：《金融危机与出口质量变动：口红效应还是倒逼提升》，《国际贸易问题》2015 年第 10 期。

黄先海、金泽成、余林徽：《出口、创新与企业加成率：基于要素密集度的考量》，《世界经济》2018 年第 5 期。

黄先海、诸竹君、宋学印：《中国中间品进口企业“低加成率之谜”》，《管理世界》2016 年第 7 期。

李宏亮、谢建国：《融资约束与企业成本加成》，《世界经济》2018 年第 11 期。

李坤望、蒋为、宋立刚：《中国出口产品品质变动之谜：基于市场进入的微观解释》，《中国社会科学》2014 年第 3 期。

李卓、赵军：《价格加成、生产率与企业进出口状态》，《经济评论》

2015 年第 3 期。

刘啟仁、黄建忠：《产品创新如何影响企业加成率》，《世界经济》2016 年第 11 期。

刘啟仁、黄建忠：《异质出口倾向、学习效应与“低加成率陷阱”》，《经济研究》2015 年第 12 期。

刘啟仁、铁瑛：《企业雇佣结构、中间投入与出口产品质量变动之谜》，《管理世界》2020 年第 3 期。

刘小玄、李双杰：《制造业企业相对效率的度量和比较及其外生决定因素（2000—2004）》，《经济学（季刊）》2008 年第 3 期。

刘晓宁、刘磊：《贸易自由化对出口产品质量的影响效应——基于中国微观制造业企业的实证研究》，《国际贸易问题》2015 年第 8 期。

刘晓宁：《中国出口产品质量的综合测算与影响因素分解》，《数量经济技术经济研究》2021 年第 8 期。

刘竹青、盛丹：《人民币汇率、成本加成率分布与我国制造业的资源配置》，《金融研究》2017 年第 7 期。

鲁晓东、连玉君：《中国工业企业全要素生产率估计：1999—2007》，《经济学（季刊）》2012 年第 1 期。

毛其淋、许家云：《中国对外直接投资如何影响了企业加成率：事实与机制》，《世界经济》2016 年第 6 期。

毛其淋、许家云：《中间品贸易自由化提高了企业加成率吗？——来自中国的证据》，《经济学（季刊）》2017 年第 2 期。

聂辉华、江艇、杨汝岱：《中国工业企业数据库的使用现状和潜在问题》，《世界经济》2012 年第 5 期。

钱学锋、范冬梅、黄汉民：《进口竞争与中国制造业企业的成本加成》，《世界经济》2016 年第 3 期。

钱学锋、潘莹、毛海涛：《出口退税、企业成本加成与资源误置》，《世界经济》2015 年第 8 期。

钱学锋、王胜、陈勇兵：《中国的多产品出口企业及其产品范围：事实与解释》，《管理世界》2013 年第 1 期。

钱学锋、熊平：《中国出口增长的二元边际及其因素决定》，《经济研究》2010 年第 1 期。

钱学锋：《企业异质性、贸易成本与中国出口增长的二元边际》，《管理世界》2008 年第 9 期。

邱立成、刘灿雷、杨德彬：《中国对外投资企业具有更高的成本加成率吗——来自制造业企业的经验证据》，《国际贸易问题》2016 年第 12 期。

任曙明、张静：《补贴、寻租成本与加成率——基于中国装备制造企业的实证研究》，《管理世界》2013 年第 10 期。

盛斌、吕越：《对中国出口二元边际的再测算：基于 2001—2010 年中国微观贸易数据》，《国际贸易问题》2014 年第 11 期。

盛丹、刘竹青：《汇率变动、加工贸易与中国企业的成本加成率》，《世界经济》2017 年第 1 期。

盛丹、王永进：《中国企业低价出口之谜——基于企业加成率的视角》，《管理世界》2012 年第 5 期。

盛丹：《国有企业改制、竞争程度与社会福利——基于企业成本加成率的考察》，《经济学（季刊）》2013 年第 4 期。

施炳展、邵文波：《中国企业出口产品质量测算及其决定因素：培育出口竞争新优势的微观视角》，《管理世界》2014 年第 9 期。

施炳展、张雅睿：《贸易自由化与中国企业进口中间品质量升级》，《数量经济技术经济研究》2016 年第 9 期。

施炳展：《中国企业出口产品质量异质性：测度与事实》，《经济学（季刊）》2014 年第 1 期。

苏丹妮、盛斌、邵朝对：《产业集聚与企业出口产品质量升级》，《中国工业经济》2018 年第 11 期。

王海成、许和连、邵小快：《国有企业改制是否会提升出口产品质量》，《世界经济》2019 年第 3 期。

王雅琦、张文魁、洪圣杰：《出口产品质量与中间品供给》，《管理世界》2018 年第 8 期。

王雅琦、戴觅、徐建炜：《汇率、产品质量与出口价格》，《世界经济》2015 年第 5 期。

王永进、施炳展：《上游垄断与中国企业产品质量升级》，《经济研究》2014 年第 4 期。

谢杰、陈锋、陈科杰、戴赵琼：《贸易政策不确定性与出口企业加成率：理论机制与中国经验》，《中国工业经济》2021 年第 1 期。

谢千里、罗斯基、张轶凡:《中国工业生产率的增长与收敛》,《经济学(季刊)》2008 年第 3 期。

谢申祥、冯玉静:《21 世纪中国制造业出口产品的规模、结构及质量》,《数量经济技术经济研究》2019 年第 11 期。

许和连、王海成:《最低工资标准对企业出口产品质量的影响研究》,《世界经济》2016 年第 7 期。

许家云、毛其淋、胡鞍钢:《中间品进口与企业出口产品质量升级:基于中国证据的研究》,《世界经济》2017 年第 3 期。

许家云、毛其淋:《人民币汇率水平与出口企业加成率——以中国制造业企业为例》,《财经研究》2016 年第 1 期。

许家云、田朔:《人民币汇率与中国出口企业加成率:基于倍差法的实证分析》,《国际贸易问题》2016 年第 2 期。

许明、邓敏:《产品质量与中国出口企业加成率——来自中国制造业企业的证据》,《国际贸易问题》2016 年第 10 期。

许明、李逸飞:《中国出口低加成率之谜:竞争效应还是选择效应》,《世界经济》2018 年第 8 期。

许明、李逸飞:《最低工资政策、成本不完全传递与多产品加成率调整》,《经济研究》2020 年第 4 期。

阳立高、龚世豪、王铂、晁自胜:《人力资本、技术进步与制造业升级》,《中国软科学》2018 年第 1 期。

杨汝岱:《中国制造业企业全要素生产率研究》,《经济研究》2015 年第 2 期。

易靖韬、蒙双:《多产品出口企业、生产率与产品范围研究》,《管理世界》2017 年第 5 期。

殷德生、唐海燕、黄腾飞:《国际贸易、企业异质性与产品质量升级》,《经济研究》2011 年第 11 期。

殷德生:《中国入世以来出口产品质量升级的决定因素与变动趋势》,《财贸经济》2011 年第 11 期。

尹恒、张子尧:《需求异质与企业加成率估计》,《中国工业经济》2019 年第 12 期。

余淼杰、金洋、张睿:《工业企业产能利用率衡量与生产率估算》,《经济研究》2018 年第 5 期。

余淼杰、李晋：《进口类型、行业差异化程度与企业生产率提升》，《经济研究》2015 年第 8 期。

余淼杰、袁东：《贸易自由化、加工贸易与成本加成——来自我国制造业企业的证据》，《管理世界》2016 年第 9 期。

余淼杰、张睿：《中国制造业出口质量的准确衡量：挑战与解决方法》，《经济学（季刊）》2017 年第 2 期。

余淼杰：《加工贸易、企业生产率和关税减免——来自中国产品面的证据》，《经济学（季刊）》2011 年第 4 期。

张杰、翟福昕、周晓艳：《政府补贴、市场竞争与出口产品质量》，《数量经济技术经济研究》2015 年第 4 期。

张杰、郑文平、翟福昕：《中国出口产品质量得到提升了么》，《经济研究》2014 年第 10 期。

张杰：《金融抑制、融资约束与出口产品质量》，《金融研究》2015 年第 6 期。

钟腾龙、祝树金、段凡：《中国出口二元边际的多维测算：2000—2013》，《经济学动态》2018 年第 5 期。

诸竹君、黄先海、宋学印：《中国企业对外直接投资促进了加成率提升吗》，《数量经济技术经济研究》2016 年第 6 期。

诸竹君、黄先海、宋学印等：《劳动力成本上升、倒逼式创新与中国企业加成率动态》，《世界经济》2017 年第 8 期。

诸竹君、黄先海、王煌：《产品创新提升了出口企业加成率吗》，《国际贸易问题》2017 年第 7 期。

诸竹君、黄先海：《中国出口跨越了“低加成率陷阱”吗》，《国际贸易问题》2020 年第 5 期。

祝树金、段凡、邵小快、钟腾龙：《出口目的地非正式制度、普遍道德水平与出口产品质量》，《世界经济》2019 年第 8 期。

祝树金、汤超：《企业上市对出口产品质量升级的影响——基于中国制造业企业的实证研究》，《中国工业经济》2020 年第 3 期。

祝树金、张鹏辉：《出口企业是否有更高的价格加成：中国制造业的证据》，《世界经济》2015 年第 4 期。

祝树金、钟腾龙、李仁宇：《中间品贸易自由化与多产品出口企业的产品加成率》，《中国工业经济》2018 年第 1 期。

Ackerberg D. , Benkard L. , "Econometric Tools for Analyzing Market Outcomes", *Handbook of Econometrics*, Vol. 6, No. 7, 2007.

Ackerberg D. , Caves K. , Frazer G. , "Identification Properties of Recent Production Function Estimators", *Econometrica*, Vol. 83, No. 6, 2015.

Ahn J. , Khandelwal A. , Wei S. J. , "The Role of Intermediaries in Facilitating Trade", *Journal of International Economics*, Vol. 84, No. 1, 2011.

Altomonte C. , Barattieri A. , Rungi A. , "Import Penetration, Intermediate Inputs and Productivity: Evidence from Italian Firms", DYNREG Working Paper, Vol. 6, No. 3, 2008.

Amiti M. , Khandelwal A. , "Import Competition and Quality Upgrading", *Review of Economics and Statistics*, Vol. 95, No. 2, 2013.

Amiti M. , Konings J. , "Trade Liberalization, Intermediate Inputs, and Productivity: Evidence from Indonesia", *American Economic Review*, Vol. 97, No. 5, 2007.

Antoniades A. , "Heterogeneous Firms, Quality, and Trade", *Journal of International Economics*, Vol. 95, No. 2, 2015.

Arkolakis C. , Muendler M. , "The Extensive Margin of Exporting Products: A Firm-level Analysis", NBER Working Paper, No. 16641, 2011.

Atkeson A. , Burstein A. , "Pricing-to-market, Trade Costs, and International Relative Prices" . *American Economic Review*, Vol. 98, No. 5, 2008.

Auer R. , Chaney T. , "Exchange Rate Pass-Through in a Competitive Model of Pricing-to-Market", *Journal of Money Credit and Banking*, Vol. 41, No. 1, 2009.

Auer R. , Philip S. , "Spatial Competition in Quality" . *CEPR Discussion Papers*, No. 10027, 2014.

Baily M. , Hulten C. , Campbell D. , "Productivity Dynamics in Manufacturing Plants", *Brookings Papers on Economic Activity: Microeconomics*, No. 4, 1992.

Baldwin R. , Harrigan J. , "Zeros, Quality, and Space: Trade Theory and Trade Evidence", *American Economic Journal: Microeconomics*, Vol. 3, No. 2, 2011.

Baron R. , Kenny D. , "The Moderator-mediator Variable Distinction in

Social Psychological Research: Conceptual, Strategic, and Statistical Considerations", *Journal of Personality and Social Psychology*, Vol. 51, No. 1, 1986.

Bastos P., Silva J., "The Quality of a Firm's Exports: Where you Export to Matters", *Journal of International Economics*, Vol. 82, No. 2, 2010.

Bellone F., Musso P., Nesta L., et al., "International Trade and Firm-level Markups when Location and Quality Matter", *Journal of Economic Geography*, Vol. 16, No. 1, 2014.

Bernard A., Eaton J., Jensen J., et al., "Plants and Productivity in International Trade", *American Economic Review*, Vol. 93, No. 4, 2003.

Bernard A., Jensen J., Redding S, et al., "The Margins of US Trade", *American Economic Review*, Vol. 99, No. 2, 2009.

Bernard A., Redding S., Schott P., "Multiple-product Firms and Product Switching", *American Economic Review*, Vol. 100, No. 1, 2010.

Bernard A., Redding S., Schott P., "Multiproduct Firms and Trade Liberalization", *The Quarterly Journal of Economics*, Vol. 126, No. 3, 2011.

Bertoletti P., Etro F., "Monopolistic Competition When Income Matters", *Economic Journal*, Vol. 127, No. 603, 2017.

Brandt L., Van Biesebroeck J., Wang L., et al., "WTO Accession and Performance of Chinese Manufacturing Firms", *American Economic Review*, Vol. 107, No. 9, 2017.

Broda C., Greenfield J., Weinstein D., "From Groundnuts to Globalization: A Structural Estimate of Trade and Growth", NBER Working Paper, 2006.

Broda C., Weinstein D., "Globalization and the Gains from Variety", *The Quarterly Journal of Economics*, Vol. 121, No. 2, 2006.

Chen B., Li Z., "An Anatomy of Intermediaries in China's Export Market", *China Economic Journal*, Vol. 7, No. 2, 2014.

Cook D., "Markups and the Euro", *Review of Economics and Statistics*, Vol. 93, No. 4, 2011.

Crozet M., Head K., Mayer T., "Quality Sorting and Trade: Firm-level Evidence for French Wine", *Review of Economic Studies*, Vol. 79,

No. 2, 2012.

De Loecker J. , Goldberg K. , Khandelwal A. , et al. , "Prices, Markups, and Trade Reform", *Econometrica*, Vol. 84, No. 2, 2016.

De Loecker J. , Warzynski F. , "Markups and Firm-level Export Status", *American Economic Review*, Vol. 102, No. 6, 2012.

Domowitz I. , Hubbard R. , Petersen B. , "Market Structure and Cyclical Fluctuations in U. S. Manufacturing", *The Review of Economics and Statistics*, Vol. 70, No. 1, 1988.

Eaton J. , Kortum S. , "Technology, Geography, and Trade", *Econometrica*, Vol. 70, No. 5, 2002.

Edmond C. , Midrigan V. , Xu D Y. , "Competition, Markups, and the Gains from International Trade", *American Economic Review*, Vol. 105, No. 10, 2015.

Fan H. , Gao X. , Li Y. A. , et al. , "Trade Liberalization and Markups: Micro Evidence from China", *Journal of Comparative Economics*, 2017.

Fan H. , Li Y. , Yeaple S. , "Trade Liberalization, Quality, and Export Prices", *Review of Economics and Statistics*, Vol. 97, No. 5, 2015.

Feenstra R. , Ma H. , "Optimal Choice of Product Scope for Multiproduct Firms under Monopolistic Competition", *National Bureau of Economic Research*, 2007.

Feenstra R. , Romalis J. , "International Prices and Endogenous Quality", *Quarterly Journal of Economics*, Vol. 129, No. 2, 2014.

Feenstra R. , Weinstein D. , "Globalization, Markups, and the US Price Level", *Cambridge: National Bureau of Economic Research*, 2010.

Feng L. , Li Z. , Swenson D. , "The Connection Between Imported Intermediate Inputs and exports: Evidence from Chinese Firms", *Journal of International Economics*, Vol. 101, 2016.

Görg H. , Halpern L. , Murakozy B. , "Why do Within Firm-product Export Prices Differ across Markets", *CEPR Discussion Papers*, No. 1003, 2010.

Görg H. , Warzynski F. , "Price Cost Margins and Exporting Behaviour: Evidence from Firm Level Data", *Leverhulme Centre for Research on Globalisation and Economic Policy*, 2003.

Griliches Z., Regev H., "Firm Productivity in Israeli Industry: 1979-1988", *Journal of Econometrics*, Vol. 65, No. 1, 1995.

Hall R., "Market Structure and Macroeconomic Fluctuations", *Brookings Papers on Economic Activity*, 1986.

Hallak J., Sivadasan J., "Firms' Exporting Behavior under Quality Constraints", NBER Working Paper, No. 14928, 2009.

Hallak J., Schott P., "Estimating Cross-Country Differences in Product Quality", *Quarterly Journal of Economics*, Vol. 126, No. 1, 2011.

Hallak J., "Product Quality and Direction of Trade", *Journal of International Economics*, Vol. 68, No. 1, 2006.

Hanson G., Feenstra F., "Intermediaries in Entrepot Trade: Hong Kong Re-Exports of Chinese Goods", *Journal of Economics and Management Strategy*, Vol. 13, No. 1, 2004.

Holmes T., Hsu W., Lee S., "Allocative Efficiency, Mark-ups, and the Welfare Gains from Trade", *Journal of International Economics*, Vol. 94, No. 2, 2014.

Hummels D., Klenow P., "The Variety and Quality of a Nation's Trade", *The American Economic Review*, Vol. 95, No. 3, 2005.

Khandelwal A., Schott P., Wei S., "Trade Liberalization and Embedded Institutional Reform: Evidence from Chinese Exporters", *American Economic Review*, Vol. 103, No. 6, 2013.

Khandelwal A., "The Long and Short (of) Quality Ladders", *The Review of Economic Studies*, Vol. 77, No. 4, 2010.

Konings J., Vandenbussche H., Springael L., "Import Diversion under European Antidumping Policy", *Journal of Industry Competition & Trade*, Vol. 1, No. 3, 2001.

Konings J., Vandenbussche H., "Antidumping Protection and Markups of Domestic Firms", *Journal of International Economics*, Vol. 65, No. 1, 2005.

Kugler M., Verhoogen E. "Prices, Plant Size, and Product Quality", *The Review of Economic Studies*, Vol. 79, No. 1, 2011.

Kugler M., Verhoogen E. "The Quality-complementarity Hypothesis:

Theory and Evidence from Colombia", *National Bureau of Economic Research*, 2008.

Lall S., "The Technological Structure and Performance of Developing Country Manufactured Exports: 1985 - 98", *Oxford Development Studies*, Vol. 28, No. 3, 2000.

Levinsohn J., Petrin A., "Estimating Production Functions Using Inputs to Control for Unobservables", *The Review of Economic Studies*, Vol. 70, No. 2, 2003.

Lu Y., Yu L., "Trade Liberalization and Markup Dispersion: Evidence from China's WTO Accession", *American Economic Journal: Applied Economics*, Vol. 7, No. 4, 2015.

Ma Y., Tang H., Zhang Y., "Factor Intensity, Product Switching, and Productivity: Evidence from Chinese Exporters", *Journal of International Economics*, Vol. 92, No. 2, 2014.

Manova K., Yu Z., "Multi-product Firms and Product Quality", *Journal of International Economics*, Vol. 109, No. 4, 2017.

Manova K, Zhang Z. "Export Prices Across Firms and Destinations", *The Quarterly Journal of Economics*, Vol. 127, No. 1, 2012.

Martin J., Mejean I., "Low-wage Country Competition and the Quality Content of High-wage Country Exports", *Journal of International Economics*, Vol. 93, No. 1, 2014.

Martin J., "Markups, Quality, and Transport Costs", *European Economic Review*, Vol. 56, No. 4, 2012.

Martín L., Rodríguez D., "Export Activity, Persistence and Markups", *Applied Economics*, Vol. 42, No. 2, 2010.

Mayer T., Melitz M., Ottaviano G., "Market Size, Competition, and the Product Mix of Exporters", *American Economic Review*, Vol. 104, No. 2, 2014.

Melitz M., Ottaviano G., "Market Size, Trade, and Productivity", *The Review of Economic Studies*, Vol. 75, No. 1, 2008.

Melitz M., Polanec S., "Dynamic Olley-Pakes Productivity Decomposition with Entry and Exit", *RAND Journal of Economics*, Vol. 46, No. 2,

2015.

Melitz M. , "The Impact of Trade on Intra-industry Reallocations and Aggregate Industry Productivity", *Econometrica*, Vol. 71, No. 6, 2003.

Moreno L. , Rodriguez D. , "Export Activity, Persistence and Markups", *Applied Economics*, Vol. 42, No. 6, 2010.

Nevo A. , "Measuring Market Power in the Ready-to-Eat Cereal Industry", *Econometrica*, Vol. 69, No. 2, 2001.

Nocke V. , Yeaple S. , "Globalization and Endogenous Firm Scope", *National Bureau of Economic Research*, 2006.

Olley S. , Pakes A. , "The Dynamics of Productivity in the Telecommunications Equipment Industry", *Econometrica*, Vol. 64, No. 6, 1996.

Rauch J. , "Networks Versus Markets in International Trade", *Journal of International Economics*, Vol. 48, No. 1, 1999.

Roeger Werner. , "Can Imperfect Competition Explain the Difference between Primal and Dual Productivity Measures? Estimates for U. S. Manufacturing", *Journal of Political Economy*, Vol. 103, No. 2, 1995.

Tang H. , Zhang Y. , "Exchange Rates and the Margins of Trade: Evidence from Chinese Exporters", *CESifo Economic Studies*, Vol. 58, No. 4, 2012.

Wang Y. , "Firms' Export Growth: Product Mix and Destination Portfolio", FREIT Working Paper, No. 763, 2015.